高等院校精品课程系列教材

# ERP原理与实训
## 基于金蝶K/3 WISE平台的应用

ERP Principle and Practice

主编 王平
副主编 韩永飞 郭凤华 张薇薇

机械工业出版社
China Machine Press

图书在版编目（CIP）数据

ERP 原理与实训：基于金蝶 K/3 WISE 平台的应用 / 王平主编. —北京：机械工业出版社，2018.2（2021.12 重印）
（高等院校精品课程系列教材）

ISBN 978-7-111-59114-6

I. E… II. 王… III. 企业管理 – 计算机管理系统 – 高等学校 – 教材 IV. F270.7

中国版本图书馆 CIP 数据核字（2018）第 021330 号

本书从当前我国企业 ERP 实践状况出发，充分考虑我国高等院校经济、管理类专业人才培养目标和实际教学情况，立足于 ERP 理论体系，全方位、多层次地开发了 ERP 实验教学内容，以满足开放性实验教学、创新创业实践教育和跨专业综合实训的需要。本书基于企业业务情境，将 ERP 的基本原理与企业的业务流程结合起来，让学生将理论知识真正应用于实践之中，以培养学生分析和解决问题的能力以及实践应用能力。同时，本书的实验项目都以部门岗位为基础，充分考虑企业业务运营中多部门协作的特点，可以较好地培养学生的岗位工作能力和团队协作能力。此外，本书的实验项目均为综合性实验，实验设计侧重业务情境的多样性、业务的流程性、系统的集成性和功能的扩展性，力求使学生的学习与企业实际和社会发展接轨，培养学生企业运营的全局视野和综合创新能力。

本书适用于高等院校经济、管理类本科生。

出版发行：机械工业出版社（北京市西城区百万庄大街 22 号  邮政编码：100037）
责任编辑：冯小妹                             责任校对：殷 虹
印　　刷：北京市荣盛彩色印刷有限公司          版　次：2021 年 12 月第 1 版第 7 次印刷
开　　本：185mm×260mm  1/16                印　张：22.25
书　　号：ISBN 978-7-111-59114-6             定　价：49.00 元

凡购本书，如有缺页、倒页、脱页，由本社发行部调换
客服热线：(010) 88379210  88361066           投稿热线：(010) 88379007
购书热线：(010) 68326294  88379649  68995259  读者信箱：hzjg@hzbook.com

**版权所有·侵权必究**
封底无防伪标均为盗版
本书法律顾问：北京大成律师事务所  韩光 / 邹晓东

# 前言
PREFACE

当前,由互联网发展所掀起的新一轮信息化浪潮席卷全球,彻底改变了企业的生产经营和人们的生活方式。在这种形势下,信息化建设不再是企业"愿不愿意"或"需不需要"的问题,而是企业"不得不面对"或"如何快速实施"的问题,形势倒逼企业信息化发展已成为必然。充分利用现代信息技术,加快企业信息化运营的步伐,以达到有效降低生产经营成本、显著提高经营管理效率、成功开拓国内外市场和大幅度增进客户满意度的目的,成为当今世界企业发展的潮流。ERP就是建立在信息技术基础上,以系统化的管理思想,为企业决策层及员工提供决策运行手段的管理平台。它通过共享的数据平台彼此交互,实现物流、资金流和信息流的管理集成。同时,通过信息共享,将管理范围从企业内部延伸到企业外部,把企业内部资源与客户资源、供应商资源整合在一起,通过合理调配,以客户需求为中心,最大化地创造社会价值。ERP系统集信息技术与先进的管理思想于一身,使得企业适应市场与客户需求快速变化的能力得到增强,已成为企业在信息时代生存、发展的基石。

由互联网所推动的信息化浪潮,不只是信息化建设的再次加速,而是整个社会的信息化,是全民信息化时代的到来。不仅仅是企业,政府和个人也需要在这股不可撼动的洪流中调整思想观念,改变管理、经营的思路,这样才能在时代的大潮中继续前行。在这种形势下,仅有文化素养或只懂得采用传统方式去处理信息的人才已不能满足信息化发展的要求,迫切需要高等院校培养大量既有文化素养,又有信息意识和信息技能,即具有信息素养的专业人才,以适应企业生产经营和社会发展的需要。这要求高等院校既要培养学生的企业生产经营业务能力,又要培养学生的信息化管理能力;既要培养学生的"专"业能力,又要让学生具有企业生产经营的全局视野;既要让学生掌握岗位工作技能，又要让学生理解工作流程的信息化共享；既要让学生了解当前企业生产经营信息化解决方案，又要能够为实现企业特定经营目标提出信息化解决方案。那么，如何培养符合企业经营和社会发展需要且具有信息素养的复合型、实用型人才就成为我国高等院校需要解决的现实问题。

本书从当前我国企业ERP实践状况出发，充分考虑我国高等院校经济、管理类专业人才培养目标和实际教学情况，立足于ERP理论体系，全方位、多层次地开发了ERP实验教学内容，以满足开放性实验教学、创新创业实践教育和跨专业综合实训的需要。本书基于企业业务情境，将ERP的基本原理与企业的业务流程结合起来，让学生将理论知识真正应用于实践之中，以培养学生分析和解决问题的能力以及实践应用能力。同时，本书的实验项目都以部门岗位为基础，充分考虑企业业务运营中多部门协作的特点，可以较好地培养学生的岗位工作能力和团队协作能力。此外，本书的实验项目均为综合性实验，实验设计侧重业务情境的多样性、业务的流程性、系统的集成性和功能的扩展性，力求使学生的学习与企业实际和社会发展接轨，培养学生企业运营的全局视野和综合创新能力。

本书内容精练，在每章理论知识后都设计了相应的实验项目，帮助学生更好地理解知识要点。同时，本书每个实验的操作步骤都有详细说明并配有截图，使学生能够轻松地掌握并应用ERP系统的信息化解决方案和操作方法。因而，本书不但可以作为高等院校本、专科学生的ERP课程教材和参考书籍，还可以作为相关从业人员的自学用书。

本书的编写团队都是从事ERP理论教学和实验教学的老师，尽管都试图努力写出一部高质量的教材，但限于团队的学识和水平，再加上工作时间限制，书中难免存在一些错误和遗漏，敬请广大读者批评指正。

编者

2017年12月

前言

# 第1章 ERP的产生与发展 ·············· 1
## 1.1 ERP的产生背景 ························ 1
## 1.2 ERP的概念 ····························· 2
## 1.3 ERP的发展阶段 ························ 3

# 第2章 案例企业概况 ·················· 5
## 2.1 公司简介 ······························· 5
## 2.2 公司组织结构与战略 ··············· 6
## 2.3 公司业务资料 ······················· 8
## 2.4 业务初始数据 ····················· 12
## 实验1 账套管理 ······················ 15
## 实验2 公司部门及人员权限设置 ·· 21
## 实验3 公共资料录入 ··············· 34

# 第3章 生产计划管理 ················ 61
## 3.1 物料编码 ···························· 61
## 3.2 物料清单 ···························· 62
## 3.3 工厂日历 ···························· 63
## 实验4 生产数据管理实验 ·········· 64

# 第4章 销售管理 ····················· 85
## 4.1 销售管理过程 ····················· 85

## 4.2 销售报价 ···························· 86
## 4.3 销售订单管理 ····················· 86
## 实验5 销售业务处理实验 ·········· 87

# 第5章 物料需求计划 ··············· 101
## 5.1 MRP的概念及重要性 ············ 101
## 5.2 MRP计算 ·························· 102
## 5.3 MRP报表 ·························· 103
## 实验6 物料需求计划实验 ········· 105

# 第6章 采购及库存管理 ············ 122
## 6.1 采购管理过程 ···················· 122
## 6.2 经济采购批量 ···················· 123
## 6.3 委外加工管理 ···················· 123
## 6.4 库存管理过程 ···················· 124
## 6.5 库存控制策略 ···················· 125
## 实验7 采购及物料入出库业务处理
         实验 ···························· 126

# 第7章 生产任务管理 ··············· 147
## 7.1 生产任务管理过程 ·············· 147
## 7.2 作业顺序管理 ···················· 148
## 7.3 产品出入库管理 ················· 148

实验 8　生产及产品出入库业务处理实验 ·············· 150

## 第 8 章　财务会计 ·············· 164
8.1　财务会计概述 ·············· 164
8.2　应收账款管理 ·············· 166
8.3　应付账款管理 ·············· 167
8.4　总账管理 ·············· 168
实验 9　财务会计系统参数设置实验 ········ 171
实验 10　采购业务财务处理实验 ············ 202
实验 11　委外业务财务处理实验 ············ 225
实验 12　销售业务财务处理实验 ············ 240

## 第 9 章　薪酬管理 ·············· 247
9.1　薪酬管理概述 ·············· 247
9.2　薪酬管理的基本内容 ·············· 248
9.3　金蝶 K/3 工资管理系统 ·············· 248

9.4　工资管理系统与其他系统间的关系 ·············· 249
9.5　工资报表 ·············· 249
实验 13　薪酬管理实验 ·············· 250

## 第 10 章　成本管理 ·············· 280
10.1　成本管理概述 ·············· 280
10.2　成本核算 ·············· 281
实验 14　材料成本核算处理实验 ·············· 284

## 第 11 章　账簿及财务报表 ·············· 299
11.1　账簿 ·············· 299
11.2　财务报表 ·············· 301
实验 15　总账凭证处理实验 ·············· 305
实验 16　账簿和报表处理实验 ·············· 334

## 参考文献 ·············· 346
## 后记 ·············· 347

# 第 1 章

# ERP 的产生与发展

## 1.1 ERP 的产生背景

20世纪90年代，全世界掀起了信息化发展热潮。同时，企业管理的重心已转移到供应链管理上，企业通过改善上、下游供应链关系，整合和优化供应链中的信息流、物流、资金流，以获得企业的竞争优势。这些成为ERP产生的时代背景。

### 1.1.1 信息化管理

信息化管理是以信息化带动工业化，实现企业管理现代化的过程，它是将现代信息技术与先进的管理理念相融合，转变企业生产方式、经营方式、业务流程、传统管理方式和组织方式，重新整合企业内外部资源，提高企业效率和效益、增强企业竞争力的过程。企业信息化管理的精髓是信息集成，其核心要素是数据平台的建设和数据的深度挖掘，通过信息管理系统把企业的设计、采购、生产、制造、财务、营销、经营、管理等各个环节集成起来，共享信息和资源，有效地支撑企业的决策系统，达到降低库存、提高生产效能和质量、快速应变的目的。对此，企业在信息化管理工作中须符合以下几个方面标准：

（1）信息管理规范化。各项物料有统一的名称、明确的定义、标准的格式和字段要求，信息之间的关系也必须明确定义。

（2）信息处理程序化。信息的处理要遵守一定的规程，不得因人而异。

（3）信息采集责任化。信息的采集、处理和报告有专人负责，责任明确，保证信息的及时性、准确性和完整性。

（4）信息集成全面化。从信息所涵盖的范围来看，要求集成了供给链所有环节的各类信息。

（5）信息存储时序化。从信息的时间范围来看，企业应当集成历史的、现实的和预测的信息。

（6）信息共享平台化。各种管理信息共享于一个统一的平台，既为企业各有关部门的管理人员使用数据提供方便，又可为信息使用设置权限和提供安全措施。

### 1.1.2 供应链管理

供应链是由供应商、制造商、仓库、配送中心和渠道商等构成的物流网络。供应链管理是指利用管理的计划、组织、指挥、协调、控制和激励职能，对产品生产和流通过程中各个环节所涉及的物流、信息流、资金流、价值流以及业务流进行的合理调控，以期达到最佳组合，发挥最大的效率，迅速以最小的成本为客户提供最大的附加值。

供应链管理的目的是使供应链运作达到最优化，即工作流、实物流、资金流和信息流等均能高效率地操作，以最低的成本将合适的产品以合理的价格，及时准确地送达消费者手上。这一方面要求企业供应链信息能够充分共享，另一方面又要求企业真正"以客户为中心"进行运作。消费者大多要求提供产品和服务的前置时间越短越好，为此供应链管理通过生产企业内部、外部及流程企业的整体协作，大大缩短产品的流通周期，加快了物流配送的速度，从而使客户个性化的需求在最短的时间内得到满足。

随着市场竞争的加剧，企业所面对的市场不确定性也日趋加强，企业与企业之间的竞争已经逐步转变为供应链与供应链的竞争。供应链管理在企业内部各业务流程有机统一的状态下，再与其他企业进行融合或协作才是最有效的，因而内部供应链管理变得尤为重要。内部供应链是指企业内部产品生产和流通过程中所涉及的采购部门、生产部门、仓储部门、销售部门等组成的供需网络。科技的不断发展使得产品更新换代的速度加快，产品的生命周期日益缩短，特别是在一些高新技术产业，如果不根据顾客需求来确定生产而造成大量库存，将直接增加库存费用、占用大量资金，并且具有很高的精神损耗。适时生产（JIT）将过量生产视为浪费。现在的企业大多致力于以顾客需求为导向的拉动式生产，要求生产企业必须根据客户订货或市场要求的数量、品种、质量标准和交货时间组织生产、安排采购，即需要企业建立对市场需求有快速的响应能力的内部供应链，这大大地推动了ERP的产生和发展。

## 1.2 ERP 的概念

ERP 是英文 enterprise resource planning 的缩写，中文意思是企业资源计划。ERP 是由美国著名计算机技术咨询和评估集团 Garter Group 公司提出的一整套企业管理系统体系标准，最初被定义为应用软件，但迅速为全世界商业企业所接受，现已经发展成为现代企业管理理论之一。企业资源计划，是指建立在信息技术基础上，以提高企业资源效能为系统思想，为企业提供业务集成运行的资源管理方案。

ERP 是整合了企业管理理念、业务流程、基础数据、人力、物力、计算机硬件和软件于一体的企业资源管理系统。ERP 是先进的企业管理模式，是提高企业经济效益的解决方案。其主要宗旨是对企业所拥有的人、财、物、信息、时间和空间等综合资源进行综合平衡和优化管理，协调企业各管理部门，围绕市场导向开展业务活动，提高企业的核心竞争力，从而取得最好的经济效益。所以，ERP 既是一个软件，又是一个管理系统，同时它还是一套管理思想。它是 IT 技术与管理思想的融合体，也就是先进的管理思想借助 IT 技术来达成企业的管理目标。ERP 的管理思想主要体现在以下三个方面：

（1）ERP 体现了对整个供应链资料进行有效管理的思想，实现了对整个企业供应链上的人、财、物等所有资源及其流程的管理。

（2）ERP 体现了精益生产、同步工程和敏捷制造的思想，面对激烈的竞争，企业需要运用同步工程组织生产和敏捷制造，保持产品高质量、多样化、灵活性，实现精益生产。

（3）ERP 体现事先计划与事中控制的思想。ERP 系统中的计划体系主要包括生产计划、物料需求计划、能力需求计划等。

（4）ERP 体现业务流程管理的思想，为提高企业供应链的竞争优势，必然带来企业业务流程的改革，而系统应用程序的使用也必须随业务流程的变化而相应调整。

## 1.3 ERP 的发展阶段

ERP 的发展大致经历了以下几个阶段。

### 1.3.1 订货点法

订货点法又称为订购点法，始于 20 世纪 30 年代。订货点法指的是，对于某种物料或产品，由于生产或销售的原因而逐渐减少，当库存量降低到某一预先设定的点时，即开始发出订货单（采购单或加工单）来补充库存。直至库存量降低到安全库存时，发出的订单所订购的物料（产品）刚好到达仓库，补充前一时期的消耗，此一订货的数值点，即称为订货点。

### 1.3.2 MRP

20 世纪 60 年代，随着计算机系统的发展，短时间内对大量数据的复杂运算成为可能，人们为解决订货点法的缺陷，提出了 MRP（material requirements planning）理论，作为一种库存订货计划，即物料需求计划阶段，或称基本 MRP 阶段。MRP 是为实现准时生产、减少库存，将企业产品中的各种物料分为独立物料和相关物料，并按时间段确定不同时期的物料需求。MRP 基于产品结构的物料需求组织生产，根据产品完成工期和产品结构制订生产计划，来解决库存物料订货与组织生产问题。

### 1.3.3 闭环 MRP

20 世纪 70 年代,随着人们认识的加深及计算机系统的进一步普及,MRP 的理论范畴也得到了发展,为解决采购、库存、生产、销售的管理,发展了生产能力需求计划、车间作业计划以及采购作业计划等理论,作为一种生产计划与控制系统。闭环 MRP 在物料需求计划(MRP)的基础上,增加对投入与产出的控制。闭环 MRP 是一个集计划、执行、反馈于一体的综合性系统,它能对生产中的人力、机器和材料各项资源进行计划与控制,使生产管理的应变能力有所加强。闭环 MRP 系统是一个围绕物料需求计划而建立的系统,除了物料需求计划外,还将生产能力需求计划、车间作业计划和采购作业计划也全部纳入 MRP,形成一个封闭的系统。

### 1.3.4 MRPⅡ

20 世纪 80 年代,随着计算机网络技术的发展,企业内部信息得到充分共享,MRP 的各子系统也得到了统一,形成了一个集采购、库存、生产、销售、财务、工程技术等于一体的子系统,发展了 MRPⅡ理论,作为一种企业经营生产管理信息系统。这一阶段的代表技术是计算机集成制造系统(CIMS),通过计算机进行生产排程,同时也将财务的功能囊括进来,在企业中形成以计算机为核心的闭环管理系统,这种管理系统已能动态监察到产、供、销的全部生产过程。

### 1.3.5 ERP

进入 20 世纪 90 年代,随着市场竞争的进一步加剧、企业竞争空间与范围的进一步扩大,80 年代 MRPⅡ主要面向企业内部资源全面计划管理的思想,逐步发展成为 90 年代怎样有效利用和管理整体资源的管理思想,ERP 随之产生。进入 ERP 阶段后,以计算机为核心的企业级的管理系统更为成熟,系统增加了包括财务预测、生产能力、调整资源调度等方面的功能。其配合企业实现 JIT 管理、全面质量管理和生产资源调度管理及辅助决策的功能,成为企业进行生产管理及决策的平台工具。

### 1.3.6 电子商务时代的 ERP

互联网技术的成熟为企业信息管理系统增加了与客户或供应商实现信息共享和直接数据交换的能力,从而强化了企业间的联系,形成共同发展的生存链,体现企业为达到生存竞争的供应链管理思想。ERP 系统相应实现这方面的功能,使决策者及业务部门实现跨企业的联合作战。

# 第 2 章

## 案例企业概况

## 2.1 公司简介

安徽华兴家居有限公司位于素有"珠城"之称的安徽省蚌埠市,总部设立在高新技术产业园区,注册资本为 7 350 万元。公司创建于 1991 年,是集家具研发、生产、销售于一体的现代化、专业化、国际化的企业。公司在全国 39 个城市开设有销售公司或直营店,现拥有蚌埠和天津两个主要生产厂区,总占地面积达 30 万平方米。经过 20 多年的艰苦创业、努力拼搏,如今,安徽华兴家居有限公司不仅拥有设备齐全的厂房、现代化的办公大楼、展厅,还拥有进口的设备、成熟的技术团队、专业的管理和技术研发人员。

公司倡导"艺术、经典、时尚、环保"的设计理念,目前产品以水晶桌椅、休闲椅、吧桌椅、软包椅、沙发、换鞋凳、板凳和皮凳等产品系列为主,并保持 800 种以上不同款式、规格、色彩的产品供客户选购。同时,根据客户不同的需求、规格量身定做,以满足来自不同国家客户的不同需求。公司拥有一支专业的研发团队,不断捕捉国际流行趋势,把设计理念注入产品,产品通过 ISO9001:2000 国际质量管理体系等认证。

以"追求客户满意,创新、改进永无止境"为服务客户的品质方针,走过了一段蓬勃的发展历程,产品畅销海内外。自创建以来,已从一个本地的普通家具制造厂发展壮大成为一个在国际家具界扮演着重要角色的活力企业,目前,在广州、上海等国内 39 个城市设有直营店,产品销往全球 60 多个国家和地区。

安徽华兴家居有限公司基本信息如表 2-1 所示。

表 2-1　安徽华兴家居有限公司基本信息

| 主营产品 | 沙发、座椅 |
|---|---|
| 主营行业 | 休闲家具、酒店家具、书房家具、办公家具、公共场所家具 |
| 经营模式 | 研发、生产加工、销售 |
| 注册资本 | 7 350 万元人民币 |
| 公司成立时间 | 1991 年 |
| 公司注册地 | 安徽省蚌埠市 |
| 企业类型 | 有限责任公司（自然人投资或控股） |
| 法定代表人 | 肖明 |
| 工商注册号 | 340300000223228 |
| 税务登记号 | 340353451116628 |
| 开户银行 | 农业银行蚌埠高新支行 |
| 银行账号 | 42282106040057016 |
| 联系电话 | 0552-7188888 |
| 公司地址 | 安徽省蚌埠市高新路 123 号 |

## 2.2　公司组织结构与战略

### 2.2.1　部门设置及组织结构

公司下设总经办、财务部、销售部、采购部、研发部、计划部、仓储部、生产部和行政部等部门，属于典型的职能型组织结构。公司部门属性如表 2-2 所示，公司组织结构如图 2-1 所示。

表 2-2　部门属性

| 代码 | 名称 | 部门属性 | 代码 | 名称 | 部门属性 |
|---|---|---|---|---|---|
| 01 | 总经办 | 非车间 | 05 | 研发部 | 非车间 |
| 02 | 财务部 | 非车间 | 06 | 计划部 | 非车间 |
| 03 | 销售部 | 非车间 | 07 | 仓储部 | 非车间 |
| 04 | 采购部 | 非车间 | 08 | 生产部 | 车间 |

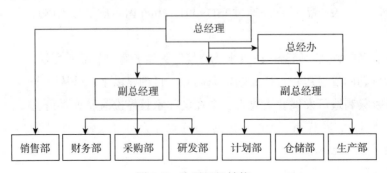

图 2-1　公司组织结构

## 2.2.2 职位分工

公司现有员工1 300余人，负责小板凳业务。ERP系统相关职务岗位及人员结构如表2-3和表2-4所示。

表2-3 职务设置

| 代码 | 职务 | 代码 | 职务 |
| --- | --- | --- | --- |
| FZW015 | 采购员 | FZW016 | 仓管员 |

表2-4 人员及岗位设置

| 代码 | 姓名 | 性别 | 部门 | 职务 | 代码 | 姓名 | 性别 | 部门 | 职务 |
| --- | --- | --- | --- | --- | --- | --- | --- | --- | --- |
| 0101 | 肖明 | 男 | 总经办 | 总经理 | 0501 | 陈妍 | 女 | 研发部 | 部门经理 |
| 0201 | 崔财景 | 女 | 财务部 | 部门经理 | 0601 | 何计 | 男 | 计划部 | 部门经理 |
| 0202 | 钱多多 | 女 | 财务部 | 会计 | 0701 | 刘长今 | 女 | 仓储部 | 部门经理 |
| 0301 | 李啸经 | 男 | 销售部 | 部门经理 | 0702 | 李宏昌 | 男 | 仓储部 | 仓管员 |
| 0302 | 贾肖 | 男 | 销售部 | 业务员 | 0801 | 张兰生 | 男 | 生产部 | 部门经理 |
| 0401 | 吴采靖 | 女 | 采购部 | 部门经理 | 0802 | 杨质 | 男 | 生产部 | 检验员 |
| 0402 | 何英彩 | 女 | 采购部 | 采购员 | | | | | |

## 2.2.3 公司信息化战略

公司始终秉承"精诚团结、争创效益、力求发展"的创业理念，以"产量求效益""质量求生存""技术求进步""创新求发展"为公司的发展原则。

近年来，随着公司业务产品的不断创新和市场竞争的日趋激烈，公司运营质量低、效率不高和竞争能力弱的问题日益突出，已经不能适应现代企业发展的需求。加上新的家具企业不断涌入市场，市场对网络个性化需求呈现多样化发展趋势。为打造全球品质家具品牌，改善企业经营情况，进一步提升企业的竞争力，公司提出了信息化管理理念，持续推进生产要素资源的优化组合，让企业资源能够得到合理化分配和运用。为此，公司购买了金蝶K/3 WISE平台，并决定于2018年3月全面使用。

为了推动信息化管理工作，公司特地成立了工作团队，团队成员来自于公司内部不同业务部门。根据工作流程和岗位职责要求，公司为每个成员分配了不同的系统操作权限，具体如表2-5所示。

表2-5 操作权限设置

| 用户组 | 用户名 | 岗位 | 系统操作权限 |
| --- | --- | --- | --- |
| Administrators | 崔财景 | 财务部经理 | 所有权限，主要负责单据审核和账套管理 |
| 财务组 | 钱多多 | 会计 | 基础资料、总账、工资、应收账、应付账、采购管理系统、仓存管理系统、存货核算管理系统和销售管理系统所有权限 |
| 业务组 | 贾肖 | 业务员 | 基础资料查询权，销售管理系统和K/3 BOS配置管理所有权限，高级选项中供应链系统公用设置——即时库存、模拟报价、模拟BOM和模拟报价单所有权限 |

(续)

| 用户组 | 用户名 | 岗位 | 系统操作权限 |
|---|---|---|---|
| 业务组 | 何英彩 | 采购员 | 基础资料查询权,采购管理系统、委外加工管理系统和 K/3 BOS 配置管理所有权限 |
| | 李宏昌 | 仓管员 | 基础资料、采购管理系统、销售管理系统、生产管理系统和委外加工管理系统查询权,仓存管理系统所有权限,高级选项中供应链系统公用设置——即时库存查询权 |
| | 张兰生 | 生产部经理 | 基础资料查询权,生产管理系统所有权限 |
| 研发组 | 陈妍 | 研发部经理 | 基础资料查询权,生产管理系统所有权限 |
| 计划组 | 何计 | 计划部经理 | 基础资料查询权,生产管理系统所有权限,高级选项中委外加工管理系统——委外订单新增权,高级选项中供应链物流单据——采购申请单新增权和删除权 |

## 2.3 公司业务资料

安徽华兴家居有限公司主营产品较多,业务范围较广,这决定了企业在使用金蝶系统进行业务运营信息化管理时,其内容是极其复杂的。为了简化学习内容,帮助学生能够更快、更好地理解 ERP 在企业经营管理中的作用,我们仅以公司经营的小板凳产品业务为例开展教学。现将安徽华兴家居有限公司小板凳产品系列业务运营资料介绍如下。

### 2.3.1 产品生产 BOM 结构

圆形小板凳如图 2-2 所示,其产品结构如图 2-4 所示。方形小板凳如图 2-3 所示,其产品结构如图 2-5 所示。

图 2-2 圆形小板凳　　图 2-3 方形小板凳

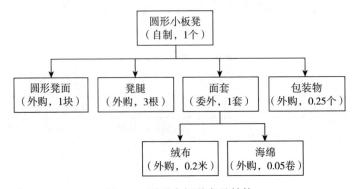

图 2-4 圆形小板凳产品结构

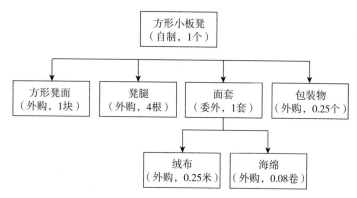

图 2-5 方形小板凳产品结构

## 2.3.2 货币及汇率

公司以人民币作为本位币，美元是公司唯一使用的外币。币别代码及记账汇率如表 2-6 所示。

表 2-6 币别

| 币别代码 | 币别名称 | 记账汇率 |
| --- | --- | --- |
| USD | 美元 | 6.65 |

## 2.3.3 会计科目

### 1. 设置会计明细科目

公司根据新会计准则的规定设置会计科目。由于业务运营需要，公司对相关会计科目设置了明细科目，具体如表 2-7 所示。

表 2-7 会计科目设置

| 科目代码 | 科目名称 | 科目代码 | 科目名称 | 科目代码 | 科目名称 |
| --- | --- | --- | --- | --- | --- |
| 1001 | 库存现金 | 1405 | 库存商品 | 4001 | 实收资本 |
| 1001.01 | 人民币 | 1405.01 | 圆形小板凳 | 4001.01 | 肖明 |
| 1001.02 | 美元 | 1405.02 | 方形小板凳 | 4001.02 | 张华 |
| 1002 | 银行存款 | 5101 | 制造费用 | 6401 | 主营业务成本 |
| 1002.01 | 农业银行蚌埠高新支行 | 5101.01 | 房租 | 6401.01 | 圆形凳面 |
| 1002.02 | 人民银行蚌埠高新支行 | 5101.02 | 水电费 | 6401.02 | 方形凳面 |
| 1403 | 原材料 | 5101.03 | 折旧费 | 6401.03 | 凳腿 |
| 1403.01 | 圆形凳面 | 5101.04 | 福利费 | 6401.04 | 绒布 |
| 1403.02 | 方形凳面 | 5101.05 | 工资 | 6401.05 | 海绵 |
| 1403.03 | 凳腿 | 6001 | 主营业务收入 | 6401.06 | 圆形面套 |
| 1403.04 | 绒布 | 6001.01 | 圆形凳面 | 6401.07 | 方形面套 |

(续)

| 科目代码 | 科目名称 | 科目代码 | 科目名称 | 科目代码 | 科目名称 |
|---|---|---|---|---|---|
| 1403.05 | 海绵 | 6001.02 | 方形凳面 | 6401.08 | 纸箱 |
| 1403.06 | 圆形面套 | 6001.03 | 凳腿 | 6401.09 | 圆形小板凳 |
| 1403.07 | 方形面套 | 6001.04 | 绒布 | 6401.10 | 方形小板凳 |
| 1403.08 | 纸箱 | 6001.05 | 海绵 | 6602 | **管理费用** |
| 1601 | **固定资产** | 6001.06 | 圆形面套 | 6602.01 | 房租 |
| 1601.01 | 办公设备 | 6001.07 | 方形面套 | 6602.02 | 水电费 |
| 1601.02 | 生产设备 | 6001.08 | 纸箱 | 6602.03 | 差旅费 |
| 1601.03 | 运输设备 | 6001.09 | 圆形小板凳 | 6602.04 | 办公费 |
| 2221 | **应交税费** | 6001.10 | 方形小板凳 | 6602.05 | 工资 |
| 2221.01 | 应交增值税 | 6601 | **销售费用** | 6602.06 | 折旧费 |
| 2221.01.01 | 进项税额 | 6601.01 | 差旅费 | 6602.07 | 坏账损失 |
| 2221.01.05 | 销项税额 | 6601.02 | 业务招待费 | 6602.08 | 其他 |
| 5001 | **生产成本** | 6601.03 | 折旧费 | 6603 | **财务费用** |
| 5001.01 | 直接材料 | 6601.04 | 工资 | 6603.01 | 利息 |
| 5001.02 | 直接人工 | 6601.05 | 房租 | 6603.02 | 银行手续费 |
| 5001.03 | 制造费用转入 | 6601.06 | 水电费 | 6603.03 | 调汇 |

**2. 会计科目属性设置**

根据金蝶系统运营需要，需要对会计科目属性进行设置，具体如表 2-8 所示。往来科目如表 2-9 所示。

表 2-8 现金和银行存款科目

| 科目代码 | 科目名称 | 外币核算 | 期末调汇 |
|---|---|---|---|
| 1001.02 | 美元 | 单一外币（美元） | 是 |
| 1002.02 | 人民银行蚌埠高新支行 | 单一外币（美元） | 是 |

表 2-9 往来科目

| 科目代码 | 科目名称 | 科目受控系统 | 核算项目 |
|---|---|---|---|
| 1121 | 应收票据 | 应收应付 | |
| 1122 | 应收账款 | 应收应付 | 客户 |
| 1123 | 预付账款 | 应收应付 | 供应商 |
| 1221 | 其他应收款 | 应收应付 | |
| 2201 | 应付票据 | 应收应付 | |
| 2202 | 应付账款 | 应收应付 | 供应商 |
| 2203 | 预收账款 | 应收应付 | 客户 |
| 2241 | 其他应付款 | 应收应付 | |

## 2.3.4 凭证字

公司采用通用记账凭证字，统一写"记"字，如表 2-10 所示。

表 2-10 凭证字

| 凭证字 | 记 |
|---|---|

## 2.3.5 计量单位

小板凳在生产和销售过程中需要使用如下计量单位，如表 2-11 所示。

表 2-11 计量单位

| 组别 | 代码 | 名称 | 换算方式 | 换算率 |
|---|---|---|---|---|
| 数量组 | 10 | PCS | 固定换算 | 1 |
| | 11 | 根 | 固定换算 | 1 |
| | 12 | 块 | 固定换算 | 1 |
| | 13 | 个 | 固定换算 | 1 |
| | 14 | 套 | 固定换算 | 1 |
| | 15 | 卷 | 固定换算 | 1 |
| 长度组 | 20 | PCS | 固定换算 | 1 |
| | 21 | 米 | 固定换算 | 1 |

## 2.3.6 结算方式

公司采用现金、汇票和支票等多种结算方式，如表 2-12 所示。

表 2-12 结算方式

| 代码 | 名称 | 代码 | 名称 |
|---|---|---|---|
| JF01 | 现金 | JF04 | 商业汇票 |
| JF02 | 电汇 | JF05 | 银行汇票 |
| JF03 | 信汇 | JF06 | 支票 |

## 2.3.7 客户分类

公司拥有国内客户和国外客户，相关信息如表 2-13～表 2-15 所示。

表 2-13 客户

| 代码 | 客户类别 |
|---|---|
| 1 | 国内客户 |
| 2 | 国外客户 |

表 2-14 国内客户档案

| 代码 | 名称 | 信用管理 | 默认运输提前期 | 应收科目 | 预收科目 | 应交税金 |
|---|---|---|---|---|---|---|
| 1.01 | 上海宏昌贸易有限公司 | 否 | 2 | 1122 | 2203 | 2221.01.05 |
| 1.02 | 广州吉星家具有限公司 | 是 | 3 | 1122 | 2203 | 2221.01.05 |

表 2-15 国外客户档案

| 代码 | 名称 | 信用管理 | 默认运输提前期 | 应收科目 | 预收科目 | 应交税金 |
|---|---|---|---|---|---|---|
| 2.01 | Dunelm (Soft Furnishings) Ltd. | 否 | 7 | 1122 | 2203 | 2221.01.05 |
| 2.02 | City Furniture, Inc. | 是 | 7 | 1122 | 2203 | 2221.01.05 |

### 2.3.8 仓库

公司的仓库有原材料仓、半成品仓、成品仓和包装物仓几种类型，分别用于存放原材料、半成品、产成品和包装物，相关属性如表 2-16 所示。

表 2-16 仓库档案

| 代码 | 名称 | 是否 MPS/MRP 可用量 |
|---|---|---|
| 01 | 原材料仓 | 是 |
| 02 | 半成品仓 | 是 |
| 03 | 成品仓 | 是 |
| 04 | 包装物仓 | 是 |

### 2.3.9 供应商分类

公司的供应商主要有以下几大类，如表 2-17 所示。

表 2-17 供应商

| 代码 | 供应商类别 | 应付科目 | 预付科目 | 应交税金 |
|---|---|---|---|---|
| 01 | 凳面供应商 | 2202 | 1123 | 2221.01.01 |
| 02 | 凳腿供应商 | 2202 | 1123 | 2221.01.01 |
| 03 | 绒布供应商 | 2202 | 1123 | 2221.01.01 |
| 04 | 海绵供应商 | 2202 | 1123 | 2221.01.01 |
| 05 | 面套委外加工商 | 2202 | 1123 | 2221.01.01 |
| 06 | 纸箱供应商 | 2202 | 1123 | 2221.01.01 |

### 2.3.10 物料属性

跟小板凳业务相关的物料属性如表 2-18 所示。

## 2.4 业务初始数据

在正式使用 ERP 系统前，公司对各项业务进行了全面的清查、盘点，获得相关业务的初始数据，整理如下。

### 2.4.1 仓库初始数据

经清查，原材料仓有 120 块圆形凳面和 200 根凳腿，成品仓有 40 个圆形小板凳，包装物仓有 10 个纸箱。具体如表 2-19 所示。

表 2-18 物料属性

| 物料类别 | 物料代码 | 物料名称 | 规格型号 | 物料属性 | 计量单位组 | 基本单位 | 采购、销售、生产和库存计量单位 | 采购单价 | 计价方法 | 存货科目代码 | 销售收入科目 | 销售成本科目 | 计划策略 | 订货策略 | 固定提前期 | 变动提前期 |
|---|---|---|---|---|---|---|---|---|---|---|---|---|---|---|---|---|
| 1 原材料 | 1.01 | 凳面 | 圆形 | 外购 | 数量组 | PCS | 块 | 2.6 | 加权平均法 | 1403.01 | 6001.01 | 6401.01 | 物料需求计划 | 批对批 | 1 | 0 |
| | 1.02 | 凳面 | 方形 | 外购 | 数量组 | PCS | 块 | 2.8 | | 1403.02 | 6001.02 | 6401.02 | | | 1 | 0 |
| | 1.03 | 凳腿 | | 外购 | 数量组 | PCS | 根 | 0.7 | | 1403.03 | 6001.03 | 6401.03 | | | 1 | 0 |
| | 1.04 | 绒布 | | 外购 | 长度组 | PCS | 米 | 7.2 | | 1403.04 | 6001.04 | 6401.04 | | | 2 | 0 |
| | 1.05 | 海绵 | | 外购 | 数量组 | PCS | 卷 | 18 | | 1403.05 | 6001.05 | 6401.05 | | | 1 | 0 |
| 2 半成品 | 2.01 | 面套 | 圆形 | 委外加工 | 数量组 | PCS | 套 | | | 1403.06 | 6001.06 | 6401.06 | | | 2 | 0 |
| | 2.02 | 面套 | 方形 | 委外加工 | 数量组 | PCS | 套 | | | 1403.07 | 6001.07 | 6401.07 | | | 2 | 0 |
| 3 产成品 | 3.01 | 小板凳 | 圆形 | 自制 | 数量组 | PCS | 个 | | | 1405.01 | 6001.09 | 6401.09 | | | 1 | 0 |
| | 3.02 | 小板凳 | 方形 | 自制 | 数量组 | PCS | 个 | | | 1405.02 | 6001.10 | 6401.10 | | | 1 | 0 |
| 4 包装物 | 4.01 | 纸箱 | 4个装 | 外购 | 数量组 | PCS | 个 | 12 | | 1403.08 | 6001.08 | 6401.08 | | | 1 | 0 |

表 2-19 仓库期初数据

| 仓库名称 | 物料代码 | 物料名称 | 规格型号 | 单位 | 期初数量 | 期初金额 |
|---|---|---|---|---|---|---|
| 原材料仓 | 1.01 | 凳面 | 圆形 | 块 | 120 | 312.00 |
|  | 1.03 | 凳腿 |  | 根 | 200 | 140.00 |
| 成品仓 | 3.01 | 小板凳 | 圆形 | 个 | 40 | 276.00 |
| 包装物仓 | 4.01 | 纸箱 | 4个装 | 个 | 10 | 120.00 |

## 2.4.2 财务初始数据

经清查,与小板凳业务相关的期初财务数据主要有以下几种,如表 2-20～表 2-23 所示。

表 2-20 应收账款期初数据

| 客户 | 单据号码 | 单据日期 | 部门 | 业务员 | 摘要 | 发生额 | 应收日期 | 收款金额 |
|---|---|---|---|---|---|---|---|---|
| 上海宏昌贸易有限公司 | 初始销售增值税发票 OXZP000002 | 2018-02-28 | 销售部 | 贾肖 | 2018年应收款余额 | 5 000 | 2018-05-31 | 5 000 |

表 2-21 应付账款期初数据

| 供应商 | 单据号码 | 单据日期 | 部门 | 业务员 | 发生额 | 付款日期 | 付款金额 | 产品代码 | 数量 | 含税单价 |
|---|---|---|---|---|---|---|---|---|---|---|
| 凳面供应商 | 初始采购增值税发票 OCZP000002 | 2018-02-28 | 采购部 | 何采英 | 5 200 | 2018-05-31 | 5 200 | 1.01 | 2 000 | 2.60 |

表 2-22 总账一般科目初始数据

| 科目代码 | 科目名称 | 方向 | 期初余额 |
|---|---|---|---|
| 1001.01 | 人民币 | 借 | 8 005.6 |
| 1002.01 | 农业银行蚌埠高新支行 | 借 | 24 346.4 |
| 1122 | 应收账款 | 借 | 5 000.0 |
| 1403.01 | 圆形凳面 | 借 | 312.0 |
| 1403.03 | 凳腿 | 借 | 140.0 |
| 1403.08 | 纸箱 | 借 | 120.0 |
| 1405.01 | 圆形小板凳 | 借 | 276.0 |
| 1601.01 | 办公设备 | 借 | 180 000.0 |
| 1601.02 | 生产设备 | 借 | 420 000.0 |
| 1601.03 | 运输设备 | 借 | 313 500.0 |
| 1602 | 累计折旧 | 贷 | 13 000.0 |
| 2202 | 应付账款 | 贷 | 5 200.0 |
| 4001.01 | 肖明 | 贷 | 500 000.0 |
| 4001.02 | 张华 | 贷 | 500 000.0 |

表 2-23 外币科目初始数据

| 科目代码 | 科目名称 | 方向 | 原币 | 本位币 |
|---|---|---|---|---|
| 1002.02 | 人民银行蚌埠高新支行 | 借 | 10 000.00 | 66 500.00 |

# 账套管理

利用计算机数据库进行信息管理是信息管理现代化的标志,也是提高信息管理效率的重要途径。因而,企业进行信息化管理的前提是选择和建立适宜的计算机数据库,通过数据库对信息进行搜集、储存、加工和传输。金蝶 K/3 就是一个计算机数据库系统,在这个系统中建立并用于管理各种业务信息的数据库文件就称为账套。因而,账套是一个独立、完整的数据集合,它整合了系统的运行参数、用户、企业生产、销售和财务等信息。在金蝶 K/3 系统中,账套的建立、启用、备份、恢复和删除都在账套管理工具中进行。

## 1. 实验目的及要求

让学生了解账套及账套管理的重要性,掌握金蝶 K/3 系统账套建立、启用、备份、恢复和删除的方法,强化同学们利用数据库进行经营管理的意识和思维。

## 2. 实验内容

①建立账套。
②账套设置。
③账套启用。
④账套的备份、恢复和删除。

## 3. 实验情境

①在金蝶 K/3 系统中为安徽华兴家居公司建立账套,账套号设置为

"01",账套名设置为公司名称。

②根据 2.1 节的相关内容,对安徽华兴家居公司的账套属性进行设置,然后启用账套。

③对安徽华兴家居公司的账套进行备份,并将备份路径设置为"E:\账套备份"。

④利用刚刚备份的账套,恢复一个新的账套,账套号修改为"02",账套名修改为"安徽华兴家居有限公司"。

⑤删除账套号为"01"的账套。

## 4. 实验步骤

（1）建立账套

①点击"开始→所有程序→金蝶 K3 WISE 创新管理平台→金蝶 K3 服务器配置工具→账套管理",如图 2-6 所示,打开账套管理工具,具体如图 2-7 所示。输入用户名（默认用户名为 admin）和密码（默认为空）后,点击"确定",进入账套管理界面,如图 2-8 所示。

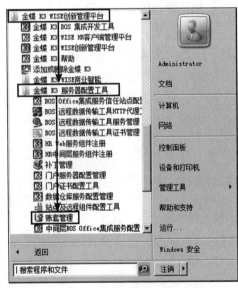

图 2-6

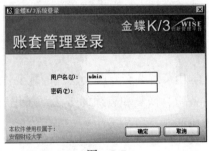

图 2-7

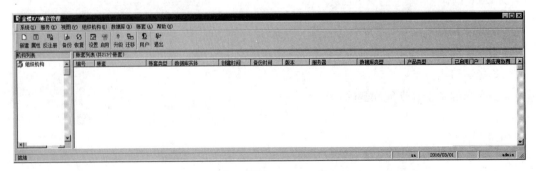

图 2-8

②在账套管理工具界面，点击工具栏上的"新建"按钮，或通过点击菜单"数据库→新建账套"，弹出新建账套分类信息窗口，如图 2-9 所示。点击"关闭"，打开新建账套设置界面。在新建账套设置界面，账套号输入"01"，账套名称输入"安徽华兴家居有限公司"，账套类型选择"标准供应链解决方案"，选择一个数据库文件和数据库日志文件存放路径，其他全部保持默认设置，最后界面如图 2-10 所示。

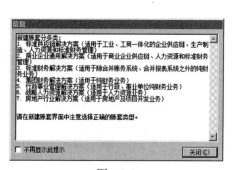

图 2-9

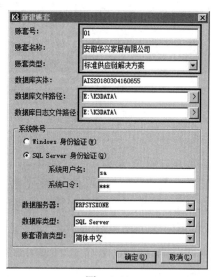

图 2-10

③点击"确定"，系统开始建立账套。账套建立完成后，账套管理界面如图 2-11 所示。

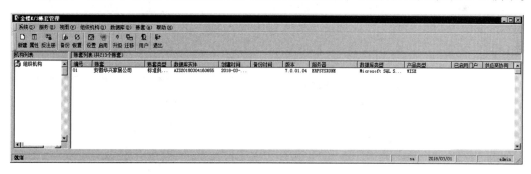

图 2-11

**（2）设置及启用账套**

①设置账套的目的就是对账套的系统属性、总账和会计期间进行设置，这是账套启用前的必要步骤。在账套管理界面选中建立好的账套，点击工具栏上的"设置"按钮，或通过点击菜单"账套→属性设置"，打开账套属性设置界面，具体如图 2-12 所示。

②根据 2.1 节的相关内容，在系统设置界面，机构名称输入"安徽华兴家居有限公司"，地址输入"安徽省蚌埠市高新路 123 号"，电话输入"0552-7188888"，具体如图 2-13 所示。

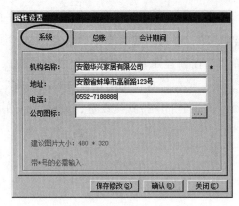

图 2-12        图 2-13

③选择总账选项卡，根据2.3节中货币及汇率体系的内容，在记账本位币代码中输入"RMB"，名称输入"人民币"，小数点位数选择2，其他保持默认，具体如图2-14所示。

④选择会计期间选项卡，如图2-15所示，点击"更改"按钮，在打开的设置界面中，启用会计年度设置为"2018"，启用会计期间设置为"3"，具体如图2-16所示。然后点击确定，回到会计期间设置界面（如图2-15所示），再点击"确定"，弹出"确认启用当前账套吗"的提示（如图2-17所示），点击"是"后提示"当前账套已成功启用"，如图2-18所示。只有账套成功启用，才表示账套文件建立完成，才能用于存取数据（信息），用户才能从客户端访问或登入账套文件。

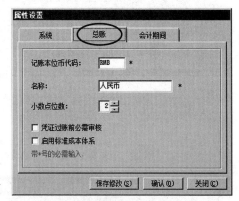

图 2-14

图 2-15        图 2-16

（3）备份账套

为了数据或信息的安全和操作的需要，有时需要对账套进行备份，以便于后面能使账套中的数据或信息恢复到前面的某个状态。在进行账套备份前，通常需要在计算机中建立一个文件夹，如新建"D:\账套备份\"，然后打开账套管理界面，选中要备份的账套，点击工具栏中的"备份"按钮，或点击菜单"数据库→备份账套"，打开账套备份设置界面，备份方式选择完全备份，备份路径选择"D:\账套备份\"，如图 2-19 所示，点击"确定"，系统开始备份账套。账套备份完成后，在目标文件夹中可以看到两个备份文件，具体如图 2-20 所示。

图 2-17

图 2-18

图 2-19

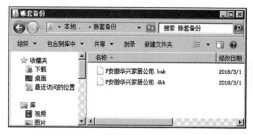

图 2-20

（4）恢复账套

要恢复以前某个时期备份的账套，首先需要打开账套管理界面，然后点击工具栏上的"恢复"按钮，或通过点击菜单"数据库→恢复账套"，系统打开数据库服务器设置界面，如图 2-21 所示。保持默认设置，点击"确定"，打开恢复账套设置界面。在界面的左边，选择备份文件的存放路径，如"D:\账套备份"，并选择要恢复的账套；在界面的右上方，账套号输入"02"，账套名输入"安徽华兴家居有限公司"，选择数据库存放路径后，点击"确定"，具体如图 2-22 所示，系统开始恢复账套。账套恢复完成后，系统会提示"账套恢复成功，是否恢复其它账套"（如图 2-23 所示），用户可根据需要选择"是"或"否"，在账套管理界面就会看到刚刚恢复的账套。

图 2-21

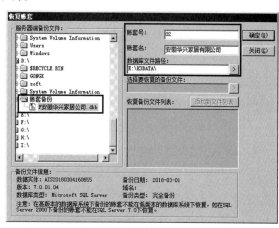

图 2-22

## （5）删除账套

为了节约系统资源，需要删除长期不使用的账套。在账套管理界面，先选中要删除的账套，如图 2-24 所示，然后点击菜单"数据库→删除账套"，系统提示是否确认删除（如图 2-25 所示）。点击"是"后，系统提示是否备份账套（如图 2-26 所示），点击"否"后，选中的账套被删除。

图　2-23

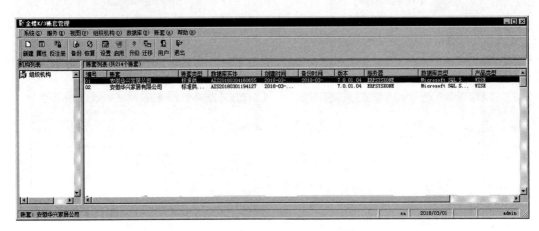

图　2-24

图　2-25

图　2-26

# 实验 2

# 公司部门及人员权限设置

企业在推进信息化管理的过程中,通常需要根据信息化管理流程建立工作团队,团队由不同部门的人员组成,每个成员履行既定的工作职责,在系统中享有不同的操作权限。

## 1. 实验目的及要求

了解部门及人员设置对企业信息化管理工作的重要性,掌握部门、人员及岗位设置等系统初始化工作,使学生能够根据需要处理不同类型组织结构、职务体系、职位体系等的企业业务,提升学生组织管理素养。

## 2. 实验内容

①部门设置。
②职员录入。
③用户权限管理。

## 3. 实验情境

①根据表 2-2 的内容在金蝶 K/3 系统中进行部门设置。
②根据表 2-3 的内容进行职务设置。
③根据表 2-4 的内容进行职员信息录入。
④根据表 2-5 的内容设置用户组和操作权限。

## 4. 实验步骤

### (1) 部门设置

企业开展信息化管理工作,需要在信息管理系统中建立一个虚拟组织，而组建这个虚拟组织最重要的一步就是进行部门设置。在金蝶 K/3 WISE 系统中，部门的建立属于企业基础资料范畴，需要在基础资料中设置。

①点击"开始→所有程序→金蝶 K3 WISE 创新管理平台→金蝶 K3 WISE 创新管理平台"，如图 2-27 所示，打开客户端登录界面，具体如图 2-28 所示。以管理员身份登录，用户名输入"administrator"，密码为空（默认为空），点击"确定"，进入系统，如图 2-29 所示，再点击工具栏上的"K/3 主界面"按钮，进入 K/3 主界面，具体如图 2-30 所示。

图 2-27

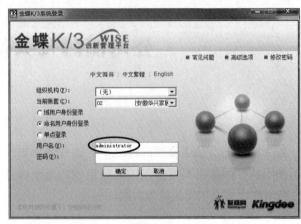

图 2-28

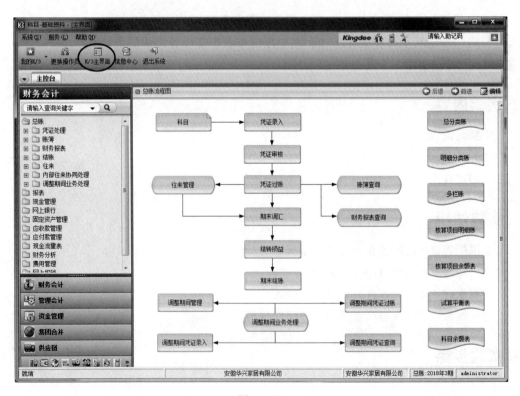

图 2-29

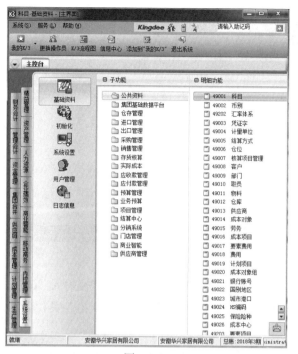

图 2-30

②双击"系统设置→基础资料→公共资料→部门",如图 2-31 所示,打开部门设置界面。在部门设置界面上,点击工具栏上的"新增"按钮,如图 2-32 所示,或点击菜单"编辑→新增",打开部门新增设置界面。

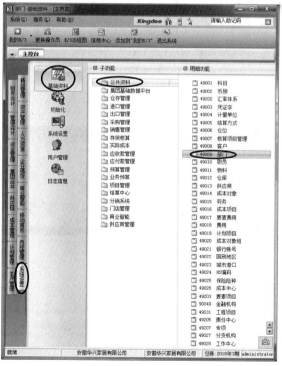

图 2-31

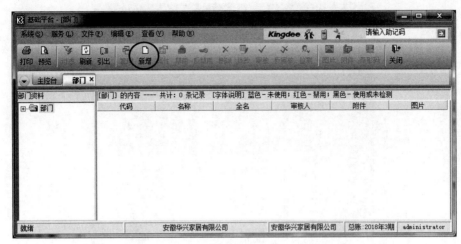

图 2-32

③在部门新增设置界面上,根据表 2-2 的内容,代码输入"01",名称输入"总经办",部门属性选择"非车间",其他保持默认设置,然后点击工具栏上的"保存"按钮,具体如图 2-33 所示。

图 2-33

④重复步骤②和③,完成部门设置,具体如图 2-34 所示。

图 2-34

(2)职员录入

在金蝶 K/3 WISE 系统中，职员仍然属于基础资料范畴。

①在 K/3 主界面，双击"系统设置→基础资料→公共资料→职员"，如图 2-35 所示，打开职员设置界面。在职员设置界面上，点击工具栏上的"新增"按钮，如图 2-36 所示，或点击菜单"编辑→新增"，打开职员新增设置界面。

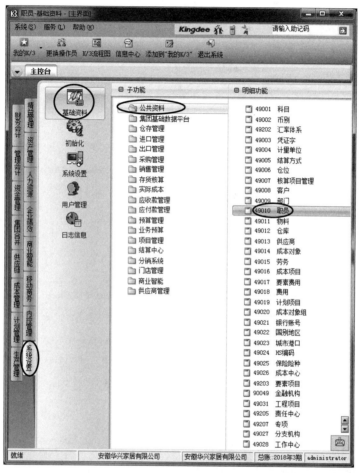

图 2-35

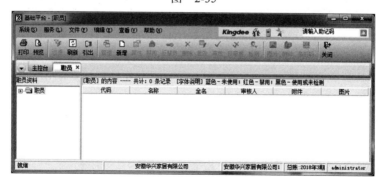

图 2-36

②在职员新增设置界面上，将光标移动到职务行右列空白行内，如图 2-37 所示，然后按下"F7"键，打开职务属性设置界面，如图 2-38 所示，再点击"新增"按钮，打开职务新增属性设置界面。根据表 2-3 的内容，在界面中代码处输入"FZW015"，名称输入"采购员"，点击"新增"，如图 2-39 所示。在不关闭职务新增属性设置界面的情况下，继续在界面中代码处输入"FZW016"，名称输入"仓管员"，点击"新增"并关闭职务新增属性设置界面，最后职务属性设置界面如图 2-40 所示。

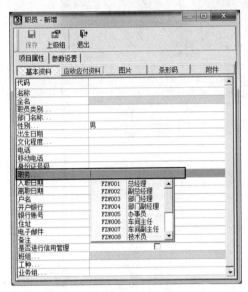

图 2-37

图 2-38

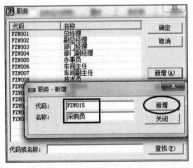

图 2-39

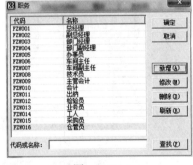

图 2-40

点击"确定"，返回职员新增设置界面。

③在职员新增设置界面上，根据表 2-4 的内容，代码输入"0101"，名称输入"肖明"，部门名称输入"总经办"，性别选择"男"，职务选择"总经理"，其他保持默认设置。然后点击工具栏上的"保存"按钮，具体如图 2-41 所示。

④点击保存后，在不关闭职员新增设置界面的情况下，重复上一步的操作，完成表 2-4 中所有职员信息的录入，最后职员新增界面如图 2-42 所示。

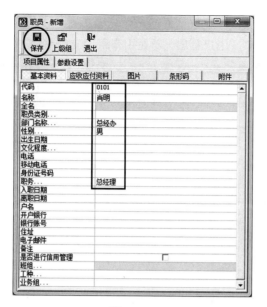

图 2-41

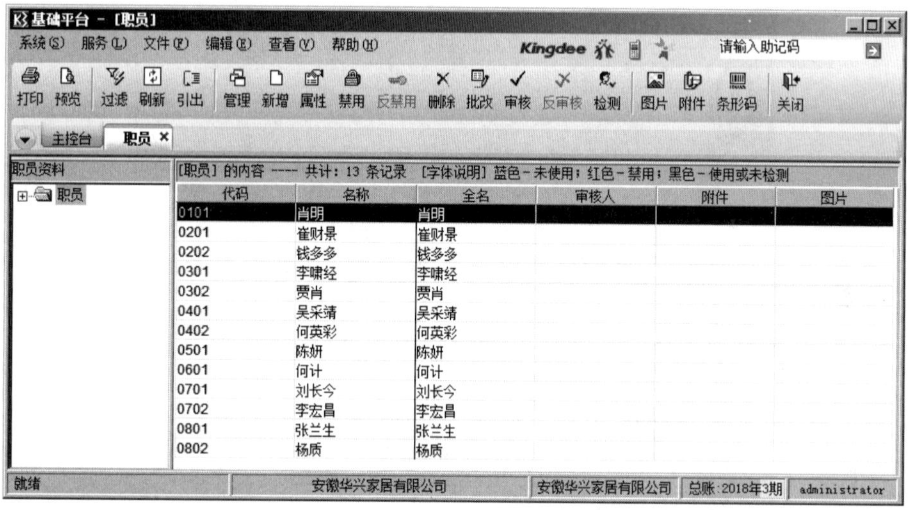

图 2-42

### （3）操作权限设置

作为一个面向企业所有业务流程的系统，金蝶 K/3 要求对进入系统的用户进行权限的划分，即对履行不同岗位职责的用户授予不同的权限，亦即管理授权，这一方面是出于信息安全管理的需要，另一方面是为了方便协作，即多用户可以同时进行业务处理和操作。在金蝶 K/3 WISE 系统中，用户操作权限大致可分为两大类，即管理员权限和非管理员权限。管理员拥有系统操作的所有权限，非管理员需要管理员根据岗位职责需要进行授权，用户权限设置是通过用户管理功能实现的。

①在 K/3 主界面，双击"系统设置→用户管理→用户管理→用户管理"，如图 2-43 所

示，打开用户管理界面。在用户管理界面上，点击工具栏上的"新建用户组"按钮，如图 2-44 所示，或点击菜单"用户管理→新建用户组"，打开新增用户组设置界面。

图 2-43

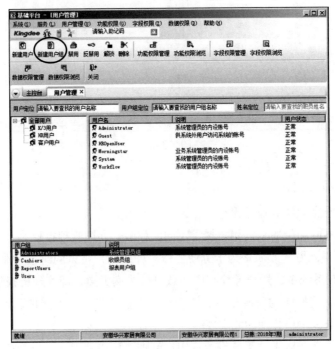

图 2-44

②根据表 2-5 的内容，在新增用户组设置界面上方，用户组输入"财务组"，点击"确定"，如图 2-45 所示，新增财务用户组。以同样的方法，新增"业务组""研发组"和"计划组"，最后用户管理界面如图 2-46 所示。

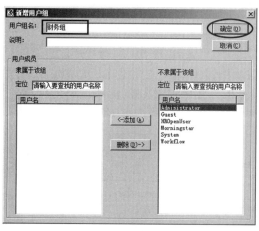

图　2-45

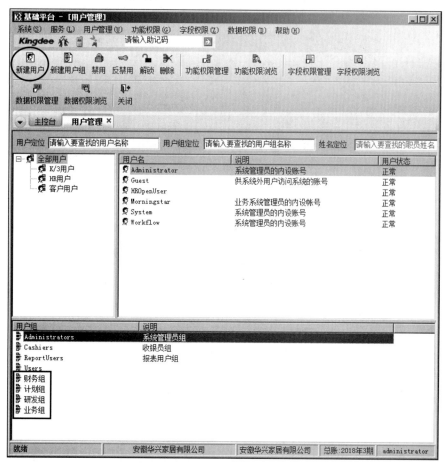

图　2-46

③在用户管理界面，点击工具栏上的"新建用户"按钮，如图 2-46 所示，或点击菜单"用户管理→新建用户"，打开新增用户设置界面。在新建用户设置用户选项卡界面，点击用户姓名框左侧的按钮关联职员，如图 2-47 所示。在打开的职员界面中的工具栏上点击"浏览"按钮，然后双击要关联的职员（如"贾肖"），如图 2-48 所示，返回新增用户设置界面，如图 2-49 所示。在新建用户设置界面中点击"认证方式"选项卡，选择密码认证，密码设置为空，如图 2-50 所示。在新建用户设置界面中点击用户组选项卡，根据表 2-5 的内容，将右侧职员所属用户组选中，如图 2-51 所示，点击"添加"按钮，将用户组添加到左侧列表中，具体如图 2-52 所示。如果用户组添加错误，可通过"移除"按钮删除。

图 2-47

图 2-48

图 2-49 图 2-50

图 2-51 图 2-52

通过同样的方法，新建表 2-5 中的所有用户并添加到相应的用户组，设置完成后的用户管理界面如图 2-53 所示。

④在用户管理界面，选中用户姓名，点击工具栏上的"功能权限管理"按钮，如图 2-53 所示，或点击菜单"用户管理→功能权限"，打开权限管理设置界面。根据表 2-5 的内容，选中基础资料查询权⊖、销售管理系统所有权限和 K/3 BOS 配置管理权，然后点击"授权"按钮，具体如图 2-54 所示。再点击"高级"按钮，打开高级权限设置界面，根据权限目录，拖动滚动条至"供应链管理公共设置"选项处，点击鼠标，打开供应链管理公共设置下拉菜单，点击"即时库存"选项，在界面的右边显示出该选项所有权限，全部选中后，点击"授权"按钮，具体如图 2-55 所示。再用同样的方法，选中模拟报价、模拟 BOM 和模拟报价单所有权限，然后点击"授权"按钮，如图 2-56 所示。

---

⊖ 方法是点击基础资料查询权前的小方框，小框内打上勾即是被选中，拖动右旁的滚动条选择下一个权限选项。

32　ERP 原理与实训

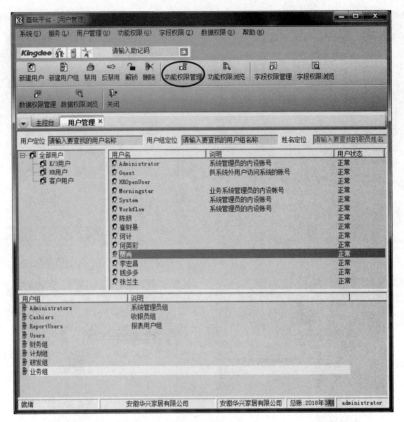

图　2-53

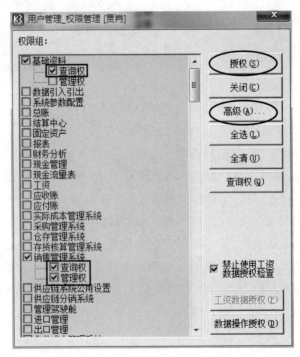

图　2-54

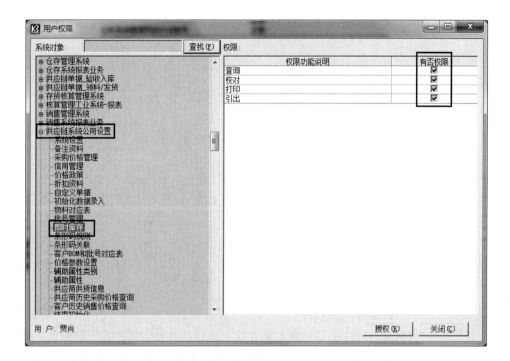

图 2-55

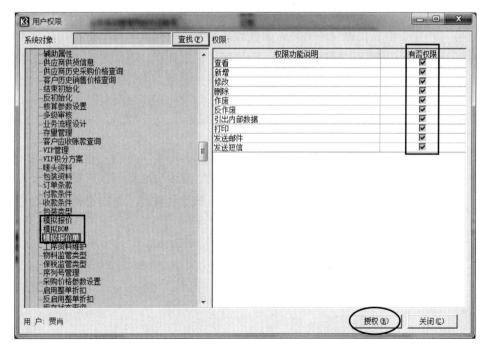

图 2-56

至此，已完成对销售部贾肖的权限设置。用同样的方法，设置其他用户的权限。

# 实验 3

# 公共资料录入

在企业内部各部门中，分散着关乎企业业务运行的各种不同的基础数据资料。这些资料随着企业业务流程的运转需要在各个部门统一使用，如销售部门的客户资料，会伴随着订单流程的流转而在研发、生产和财务等部门使用。这些资料是企业业务运行的基本元素，在企业内部信息传输和外部信息交流中起着重要的作用，因而称之为公共基础资料。由于信息化管理的需要，企业内部的基础数据资料需要进行统一分类和编码，即进行标准化管理，以更好地进行共享。不同类型企业的基础数据资料种类可能也不尽相同，安徽华兴家居有限公司基础数据资料主要包括货币、会计科目、计量单位、客户和供应商资料等。

## 1. 实验目的及要求

通过本实验，让学生了解企业管理中公共资料及其标准化管理的重要性，能够对企业的基础资料进行归纳和整理，掌握基础资料管理在金蝶 K/3 系统中的方法及实现过程。

## 2. 实验内容

①货币及汇率。
②会计科目。
③凭证字。
④计量单位。
⑤结算方式。
⑥客户分类。

⑦仓库。
⑧供应商分类。

## 3. 实验情境

①根据表 2-6 的内容，设置货币及汇率。
②引入新会计准则科目，并根据表 2-7～表 2-9 的内容进行相关科目的设置。
③根据表 2-10 的内容，进行凭证字设置。
④根据表 2-11 的内容，进行计量单位设置。
⑤根据表 2-12 的内容，进行公司结算方式设置。
⑥根据表 2-13～表 2-15 的内容，对公司客户的分类和档案进行设置。
⑦根据表 2-16 的内容，对公司的仓库资料进行设置。
⑧根据表 2-17 的内容，对公司的供应商资料进行设置。

## 4. 实验步骤

### （1）货币及汇率

①点击"开始→所有程序→金蝶 K3 WISE 创新管理平台→金蝶 K3 WISE 创新管理平台"，如图 2-57 所示，打开客户端登录界面，具体如图 2-58 所示。以管理员身份登录，用户名输入"administrator"，密码为空（默认为空），点击"确定"，进入系统。

图 2-57

图 2-58

②在 K/3 主界面，双击"系统设置→基础资料→公共资料→币别"，如图 2-59 所示，打开币别设置界面，具体如图 2-60 所示。在界面的右侧窗体内点击鼠标，然后点击工具栏上的"新增"按钮，或通过点击菜单"编辑→新增"，打开新增货币设置界面，如图 2-61 所示。币别代码输入"USD"，币别名称输入"美元"，记账汇率输入"6.65"，折

算方式选择"原币 × 汇率 = 本位币",其他保持默认,具体如图 2-62 所示,点击"确定",回到货币设置界面,如图 2-63 所示。

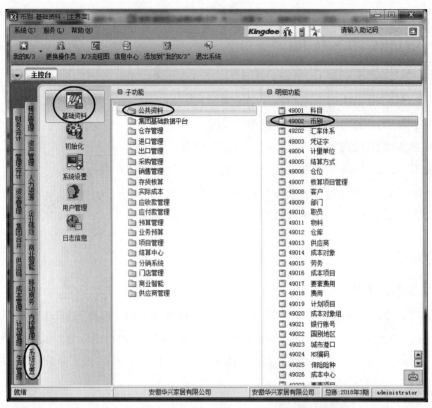

图 2-59

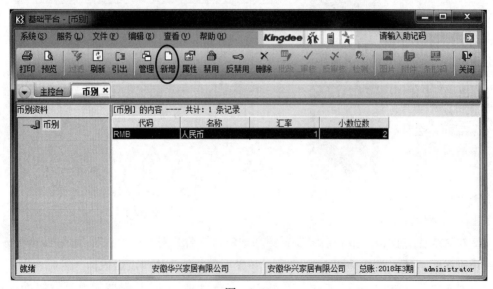

图 2-60

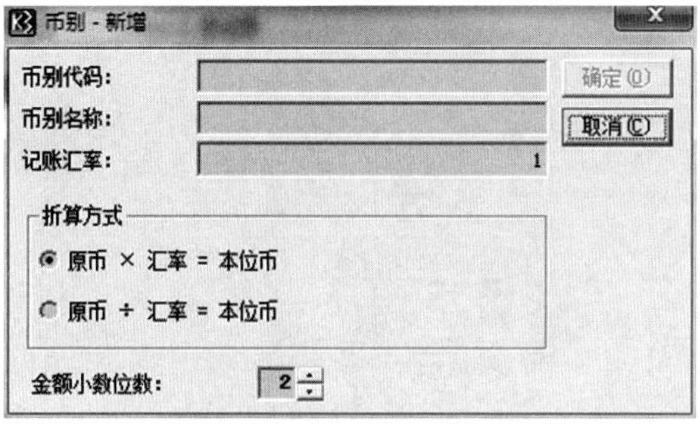

图 2-61 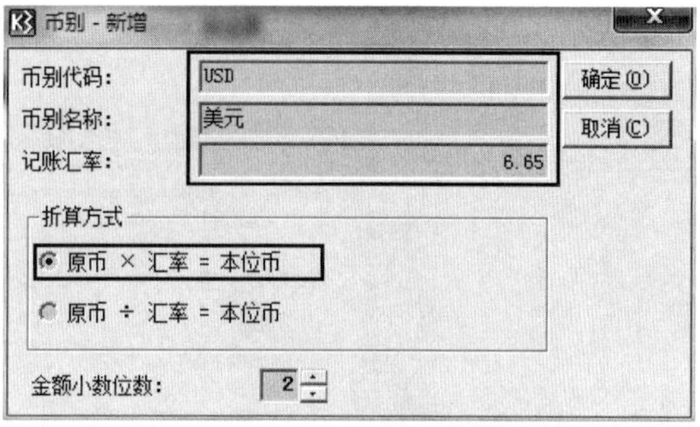    图 2-62

图 2-63

**（2）会计科目**

为了连续、系统、全面地核算和监督企业经营活动所引起的各项会计要素的增减变化，对会计要素的具体内容按照其不同的特点和经营管理要求进行科学的分类，并事先确定分类核算的项目名称，规定其核算内容。这种对会计要素的具体内容进行分类核算的项目，称为会计科目。会计科目是企业进行复式记账和编制会计凭证的基础，是企业开展成本核算和资产清查的前提条件，它为企业制作会计报表提供了方便。会计核算贯穿于整个经营期间，会计科目的设置和统一显得十分重要。因而，会计科目的设置属于公共资料的范畴。通常，企业必须根据《企业会计准则》和国家统一的会计制度的规定设置和使用会计科目，但可以根据企业的实际经营情况设置多级明细科目。会计科目设置步骤如下。

①引入会计科目。

K/3 主界面，点击"系统设置→基础资料→公共资料→科目"，如图 2-64 所示，打开科目设置界面，具体如图 2-65 所示。

点击菜单"文件→从模板中引入科目"，打开科目模板。在行业下选择"新会计准则科目"，然后点击"引入"按钮，如图 2-66 所示，系统弹出引入科目设置界面。

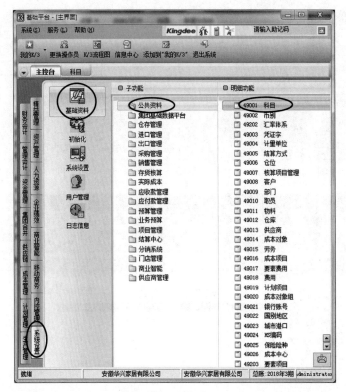

图 2-64

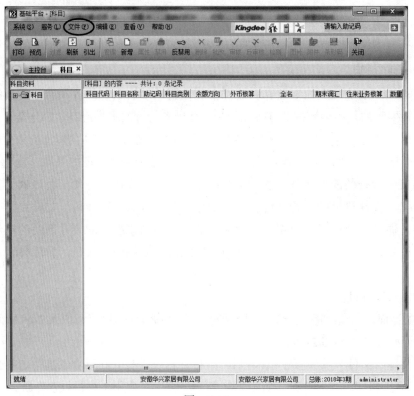

图 2-65

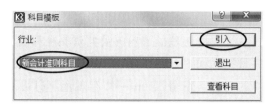

图 2-66

在引入科目设置界面的下方,点击"全选"按钮,然后点击"确定",如图 2-67 所示,系统开始引入新会计准则科目,如图 2-68 所示。科目引入完毕后,系统提示"引入成功"(如图 2-69 所示),点击"确定",会计科目设置完成,系统显示引入 100 个会计科目,具体如图 2-70 所示。

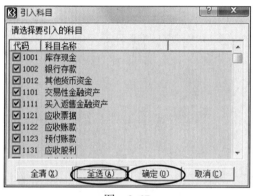

图 2-67

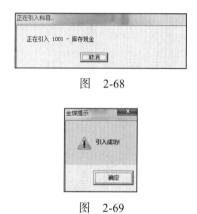

图 2-68

图 2-69

图 2-70

②明细科目设置。

K/3 主界面，双击"系统设置→基础资料→公共资料→科目"，打开科目设置界面，点击工具栏上的"新增"按钮，如图 2-71 所示，或点击菜单"编辑→新增"，打开会计科目新增界面。根据表 2-7 的内容，新增"1001—库存现金"科目下"人民币"明细科目，首先在科目代码输入"1001.01"，科目名称输入"人民币"，然后点击"保存"按钮，具体如图 2-72 所示。

图 2-71

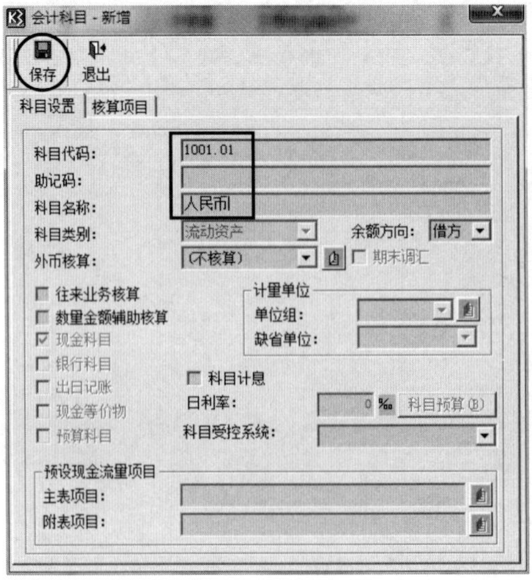

图 2-72

要想查看刚刚新增的明细科目，点击菜单"查看→选项"，打开基础资料查询选项（如图 2-73 所示），显示级次选择"显示所有明细"，其他保持默认设置，然后点击"确定"，如图 2-74 所示。

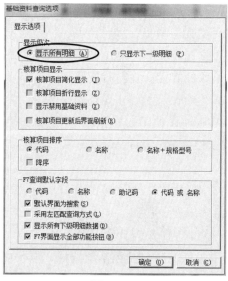

图　2-73

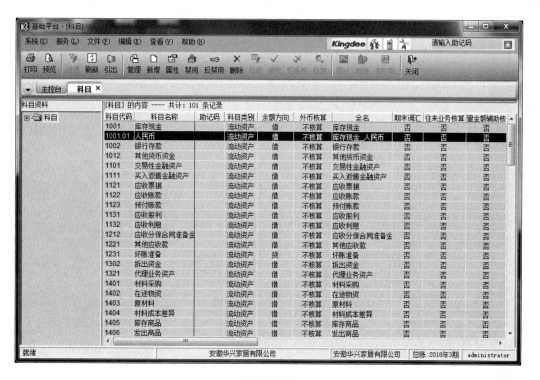

图　2-74

按照相同的方法，录入表 2-7 中其他 66 个明细科目。

③会计科目属性设置。

K/3 主界面,双击"系统设置→基础资料→公共资料→科目",打开科目设置界面。

根据表 2-8 的内容,对"1001.02——美元"和"1002.02——人民银行蚌埠高新支行"两个科目属性进行设置。先选中"1001.02——美元"科目,然后点击工具栏上的"属性"按钮,或直接双击"1001.02——美元"科目,打开会计科目修改界面。在科目设置选项卡界面,外币核算选择"美元",并点击勾选期末调汇,然后点击"保存"按钮,如图 2-75 所示。按同样的方法,设置"1002.02——人民银行蚌埠高新支行"科目。

根据表 2-9 的内容,先选中"1121——应收票据",然后点击工具栏上的"属性"按钮,或直接双击"1121——应收票据"科目,打开会计科目修

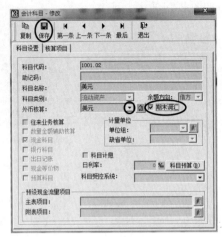

图　2-75

改界面。在科目设置选项卡界面,科目受控系统选择"应收应付",然后点击"保存",如图 2-76 所示。选中"1122——应收账款",然后点击工具栏上的"属性"按钮,或直接双击"1122——应收账款"科目,打开会计科目修改界面。科目受控系统选择"应收应付",如图 2-77 所示;切换到核算项目选项卡,然后点击表体下方"增加核算项目类别"按钮,如图 2-78 所示,系统弹出核算项目类别界面,选中"001——客户",然后点击"确定",如图 2-79 所示,返回会计科目修改界面,最后点击"保存"按钮,如图 2-80 所示。

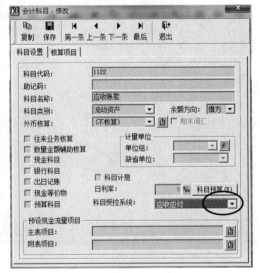

图　2-76　　　　　　　　　　　图　2-77

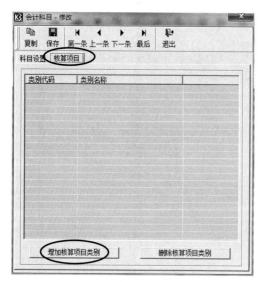

图 2-78

图 2-79

按照上面同样的方法，再设置表 2-9 中其他 6 个科目的属性。

**（3）凭证字**

凭证字是用来标识收款凭证、付款凭证和转账凭证的符号，收款凭证的凭证字为"收"，付款凭证的凭证字为"付"，转账凭证的凭证字为"转"。由于收款凭证、付款凭证和转账凭证都是记账凭证，在实践中，为了简化工作内容，往往采用通用凭证字为"记"。

① K/3 主界面，双击"系统设置→基础资料→公共资料→凭证字"，如图 2-81 所示，打开凭证字设置界面。

图 2-80

②点击工具栏上的"新增"按钮，如图 2-82 所示，或点击菜单"编辑→新增"，打开凭证字新增设置界面。

③由于企业采用通用凭证字，故只要在凭证字后输入"记"（如图 2-83 所示），然后点击"确定"即完成设置，最后界面如图 2-84 所示。

**（4）计量单位**

计量单位是在供应链管理系统和财务会计系统中建立原材料、半成品、产成品、包装物和固定资产等物料档案和进行核算时所使用的计量标准，它是物料的附属资料，是企业建立的量化规范。在金蝶 K/3 系统中，在物料设置之前，必须进行计量单位的设置。计量单位的设置分为计量单位组的设置和计量单位的设置，即每个计量单位组中可以设置若干个计量单位，每个计量单位组有一个基本计量单位。

**44** ERP 原理与实训

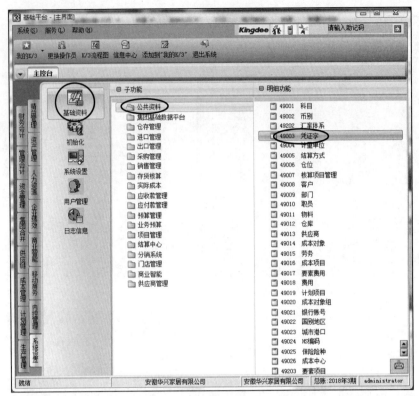

图 2-81

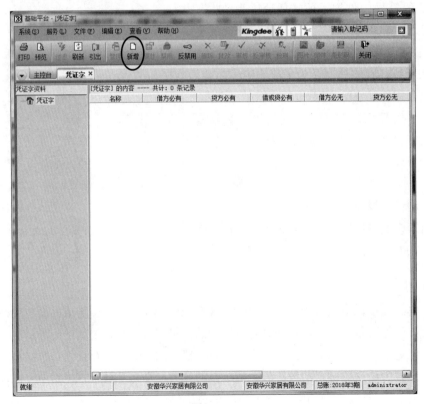

图 2-82

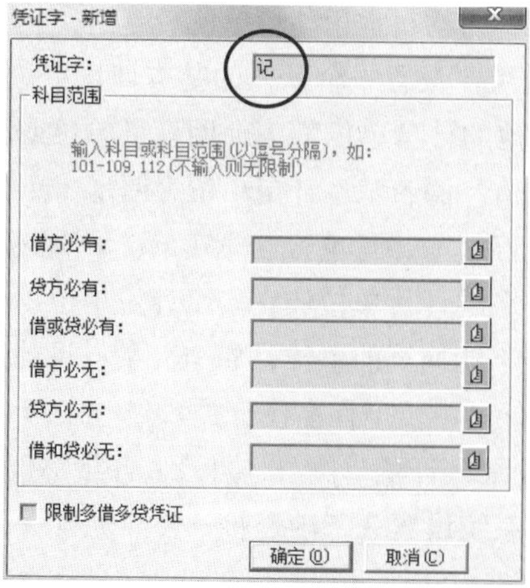

图 2-83

图 2-84

所谓基本计量单位，就是每个单位组中作为标准的计量单位，其他计量单位都以它作为计算依据。但在实践中，对于同一物料，公司不同部门可能使用不同的计量单位，如布匹在采购部门以"卷"为单位，但在产品生产过程中，生产部门却以"米"为单位计量用料，所以同一物料在采购、销售、生产、仓管等部门使用的计量单位可能存在差异，这就需要采用多个计量单位对同一物料进行计量。需要说明的是，每个物料必须确认一个基本计量单位，同时还可以确认日常各部门使用的常用计量单位，基本计量单位和属于同一单位组的其他计量单位都可以作为物料常用计量单位。

一般地,每个计量单位组要设置一个默认的基本计量单位⊖,基本计量单位的换算系数为1,该计量单位组中其他的计量单位都为辅助计量单位或称常用计量单位,其换算系数为其与基本计量单位的比值。假若基本计量单位为厘米(cm),常用计量单位为米(m),则系数应为100。相反,假若基本计量单位为米(m),则厘米(cm)的换算系数为0.01。通常将同一类的、有换算关系的计量单位放在一个计量单位组中。但有时由于公司物料的属性不同,可能会存在多个不能换算的单位,如个、条、只等,这时则需要将它们的换算系数设定为1,表示与基本计量单位不存在换算关系。

根据表2-11的内容,先录入计量单位组,再录入计量单位。

① K/3主界面,双击"系统设置→基础资料→公共资料→计量单位",如图2-85所示,打开计量单位设置界面,如图2-86所示。

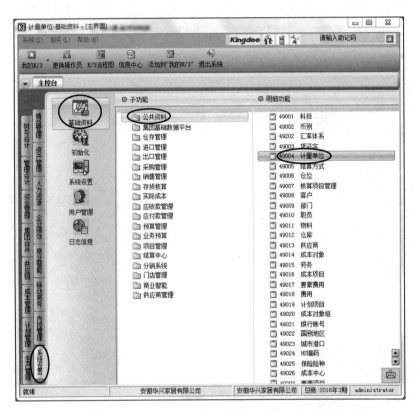

图 2-85

②点击工具栏上的"新增"按钮,或点击菜单"编辑→新增计量单位",打开新增计量单位组设置界面,计量单位组输入"数量组",点击"确定",如图2-87所示,在计量单位设置界面的左侧就可以看到刚才新增的数量组。同样的方法新增"长度组",最后计量单位设置界面如图2-88所示。如果要删除新增的计量单位组,则在选中之后,点击工具栏上的"删除"按钮,或点击菜单"编辑→删除计量单位"。

---

⊖ 系统默认该组第一个输入的计量单位为基本计量单位。

图 2-86

图 2-87

图 2-88

③选中"数量组"○,鼠标在界面右侧任意处点击,激活计量单位设置界面,如图 2-89 所示。点击工具栏上的"新增"按钮,或点击菜单"编辑→新增计量单位",打开新增计量单位新增设置界面。代码输入"10",名称输入"PCS"○,换算率设为"1",换算方式选择"固定换算",其他保持默认设置,然后点击"确定",如图 2-90 所示。以同样的方法,新增表 2-11 中数量组的其他计量单位,完成后的界面如图 2-91 所示。需要说明的是,系统一般默认将第一个输入的计量单位设置为该组的基本计量单位。如果要删除某个计量单位,则在选中该计量单位后,点击工具栏上的"删除"按钮,或点击菜单"编辑→删除计量单位"。

图 2-89

④选中"长度组",按照步骤③的方法,新增长度组的计量单位,完成后如图 2-92 所示。

---

○ 如果在计量单位设置界面的左侧无法显示新增的计量单位组,则可点击计量单位前面的目录展开符号"+",展开计量单位组。
○ 由于本实验中的计量单位根、块、个、套、卷和米之间彼此独立,不存在关联,因而我们选择用"PCS"作为基本计量单位,即通用计量单位标识符;换算率都设定为 1,即不存在换算关系;在实际业务中需要根据具体情况做出不同的处理。

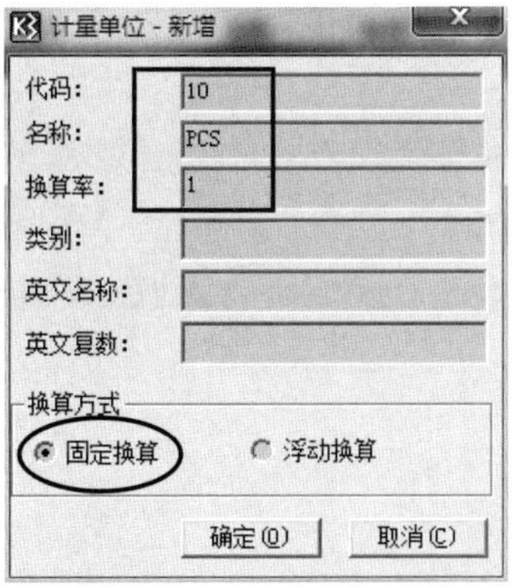

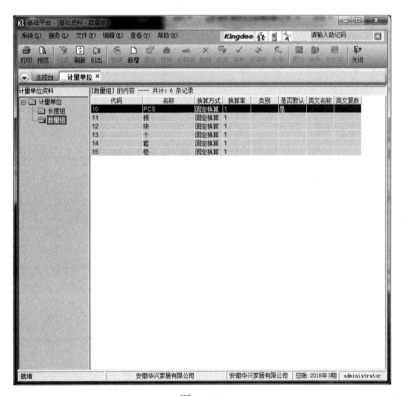

图 2-90

图 2-91

### （5）结算方式

结算方式是公司对因商品交易、劳务供应、资金调拨等经济往来引起的货币收付关系进行清偿的办法。在中国，根据不同经济往来的特点、形式及需要，分为转账结算和现金结算两种方式，转账结算又具体包括汇票、支票等方式。根据表 2-12 的内容，设置结算方式。

① K/3 主界面，双击"系统设置→基础资料→公共资料→结算方式"，如图 2-93 所示，打开结算方式设置界面，如图 2-94 所示。

图 2-92

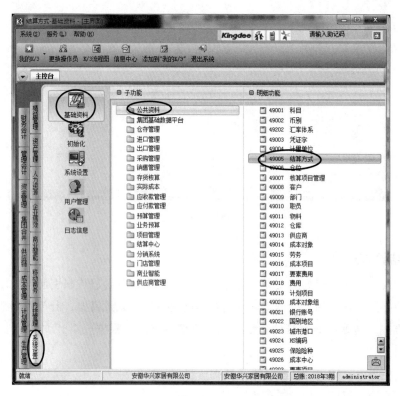

图 2-93

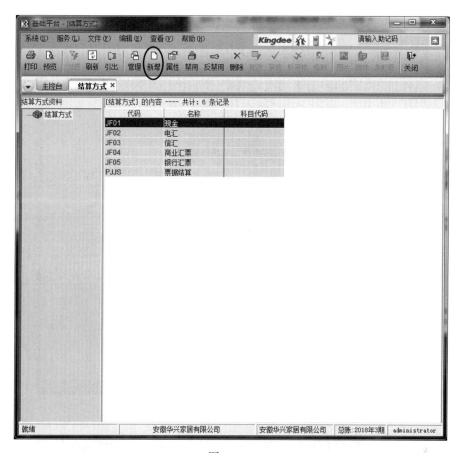

图 2-94

②点击工具栏上的"新增"按钮，或点击菜单"编辑→新增结算方式"，打开结算方式–新增界面。代码输入"JF06"，名称输入"支票"，然后点击"确定"，如图 2-95 所示。设置完成后，结算方式设置界面如图 2-96 所示。

图 2-95

### （6）客户分类

客户是购买公司产品或服务的商业机构或个人，客户档案的建立对公司进行销售管理、客户关系管理及财务管理都很重要。特别是公司在进行信用评估、往来账目查询和价格折扣制定时，客户档案是不可或缺的资料。根据表 2-13～表 2-15 的内容，先进行客户分类设置，再建立客户档案。

①在 K/3 主界面，双击"系统设置→基础资料→公共资料→客户"，如图 2-97 所示，打开客户设置界面，如图 2-98 所示。

图 2-96

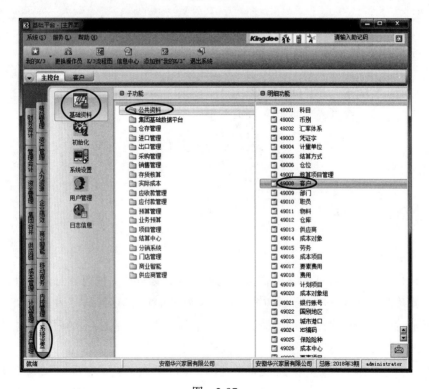

图 2-97

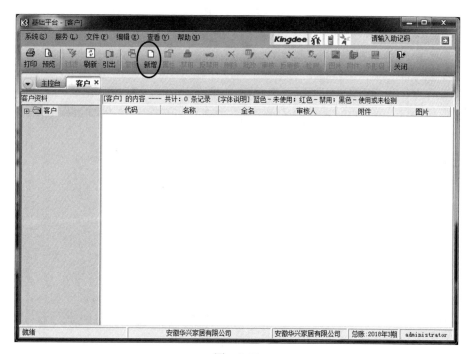

图 2-98

②点击工具栏上的"新增"按钮,或点击菜单"编辑→新增",打开客户–新增界面,如图 2-99 所示。点击表体上方"上级组"按钮,代码输入"1",名称输入"国内客户",点击"保存"。以同样的方式新增"国外客户"类别。客户类别设置完成后如图 2-100 所示。

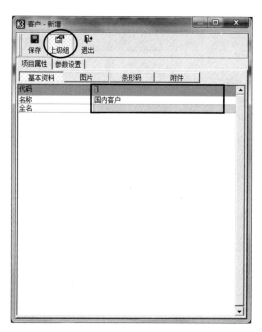

图 2-99

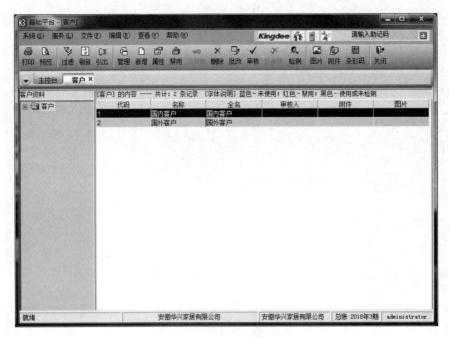

图 2-100

③同样，点击工具栏上的"新增"按钮㊀，或点击菜单"编辑→新增"，打开客户-新增界面㊁。在基本资料选项卡中，代码输入"1.01"，名称输入"上海宏昌贸易有限公司"，不勾选信用管理选项（默认为否），默认运输提前期输入"2"，如图2-101所示。

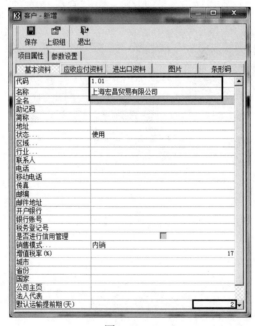

图 2-101

---

㊀ 如果"新增"按钮呈灰色状态，则用鼠标任意点击客户设置界面右侧空白处即可变亮。
㊁ 如果刚才设置客户分类时没有退出界面，则直接点击取消"上级组"即可。

④切换到应收应付资料选项卡,应收账款科目代码选择"1122—应收账款",预收账款科目代码选择"2203—预收账款",应交税金科目代码选择"2221.01.05—销项税",然后点击"保存",如图2-102所示。

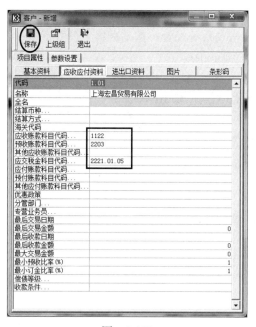

图 2-102

⑤重复步骤③和④,输入表2-14和表2-15中其他客户资料,最后得到客户设置界面如图2-103所示。需要说明的是,系统对客户分类管理是通过客户代码来识别的,比如1.01的一级代码为1,则归属在国内客户下,2.01的一级代码为2,则归属在国外客户下。

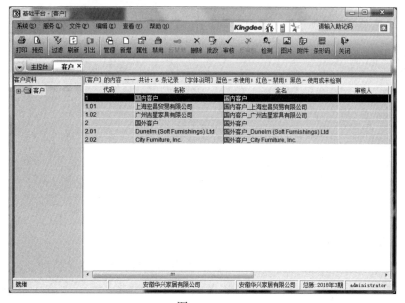

图 2-103

### （7）仓库

仓库主要用于存放原材料、半成品或产成品等物料，可以是实物建筑区域，也可以是虚拟仓位，为了方便管理，无论是实物建筑还是虚拟仓位，都要建立相应的档案。根据表2-16的内容，建立企业仓库档案。

①在K/3主界面，双击"系统设置→基础资料→公共资料→仓库"，如图2-104所示，打开仓库设置界面，如图2-105所示。

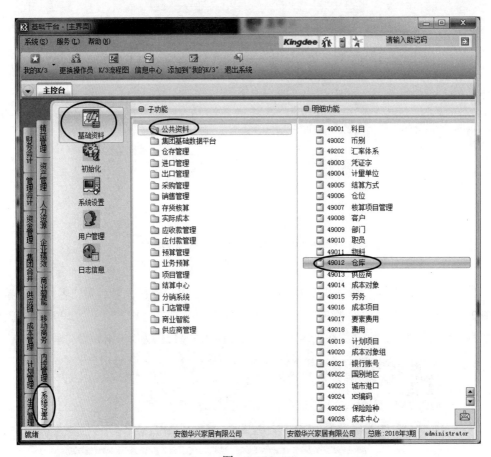

图　2-104

②点击工具栏上的"新增"按钮，或点击菜单"编辑→新增"，打开仓库–新增界面，如图2-106所示。代码输入"01"，名称输入"原材料仓"，并勾选是否MPS/MRP可用量，点击"保存"。以同样的方式新增"半成品仓""成品仓"和"包装物仓"。仓库设置完成后如图2-107所示。

### （8）供应商分类

供应商是企业生产要素的供给者，企业对供应商进行分类管事，目的是方便进行采购管理和财务核算。根据表2-17的内容，建立企业供应商档案。

①在 K/3 主界面，双击"系统设置→基础资料→公共资料→供应商"，如图 2-108 所示，打开仓库设置界面，如图 2-109 所示。

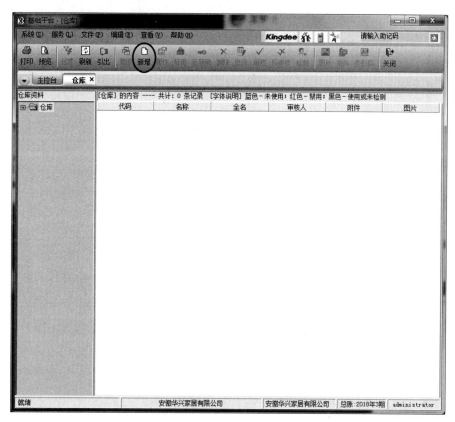

图　2-105

图　2-106

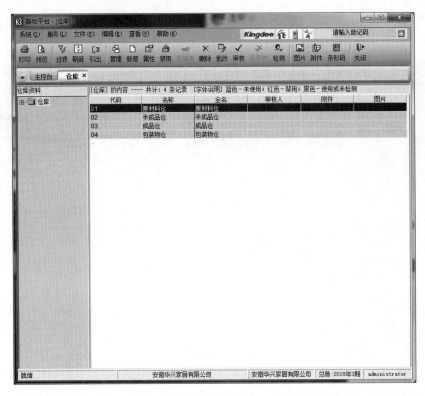

图 2-107

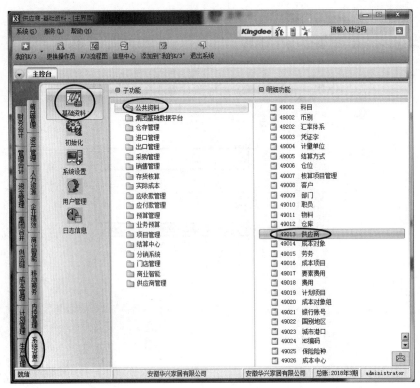

图 2-108

图 2-109

②点击工具栏上的"新增"按钮,或点击菜单"编辑→新增",打开供应商-新增界面,代码输入"01",名称输入"凳面供应商",如图 2-110 所示。

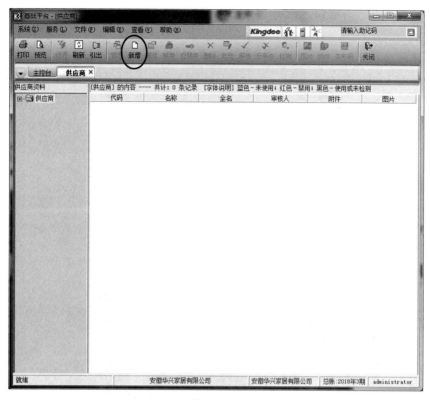

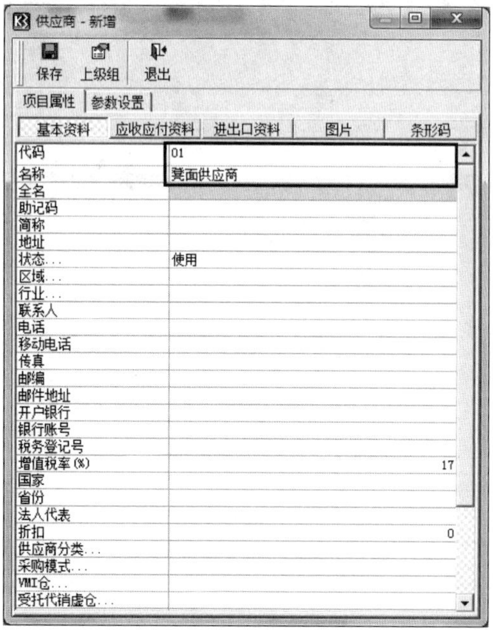

图 2-110

③切换到应收应付资料选项卡,应付账款科目代码选择"2202—应付账款",预付账款科目代码选择"1123—预付账款",应交税金科目代码选择"2221.01.01—进项税",其他保持默认,然后点击"保存",如图2-111所示。

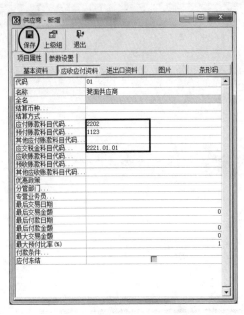

图 2-111

④重复步骤②和③,输入表2-17中其他供应商资料,最后得到供应商设置界面如图2-112所示。

图 2-112

# 第 3 章 生产计划管理

## 3.1 物料编码

物料编码也称为物料代码，是数据库系统进行物料存储、检索、查询的依据。为 ERP 系统运行所需的所有物料进行编码是 ERP 最基础的工作。

### 3.1.1 物料编码设计原则

（1）唯一性。物料可能有不同的名称，可以按不同方式进行描述，但在一个物料编码体系中，一种物料只能对应一个唯一的代码，一个代码也只能表示一种物料。

（2）标准化。在代码设计时应该采用标准通用代码，如国际、国家、行业或部门及企业规定的标准代码。这些标准是代码设计的重要依据，必须严格遵循。在一个代码体系中，所有的代码结构、类型、编写格式必须保持一致，以便于信息交换和共享，并有利于系统的纠错、更新和维护工作。

（3）合理性。代码结构必须与编码对象的分类体系相对应。

（4）简单性。代码的长度影响其所占的存储空间、输入、输出及处理速度，以及输入时的出错概率，因此代码结构要简单，尽可能短。

（5）适用性。代码要尽可能地反映对象的特点，有助于识别、记忆及填写。

（6）可扩充性。编码时要留有足够的备用容量，以满足今后扩充的需要。

### 3.1.2 物料编码文件

物料编码文件也叫物料代码文件，是用来存储物料在 ERP 系统中的各种基本属性和业务数据的。它的信息是多方面和多角度的，基本涵盖了企业设计物料管理活动的各个方面。它是进行主生产计划和物料需求计划运算的基本文件。一般来说，物料编码文件涵盖以下信息。

（1）物料的技术资料信息。这类信息提供物料有关设计及工艺等技术资料，如物料名称、品种规格、型号、计量单位、默认工艺线路、生效日期、失效日期及成组工艺码等。

（2）物料的计划管理信息。该类信息涉及物料与计划相关的信息。在主生产计划（MPS）与物料需求计划（MRP）计算时，首先读取物料的该类设置信息，如生产周期、固定提前期、累计提前期、生产分配量、库存可用数量、JIT 码（Y/N）等。

（3）物料的采购管理信息。这类信息用于物料采购管理，如订货点数量、订货周期、订货批量、供应商代码等。

（4）物料的库存信息。此类信息提供物料库存管理方面的信息，如物品来源（外购、委外加工、自制等）、库存单位、在库数量、默认仓库、安全库存、最大库存以及批次管理（Y/N）等。

以上各类物料信息中，有些是在设置物料基本资料时就必须设置的（如物料编码、物料名称、计量单位等），而另外的是在各相关业务需要时编辑和设置的（如在库数量、可用分配量）。当然，不同的 ERP 系统的物料代码文件在内容方面也有差异，这也恰恰体现了 ERP 系统的包容性和适用性。

## 3.2 物料清单

物料清单（bill of materials，BOM）指的是产品结构，即将最终产品逐级展开，呈现出产品组件、子件、零部件直到原材料的树形结构，涵盖各级物料的组成和数量。物料清单的具体表现形式如图 3-1 所示。

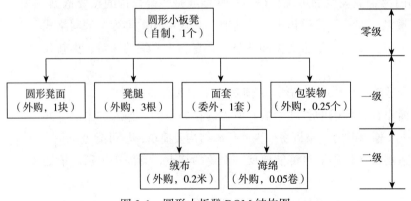

图 3-1　圆形小板凳 BOM 结构图

该图是一个圆形小板凳的三级 BOM 结构，表示圆形小板凳由 1 块圆形凳面、3 根凳腿、1套面套和0.25个包装物组成,部件面套又由0.2米的绒布和0.05卷的海绵组成。物料清单反映组件、零部件和原材料之间的结构关系以及每一个组成件的用量。企业的BOM结构在整个ERP系统中发挥重要作用,如图3-2所示。

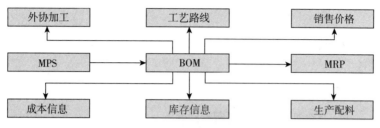

图 3-2　BOM 与其他数据关系图

物料清单的作用具体体现以下几个方面:一是衔接 MPS 与 MRP 的桥梁和纽带,也是 MRP 运算的前提;二是工艺路线制定的前提;三是为采购外协加工提供依据;四是为生产线配料提供依据;五是企业成本核算的基础;六是为企业销售报价的依据。在 JIT 管理中,反冲物料库存必不可少,而且要求百分之百的准确率。

## 3.3　工厂日历

工厂日历也称为生产日历,它是企业根据总体业务的安排,由计划部统一操作,在普通日历中明确标注生产日期、休息日期、维修日期、停工以及其他不安排生产的日期形成的日历;它是进行 MRP 运算和 MRP 计划订单生成的依据。

# 实验 4

# 生产数据管理实验

## 1. 实验目的及要求

让学生了解物料的编码规则,认识产品的结构,掌握 BOM 的新增、修改、删除、审核、使用及查询等操作,并能够根据企业的总体安排编制工厂日历,从而提升同学们利用企业基础数据进行分析和管理的能力。

## 2. 实验内容

①物料编码及录入。
②物料期初信息录入。
③启用业务系统。
④BOM 管理。
⑤工厂日历设置。

## 3. 实验情境

①根据表 2-18 的内容录入物料信息。
②根据表 2-19 的内容录入物料期初信息。
③启用业务系统设置。
④根据圆形小板凳结构图(图 2-4)录入圆形面套和圆形小板凳的 BOM 档案。
⑤根据方形小板凳结构图(图 2-5)录入方形面套和方形小板凳的 BOM 档案。
⑥新建 BOM 档案的审核和使用。

⑦根据 BOM 档案，进行累计提前期的计算。

⑧ BOM 档案的查询。

⑨将 2018-04-05 设置为非工作日。

## 4. 实验步骤

### （1）物料编码及录入

从华兴家居有限公司小板凳业务所使用的物料来看，主要包括原材料、半成品、产成品和包装物等四大类别。物料编码时首先要进行类别编码，因而将原材料编码为"1"，半成品编码为"2"，产成品编码为"3"，包装物编码为"4"。确定类别编码后，再对每一类物料下的具体的物料进行编码，并在编码前加上类编码，因而将圆形凳面编码为"1.01"，方形凳面编码为"1.02"，凳腿编码为"1.03"，绒布编码为"1.04"，海绵编码为"1.05"，圆形面套编码为"2.01"，方形面套编码为"2.02"，圆形小板凳编码为"3.01"，方形小板凳编码为"3.02"，纸箱编码为"4.01"。

①点击"开始→所有程序→金蝶 K3 WISE 创新管理平台→金蝶 K3 WISE 创新管理平台"，如图 3-3 所示，打开客户端登录界面，具体如图 3-4 所示。以管理员身份登录，用户名输入"administrator"，密码为空（默认为空），点击"确定"，进入系统。

图 3-3　　　　　　　　　　　　　图 3-4

②在 K/3 主界面，双击"系统设置→基础资料→公共资料→物料"，如图 3-5 所示，打开物料设置界面，具体如图 3-6 所示。

③在界面的右侧窗体内单击鼠标，然后点击工具栏上的"新增"按钮，或通过点击菜单"编辑→新增"，打开物料 - 新增界面，点击"上级组"，如图 3-7 所示。代码输入"1"，

---

　⊖　编码的长度通常由物料的多少决定，如企业有 10 类以上的物料，则通常将第一类物料编码为"01"；如企业有 100 类以上的物料，则通常将第一类物料编码为"001"，以此类推。

名称输入"原材料",点击保存按钮。按照相同的方法,再建立 2—半成品、3—产成品和 4—包装物三个物料类别,然后退出物料新增界面,最后如图 3-8 所示。

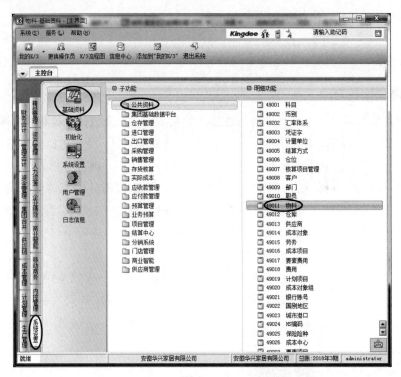

图 3-5

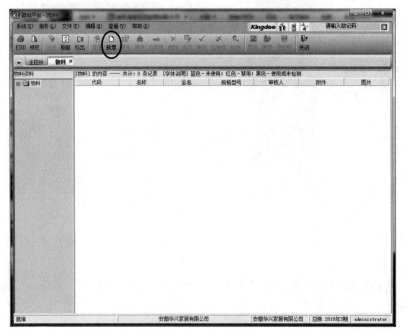

图 3-6

图 3-7

图 3-8

④再点击工具栏上的"新增"按钮，或通过点击菜单"编辑→新增"，打开物料 - 新增界面，如图 3-9 所示。代码输入"1.01"，名称输入"凳面"，规格型号输入"圆形"，物料属性选择"外购"⊖，计量单位组选择"数量组"，采购、销售、生产和库存计量单位都选择"块"，其他保持默认。

⑤切换到物流资料选项卡，采购单价输入"2.6"，计价方法选择"加权平均法"，存货科目代码选择"1403.01—圆形凳面"，销售收入代码选择"6001.01—圆形凳面"，销售成本科目代码选择"6401.01—圆形凳面"，其他保持默认，具体如图 3-10 所示。

⑥切换到计划资料选项卡，计划策略选择"物料需求计划（MRP）"，订货策略选择"批对批（LFL）"，固定提前期输入"1"，其他保持默认，然后点击保存按钮，具体如图 3-11 所示。

---

⊖ 可通过按 F7 键调出选项，下同。

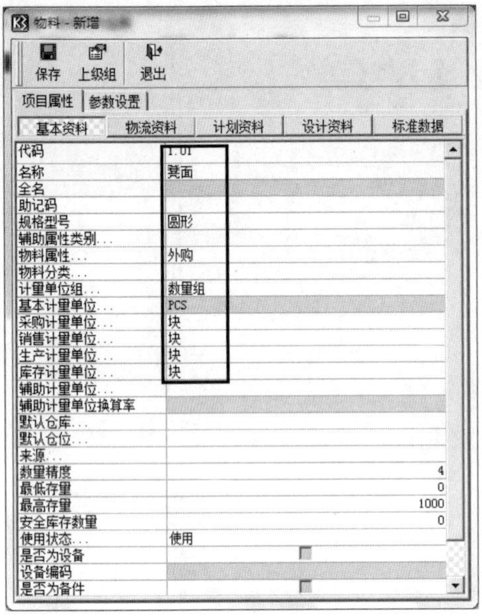

图 3-9

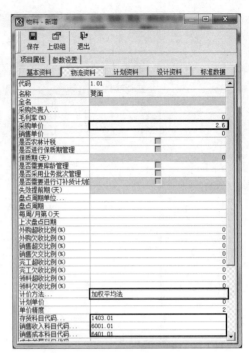

图 3-10

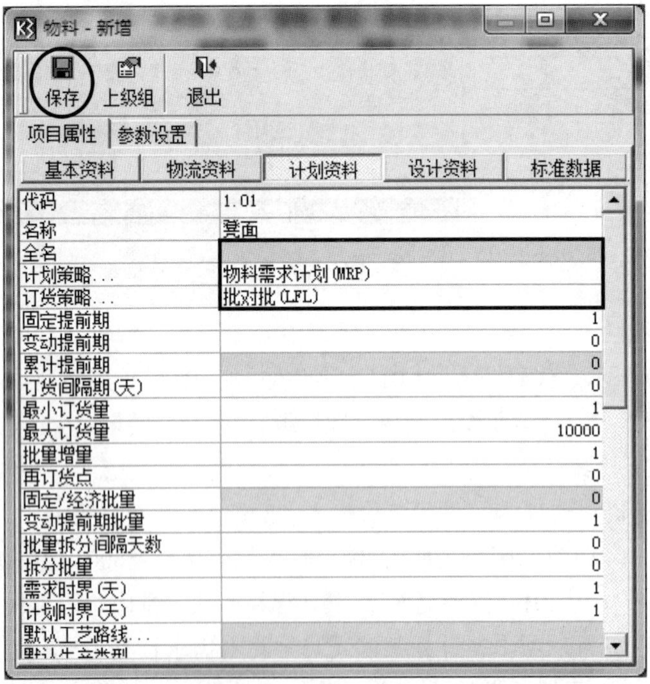

图 3-11

⑦重复步骤④至步骤⑥,输入表 2-18 中其他物料信息。物料信息输入完成后的界面如图 3-12 所示。

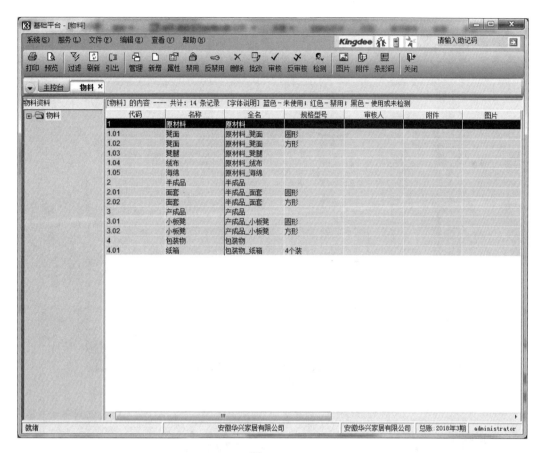

图 3-12

### （2）物料期初信息录入

通常来说，企业在第一次使用信息化系统前，必须要将期初物料信息和期初单据信息录入系统，以实现与上期数据的有效衔接，并保证财务核算的连续性和可靠性。需要注意的是，在录入物料期初信息前，要对系统参数进行设置，以明确期初物料信息的时间指向。根据实验情境②，录入物料期初库存信息，需要经过两个阶段。一是进行系统参数设置，二是录入物料期初信息。

进行系统参数设置的步骤如下：

①在 K/3 主界面，双击"系统设置→初始化→生产管理→核算参数设置"，具体如图 3-13 所示，打开系统参数设置界面。

②将业务系统设定为 2018 年第 3 期，然后点击"下一步"，具体如图 3-14 所示。

③将系统的核算方式设置为"数量、金额核算"，库存更新控制选择"单据审核后才更新"，其他保持默认，然后点击"下一步"，具体如图 3-15 所示。

④点击"完成"，具体如图 3-16 所示，完成系统参数设置。

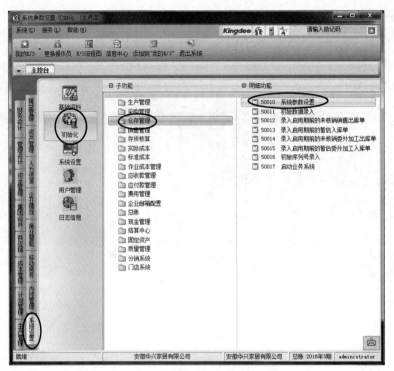

图 3-13

图 3-14

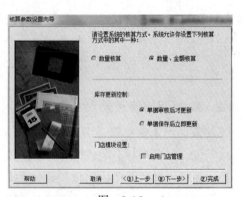

图 3-15

图 3-16

系统参数设置完成后，需要设置工厂日历，步骤如下：

在 K/3 主界面，双击"系统设置→初始化→生产管理→工厂日历"，打开工厂日历设置界面，具体如图 3-17 所示。将工厂日历起始日设置为 2018 / 3 / 1（2018 年 3 月 1 日），将周六、周日设置为休息日，然后点击"保存"按钮。

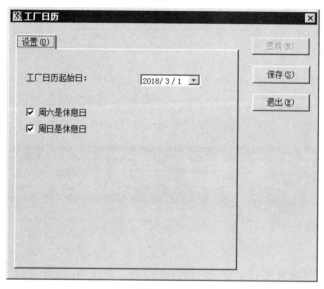

图 3-17

系统参数和工厂日历设置完成后，就可以录入物料的期初信息了，其步骤如下：

①在 K/3 主界面，双击"系统设置→初始化→仓存管理→初始数据录入"，打开物料设置界面，具体如图 3-18 所示。

图 3-18

②在物料代码单元格点击鼠标，然后输入"1.01"（或按 F7 键后点击浏览并选择 1.01—凳面），在期初数量单元格内输入"120"，在期初金额单元格内输入"312"，其他保持默认，具体如图 3-19 所示。

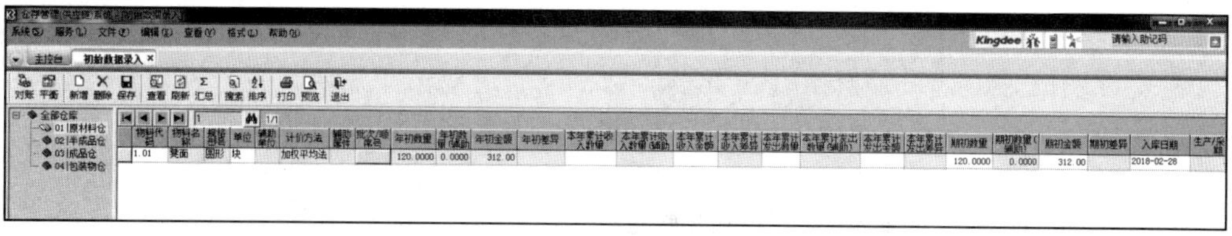

图 3-19

③按照相同的方法输入"1.03—凳腿"的期初数量，完成后如图 3-20 所示。

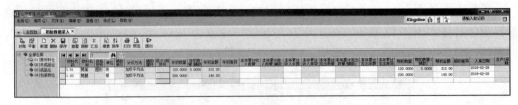

图　3-20

④在初始数据录入界面的左侧，选择成品仓，在物料代码单元格点击鼠标，然后输入"3.01"（或按 F7 键后点击浏览并选择 3.01—小板凳），在期初数量单元格内输入"40"，在期初金额单元格内输入"276"，其他保持默认，具体如图 3-21 所示。

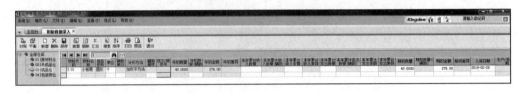

图　3-21

⑤在初始数据录入界面的左侧，选择包装物仓，按照相同的方法，输入"4.01—纸箱"的期初数量，具体如图 3-22 所示。

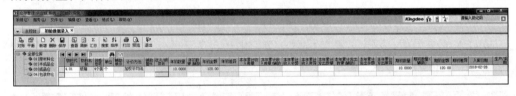

图　3-22

（3）启用业务系统设置

当各种期初资料录入完毕后，就可以启用业务系统了。启用业务系统是必需的操作，只有启用业务系统才能进行日常业务的处理，如采购管理、外购入库等。启用业务系统设置步骤如下：

①在 K/3 主界面，双击"系统设置→初始化→仓存管理→启用业务系统"，系统弹出提示窗口。

②认真阅读提示信息后，如果确认无误，点击"是"按钮，系统重新回到登录界面。

③以"administrator"的身份登录，回到 K/3 主界面，查询"系统设置→初始化→仓存管理"，当下级目录仅显示"反初始化"功能时，表示系统已成功启用。

需要说明的是，如果要修改期初资料信息，则通过双击"系统设置→初始化→仓存管理→反初始化"，重新进入期初数据录入界面修改。

（4）圆形小板凳及其部件的 BOM 建档

观察小板凳结构图 2-4 和图 2-5，均是三级的 BOM 结构。针对实验情境③，根据圆形小板凳的结构展开，先录入"2.01—圆形面套"的 BOM 档案，具体步骤为：

①以命名用户身份登录，用户名录入"陈妍"，密码为空，点击"确定"按钮，系统弹出 K/3 主界面，如图 3-23 所示。

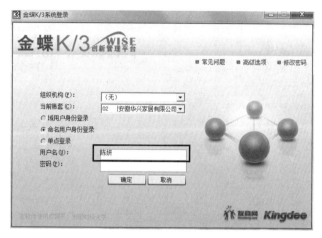

图 3-23

②在 K/3 主界面主控台下方双击"计划管理→生产数据管理→BOM 维护→BOM-新增"，如图 3-24 所示，系统弹出 BOM 单 – 新增窗口，如图 3-25 所示。

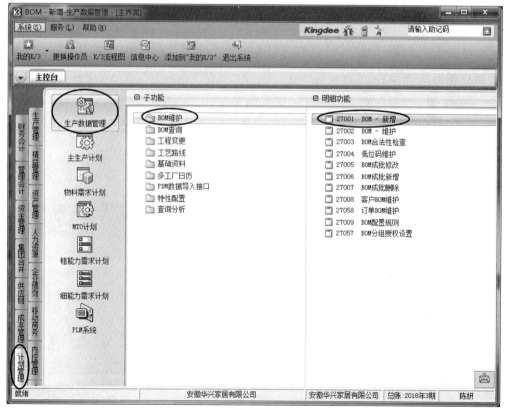

图 3-24

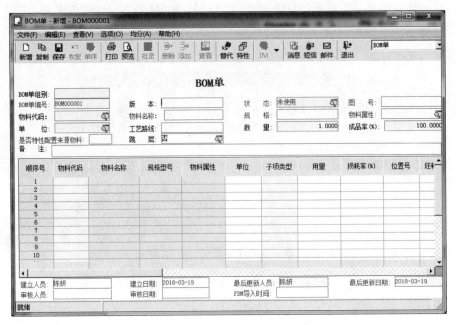

图 3-25

窗体上部称为表头，主要是录入母件的产品信息，如物料代码、数量等。窗体中部表格称为表体，主要是录入子件信息，如一个母件由什么物料组成等。

③为方便 BOM 档案管理，可以将 BOM 档案建立组别，将不同物料类型的 BOM 档案放置在不同的组别下。第一次使用生产数据管理中的 BOM 录入功能时，必须先建立组别。将光标移至"BOM 单组别"位置，点击工具栏"查看"按钮（或者按 F7 功能键），弹出"BOM 组别选择"窗口，如图 3-26 所示。

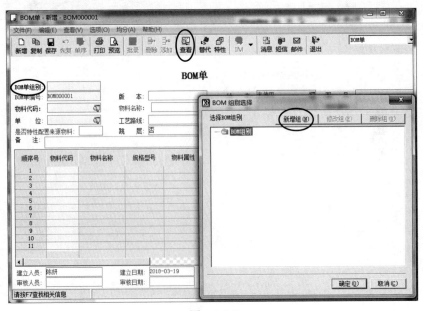

图 3-26

在"BOM 组别选择"窗口中,可以进行 BOM 组别的新增、修改和删除等操作。点击"新增组"按钮,弹出"新增组"窗口,代码录入"01",名称录入"小板凳组",如图 3-27 所示。

图　3-27

点击"确定"按钮,则保存刚建立的组别。点击"退出"按钮,返回"BOM 组别选择"窗口,选中刚新建的"小板凳组",点击"确定"按钮,返回"BOM 单 - 新增"窗口。可以看到获取成功的"BOM 单组别"项目。

④将光标移至表头"物料代码"处,然后点击工具栏"查看"按钮(或者按 F7 键),弹出"核算项目 - 物料"窗口,点击"浏览",如图 3-28 所示。

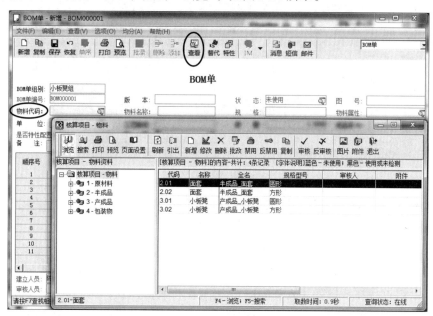

图　3-28

⑤在"核算项目 – 物料"窗口,双击"2.01—圆形面套"档案,系统自动将该物料信息获取到"BOM 单 – 新增"窗口,如图 3-29 所示。

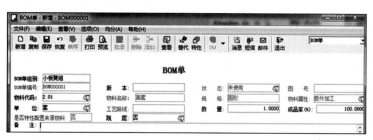

图　3-29

⑥母件信息录入完成，接下来要录入子件信息。将光标移至表体第 1 行的"物料代码"处，然后点击工具栏"查看"按钮（或者按 F7 功能键），弹出"核算项目 – 物料"窗口，如图 3-30 所示。

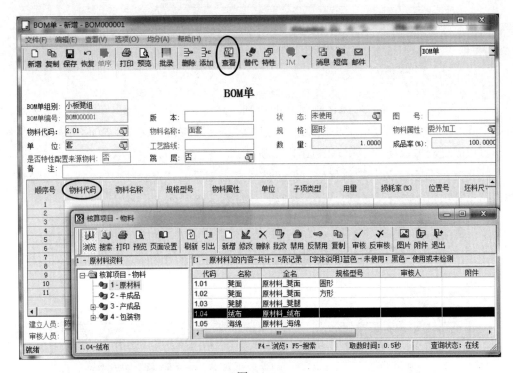

图 3-30

⑦双击"1.04—绒布"物料档案，则返回到"BOM 单 – 新增"窗口，可以看到获取物料信息成功，在用量处录入"0.20"，其他保持默认设置。

⑧将光标移至表格第 2 行"物料代码"处，点击工具栏"查看"按钮（或者按 F7 功能键），弹出"核算项目 – 物料"窗口；双击"1.05—海绵"档案，返回到"BOM 单 – 新增"窗口，在数量处录入"0.05"，其他保持默认设置，然后点击工具栏"保存"按钮，则"2.01—圆形面套"的 BOM 档案录入完成。保存成功的 BOM 单如图 3-31 所示。

接下来录入"圆形—小板凳"的 BOM 档案，具体步骤为：

①在"BOM 单 – 新增"窗口，点击工具栏"新增"按钮，系统弹出一个新的"BOM 单 – 新增"窗口；在"BOM 单组别"处获取"小板凳组"，物料代码处输入"3.01"。

②将光标移至表体第 1 行的"物料代码"处，然后点击工具栏"查看"按钮（或者按 F7 功能键），按住"CTRL"键，同时鼠标连续点击"核算项目 – 物料"窗口中的"1.01—圆形—凳面""1.03—凳腿""2.01—圆形面套"和"4.01—纸箱"，如图 3-32 所示。

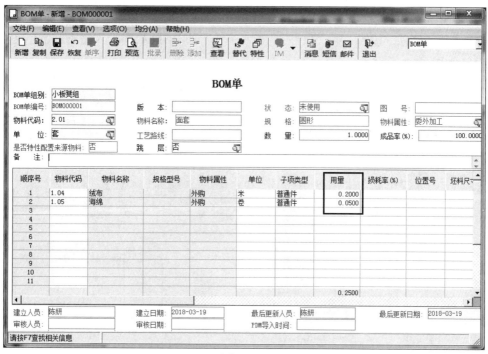

图 3-31

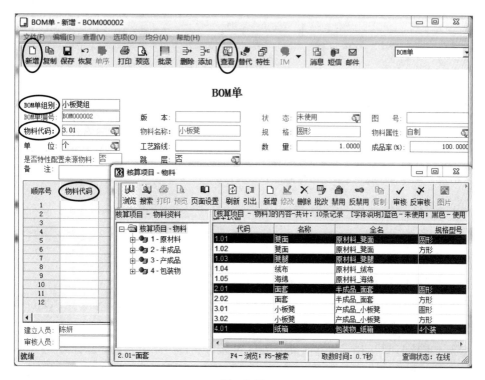

图 3-32

③然后双击选中的任一物料，则将刚选中的所有物料获取到"BOM单-新增"窗口

表格的前 4 行，在各对应行"用量"栏下方输入各物料的用量分别为"1""3""1""0.25"，点击工具栏"保存"按钮，则"3.01—圆形小板凳"的 BOM 档案录入完成。保存成功的 BOM 单如图 3-33 所示。

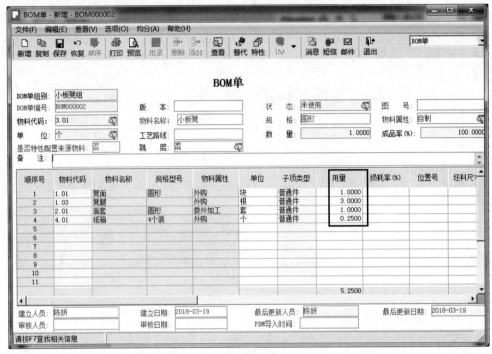

图 3-33

**（5）方形小板凳及其部件的 BOM 建档**

同学们参照实验情境③ BOM 档案的录入方法，完成实验情境④的内容。

注：BOM 档案的录入，关键是要了解产品结构，选择正确的物料代码，准确填入各物料的用量，避免后面进行 MRP 计算时出错。

**（6）BOM 档案的审核和使用**

BOM 档案审核是对录入数据正确与否的再次确认，且 BOM 档案只有经审核后才能使用。

审核刚录入的 BOM 档案，具体操作步骤为：

①在金蝶 K/3 主控台，双击"计划管理→生产数据管理→BOM 维护→BOM- 维护"，系统弹出"BOM 维护过滤界面"窗口，如图 3-34 所示。

②将"审核时间"和"建立时间"都设置为"2018-03-19"至"2018-03-31"（如若后期需要查看 BOM 档案，可以将"审核时间"和"建立时间"都设置为"账套建立日"至"查看日"），点击"确定"按钮，进入"生产数据管理系统–BOM 资料维护"窗口，如图 3-35 所示。

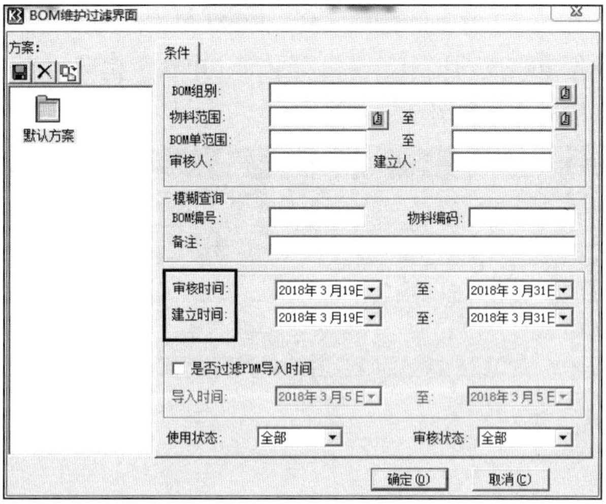

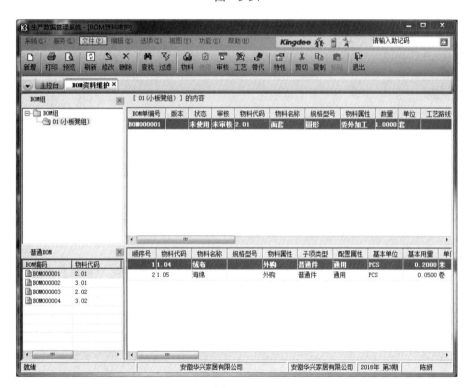

图 3-34

图 3-35

当前窗口分四栏显示。左上部为建立的所有"BOM 组别",左下部为所选中组别下的 BOM 单,右上部为所选中 BOM 单的"母件"信息,右下部为该 BOM 单的"子件"信息。在"生产数据管理系统–BOM 资料维护"窗口可以进行 BOM 单的修改、删除和审核等操作,操作方法是先选中窗口左下部的 BOM 单记录,然后点击工具栏对应按钮。

③选中窗口左下部的"2.01—圆形—面套"BOM单，然后点击工具栏"审核"按钮，系统随后自动弹出单据审核成功提示，窗口右上部"审核"栏下的"未审核"转变为"已审核"字样，表示审核成功，如图3-36所示。

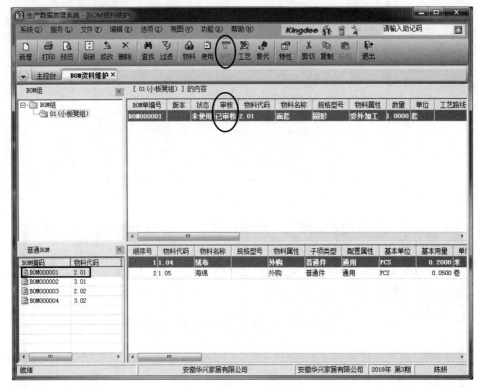

图 3-36

用同样的方法，请同学们自行审核"3.01—圆形小板凳""2.02—方形面套""3.02—方形小板凳"的BOM单。

④接下来将刚审核的BOM档案设置成"使用"状态，以方便后面进行MRP运算时调用产品的BOM单，"未审核未使用"或"已审核未使用"的BOM档案不会被"物料需求计划"模块调用。使用刚审核BOM档案的步骤为：在"生产数据管理系统-BOM资料维护"窗口左下部，选中要"使用"的BOM单记录，再点击工具栏"使用"按钮即可。

具体地，在窗口左下部选中"2.01—圆形面套"记录，然后点击工具栏"使用"按钮，系统随后自动弹出"使用成功"提示，点击"确定"按钮，可以看到窗口右上部"状态"项目下显示"使用"字样，表示使用成功，如图3-37所示。

注：若要修改处于"已审核使用"状态的BOM档案，需要先在"生产数据管理系统-BOM资料维护"窗口左下部选中该BOM单记录，接着点击菜单"功能→反使用"，然后点击菜单"功能→反审核"，最后点击工具栏"修改"按钮，在弹出窗口完成BOM档案的修改。

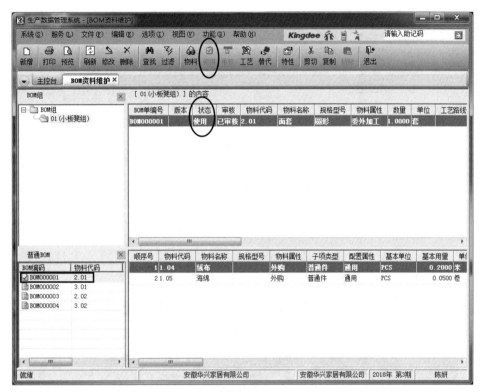

图 3-37

用同样的方法，请同学们将"3.01—圆形小板凳""2.02—方形面套""3.02—方形小板凳"的 BOM 单设置成"使用"状态。

**（7）计算物料的累计提前期**

累计提前期是进行 MRP 计划订单运算准确的依据，且其计算的是处于"已审核使用"状态 BOM 档案的各物料累计提前期。各物料均有各自的订货或生产提前期，因此，最终产品或半成品的累计提前期需要运用网络计划中的关键线路法原理算出。

在"生产数据管理系统–BOM 资料维护"窗口，点击菜单"功能→计算累计提前期"，如图 3-38 所示。经系统自带程序处理后，提示"计算累计提前期完成"字样，点击"确定"按钮，完成累计提前期的计算。

累计提前期计算后，可以在物料档案中进行查看。具体步骤为：

首先在窗口左下角选中"2.01—圆形—面套"，接着点击工具栏"物料"按钮，系统弹出"物料—修改"窗口，切换到"计划资料"选项卡，可以看到"2.01—圆形—面套"的"累计提前期"为"4"，如图 3-39 所示。

用同样的方法，请同学们自行完成"3.01—圆形小板凳""2.02—方形面套""3.02—方形小板凳"BOM 单累计提前期的计算，并查看计算结果是否正确。

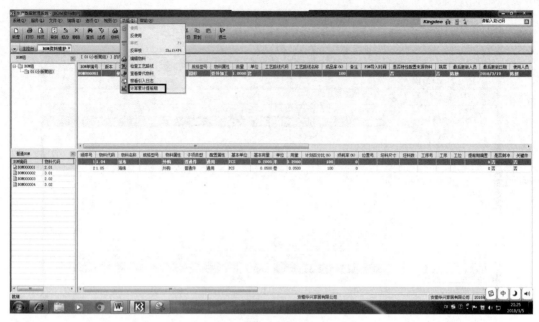

图 3-38

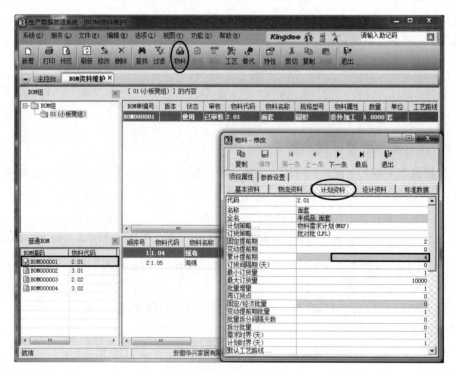

图 3-39

### (8) BOM 档案的查询

在 K/3 主界面窗口子功能"BOM 查询"展开的各明细功能中，K/3 系统提供 BOM 单的正向和反向查询，可以点击相应选项进行操作。通过查询，可以更加深入地认识产品的结构，了解各物料所处的层级及隶属关系。这部分内容请同学们自行完成。

(9)工厂日历修改

金蝶 K/3 系统提供工厂日历的查看和修改功能。

①以"何计"的身份登录账套，如图 3-40 所示。

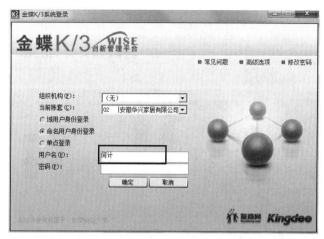

图 3-40

②在 K/3 主界面主控台下方双击"计划管理→生产数据管理→多工厂日历→多工厂日历 – 维护"，如图 3-41 所示。

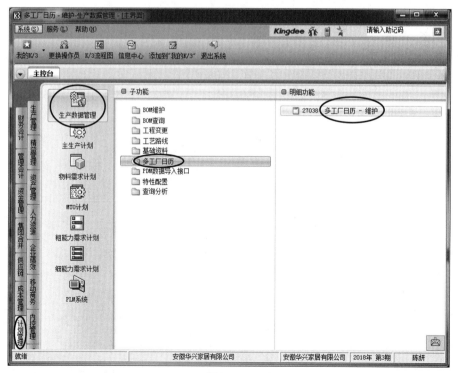

图 3-41

③进入"多工厂日历设置"窗口,点击"浏览"可以看到公司的信息,点击"设置"按钮,可以同时显示多个月份的日历,点击"向左""向右"方向可以切换到不同的月份。

④点击"修改"按钮使日历呈修改状态,然后点击2018年4月5日,系统自动将4月5日置换为"蓝色",如图3-42所示。

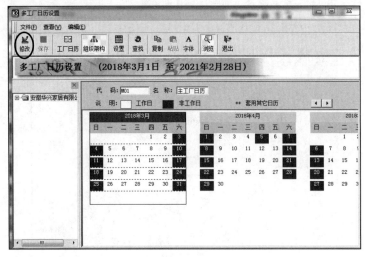

图　3-42

点击"保存"按钮,工厂日历设置成功。

若要将非工作日设置为工作日,方法是:首先点击"修改"按钮后,接着选中要修改的日期,然后点击鼠标左键,系统将该日期置换为"白色"后(即表示修改为工作日),再点击"保存"按钮,日历修改成功。

# 第 4 章

# 销 售 管 理

## 4.1 销售管理过程

销售部门连接企业与市场,主要职能是为客户提供产品及服务,实现资金回笼并获取利润,是企业生存和发展的动力源泉。销售管理模块是 ERP 系统的重要组成部分,销售管理过程主要包括:

(1) 制订销售计划和产品报价。根据企业的战略规划,制订销售计划及相应的销售策略;对照产品 BOM 档案,核算企业料、工、费的投入和消耗情况,考虑企业预期利润,进行产品模拟报价,最终形成产品报价。

(2) 市场销售预测。根据市场需求信息,进行产品销售的分析与预测。其过程是通过对历史的、当前的销售数据进行分析,同时结合市场调查的结果,对未来的市场需求及发展趋势做出推测,为销售活动和生产活动提供指导。

(3) 客户档案管理。根据市场开拓情况和客户历史交易记录,建立客户档案,并考虑客户信誉、购买量、购买频率等因素对客户群体进行分类,制定不同客户群体的产品售价方案。

(4) 编制销售计划。按照客户订单、市场预测情况和企业生产情况,对某一时期内企业的销售品种、各品种的销售量与销售价格做出安排。

(5) 销售订单制定。根据客户的需求信息、交货信息、产品信息及其他注意事项制定销售订单,并通过对企业的供货能力、销售报价和客户信誉度的考查来确认销售订单。销售订单确认后,生产计划部门据此安排生产,并进行订单的跟踪和管理。

(6) 销售出库。按照销售订单的交货期中已到交货期的订单进行库存分配，下达销售出库单。在工厂内交货的订单由客户持提货单到仓库提货，厂外交货的客户则按提货单出库并组织发运。

（7）收款开票。产品出库后，按照双方约定的收款条件，向客户催收销售货款并开出销售发票，同时将销售发票转给财务部门记账。

## 4.2 销售报价

销售报价是指以模拟报价为核心的销售价格计算和报价功能，支持按产品的料、工、费和利润组成的销售价格计算，计算出的模拟报价可生成报价单，报价单还可以邮件附件形式发送给客户，帮助企业根据产品成本、目标利润率、以往价格等资料，快速制定准确的报价策略。买卖双方在签订销售合约之前，特别是在国际贸易中，企业有向客户进行报价的过程。它是卖方向买方提出各项交易条件，并愿意按照这些条件达成交易和订立合同的肯定意愿表示，清晰而准确的报价应包括对货物名称、价格、数量等内容的具体描述。确保报价接受人对报价内容清晰无误，方才生效，当报价由于过期、被拒绝或还盘、被有效撤销或法律实施等原因而终止时，报价人不再受报价的约束。买卖双方达成协议后，销售报价单转为有效的销售合同或销售订单。

报价单来源可由用户手工建立，也可通过模拟报价单关联生成。报价单被确认后，销售订单可以关联报价单生成，则报价单信息会自动携带至销售订单上，保证了报价信息准确地传递至订单。

## 4.3 销售订单管理

销售订单管理即管理所有与销售订单有关的信息和资料的处理。销售订单是对客户下达的各种指令进行管理、查询和修改等，同时将销售部门的处理信息反馈至客户。具体内容包括：

（1）订单类型。将客户发来的指令生成相对应的订单。

（2）订单分配。对销售订单进行汇总分配和管理，同时将销售订单信息传递给 ERP 系统中的各关联子系统。

（3）订单确认。对已完成的订单做最终的确认，确认内容包括订单数量、实收实发数量、业务部门确认、客户确认等，以便能更准确地对每笔业务进行费用结算。

（4）订单跟踪查询。可按日期、订单号、订单类型、业务部门、客户信息及支付方式等条件对订单进行查询，并可对未确认的订单进行修改。

# 实验 5

# 销售业务处理实验

## 1. 实验目的及要求

让学生掌握销售业务的流程和处理方法,深入了解销售管理模块与供应链管理的其他模块以及 ERP 系统中其他子系统之间的紧密联系和数据传递关系,以便正确处理销售业务。

## 2. 实验内容

①模拟报价处理。

②销售报价处理。

③销售订单处理。

## 3. 实验情境

①设置销售部员工贾肖为模拟报价单和销售报价单的一级审核人。

② 2018 年 3 月 26 日,华兴公司接到上海宏昌贸易有限公司的来电,询问公司产品的价格情况,销售部核算产品成本和利润后,编制模拟报价单。

③销售部制作销售报价单,并将销售报价单发送给宏昌公司。

④宏昌公司收到报价单后,决定购买圆形小板凳 6 000 个、方形小板凳 5 000 个,要求订单的最终交货日期为 2018 年 5 月 14 日。销售部收到客户的购货合同后,处理该笔订单,并录入系统。

## 4. 实验步骤

(1)审核权限设置

①打开桌面金蝶 K/3 WISE 创新管理平台,系统弹出"金蝶 K/3 系统

登录"窗口,用户名录入"贾肖",如图 4-1 所示。

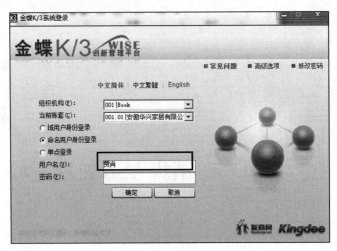

图　4-1

②在主控台下方依次点击"系统设置→系统设置→销售管理→审批流管理",如图 4-2 所示。

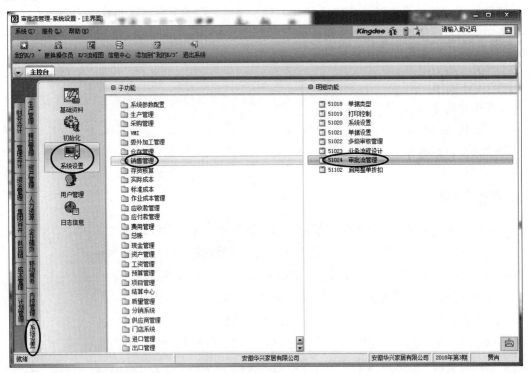

图　4-2

③系统弹出"多级审核工作流"窗口,选中窗口左栏的"模拟报价单",再点击窗口右栏的"用户设置"标签选项,切换到用户设置小窗口,双击左侧列表中的"贾肖",则"贾肖"移动到右侧的列表中,如图 4-3 所示。

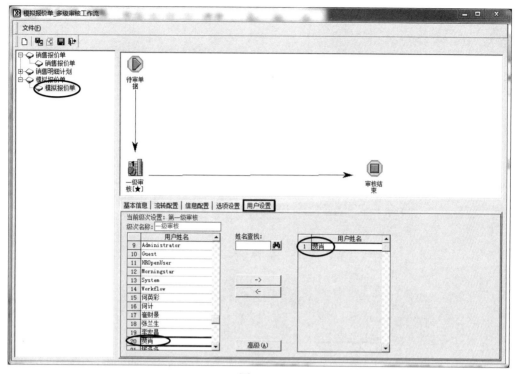

图 4-3

④点击工具栏"保存"按钮,此时系统弹出"保存成功"提示,表示"模拟报价单-多级审核工作流"设置成功。具体如图 4-4 所示。

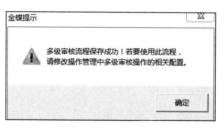

图 4-4

⑤在"多级审核工作流"窗口,选中窗口左栏的"销售报价单",再点击窗口右栏的"用户设置"标签选项,切换到用户设置窗口,双击左侧列表中的"贾肖",则"贾肖"移动到右侧的列表中,如图 4-5 所示。

⑥点击工具栏"保存"按钮,此时系统弹出"保存成功"提示,如图 4-6 所示,表示设置成功,完成"销售报价单–多级审核工作流"设置的操作。

**(2)编制模拟报价单**

①返回 K/3 主控台界面,依次点击主控台下方的"供应链→销售管理→模拟报价→模拟报价",如图 4-7 所示。

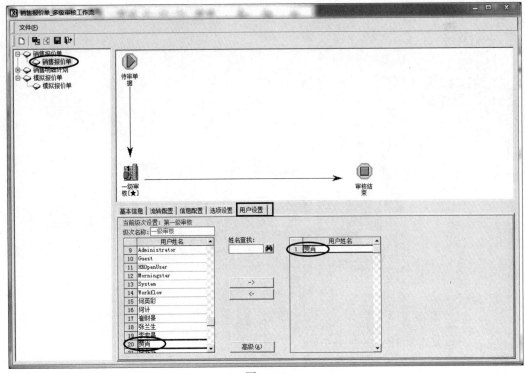

图 4-5

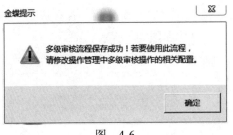

图 4-6

②系统弹出"选择报价 BOM 单"第一步窗口,移动光标到"物料代码"位置并获取"3.01",在"选择报价方式"下选择"新增模拟 BOM",然后在"新增 BOM 方式"下选中"复制产品 BOM",此时"源单信息"下的"源物料代码"被激活,并且自动引用"3.01"物料信息,如图 4-8 所示。

③再点击凸起的"新增模拟 BOM"按钮,系统弹出"模拟 BOM 维护"窗口,如图 4-9 所示。窗口分三栏显示,左上部为"模拟 BOM 列表"窗口,左下部为所选中的 BOM 结构,右侧窗口的表头和表体分别显示模拟 BOM 的母件和子件明细,企业可以根据实际情况加以修改。修改完成后,点击工具栏"返回"按钮,系统返回到"选择报价 BOM 单"第一步窗口,模拟 BOM 导入到该窗口。

注:在"模拟 BOM 维护"窗口工具栏(如图 4-9 所示)必须点击"返回",不能点击"退出"按钮,否则模拟 BOM 不能导入到"选择报价 BOM 单"窗口。

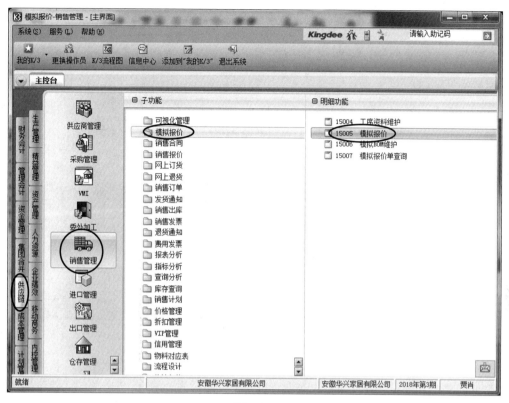

图 4-7

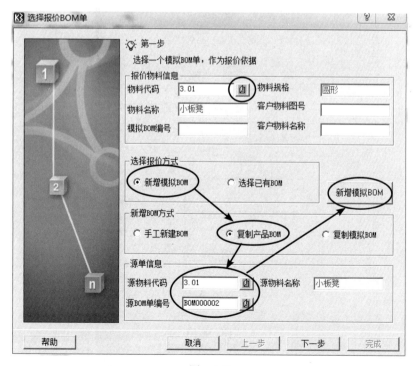

图 4-8

图 4-9

④在"选择报价 BOM 单"第一步窗口，点击"下一步"按钮，系统进入"选择报价 BOM 单"第二步窗口，在此窗口，企业可以根据产品结构，结合"料""工""费"具体使用或消耗情况如实填写，同时核算出企业的利润。此处为计算方便，"材料单价取数"选择"采购单价"，成本价上浮率设定为"100.00"，如图 4-10 所示。

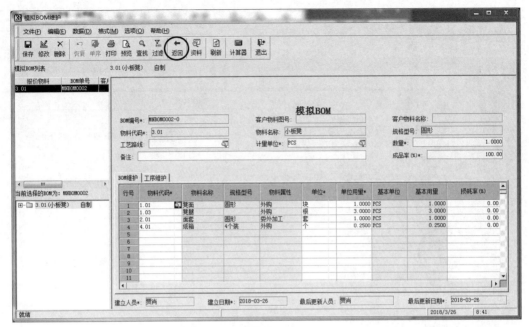

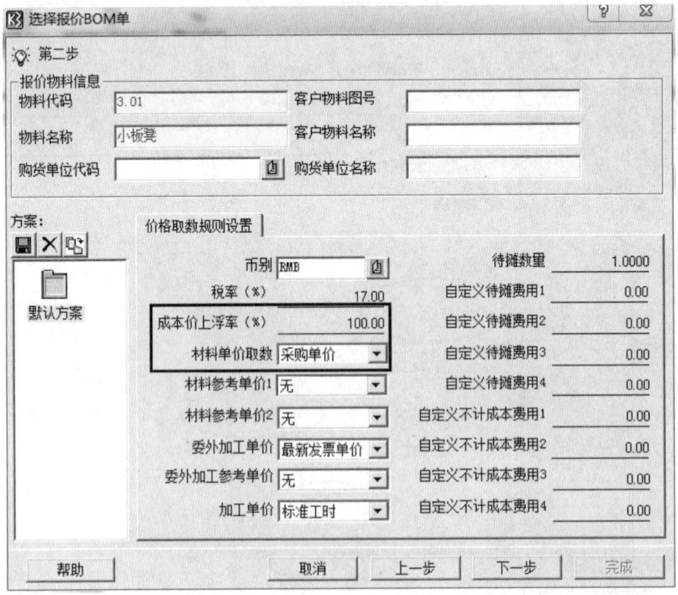

图 4-10

⑤点击"下一步"按钮，系统自动进行模拟报价的运算，随后弹出"模拟报价单-新增"窗口，如图 4-11 所示。当前窗口上部显示报价单的物料性质及其来源信息，窗口中

部显示经系统计算后的物料各种费用情况,如含税单价、材料成本等。窗口下部为报价产品 BOM 子件的材料属性及成本信息。

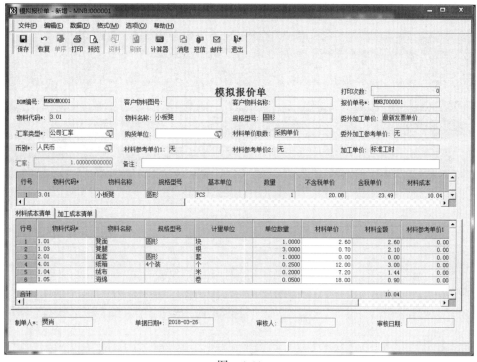

图 4-11

⑥点击工具栏"保存"按钮,保存当前模拟报价单信息。点击工具栏"退出"按钮,返回"选择报价 BOM 单"第三步窗口,如图 4-12 所示。在窗口中,点击"查看报价单",可以查询到对应的报价单信息,点击"例外信息"可以查询到报价单的其他信息,点击"完成"按钮,完成模拟报价单业务操作。

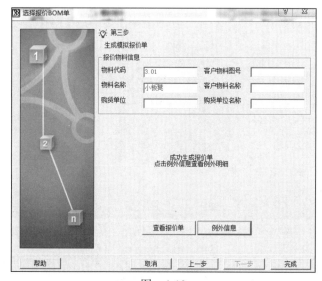

图 4-12

模拟报价单的审核具体步骤为：

①返回 K/3 主控台界面，依次点击主控台下方的"供应链→销售管理→模拟报价→模拟报价单查询"，进入"销售管理系统 – 模拟报价单序时簿"窗口，如图 4-13 所示。

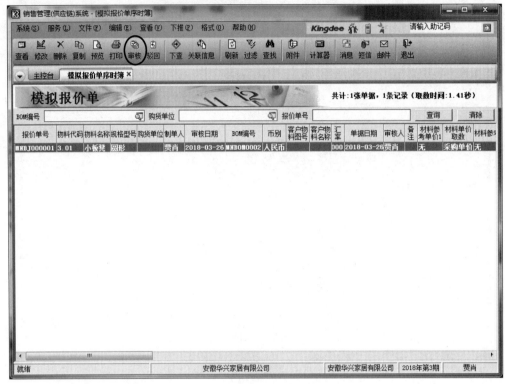

图 4-13

②点击工具栏"审核"按钮，弹出"审核意见"窗口，输入"同意"，如图 4-14 所示。

③点击"确定"按钮，系统弹出"单据审核成功"提示，如图 4-15 所示，表示模拟报价单审核成功。

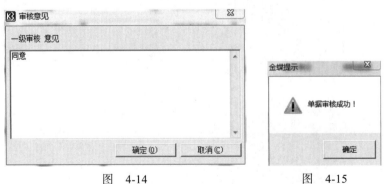

图 4-14    图 4-15

④选中"销售管理系统 – 模拟报价单序时簿"窗口下方的模拟报价单并双击，在弹出的窗口可以看到模拟报价单的详细信息，如图 4-16 所示。

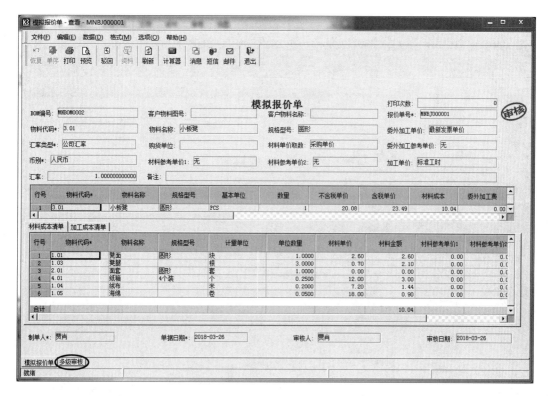

图 4-16

点击窗口下方的"多级审核"标签,可以查看多级审核相关信息。

请同学们用同样的方法自行完成"3.02—方形—小板凳"的模拟报价单的设置。

### (3) 制作销售报价单

销售报价单是企业提供给客户的单据,企业可以根据自身产品的成本和利润情况,设定不同数量段的产品价格折扣,也可以针对具体客户设定不同的折扣比例。客户通过查看企业提供的销售报价单决定是否购买以及购买产品的数量。

① 返回 K/3 主控台界面,依次点击主控台下方的"供应链→销售管理→销售报价→销售报价单 – 新增",如图 4-17 所示。

② 在弹出的"销售报价单 – 新增"窗口,在"源单类型"处获取"模拟报价单",接着将光标移动到"源单编号"位置,点击工具栏"资料"按钮,在弹出的"模拟报价单序时簿"窗口选中下方的 2 个模拟报价单,然后点击工具栏"返回"按钮,如图 4-18 所示。

③ 系统返回到"销售报价单 - 新增"窗口,同时将 2 个产品模拟报价单信息获取到当前窗口表格的前 2 行,如图 4-19 所示。

④ 将光标移动到"购货单位"处,按 F7 功能键,在弹出的窗口中选择"上海宏昌贸易有限公司"并获取到光标处。

96　ERP 原理与实训

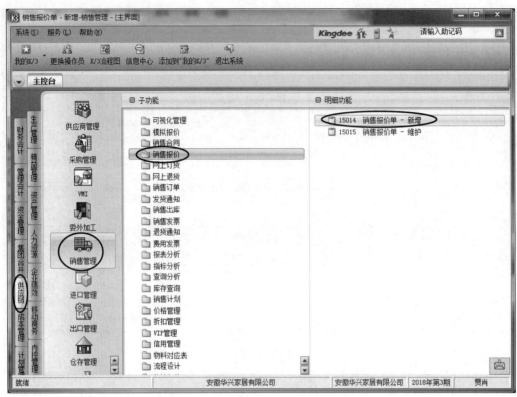

图　4-17

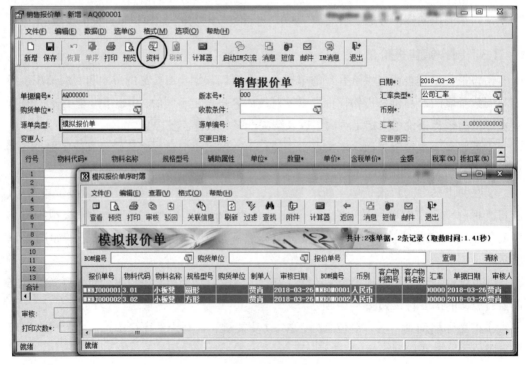

图　4-18

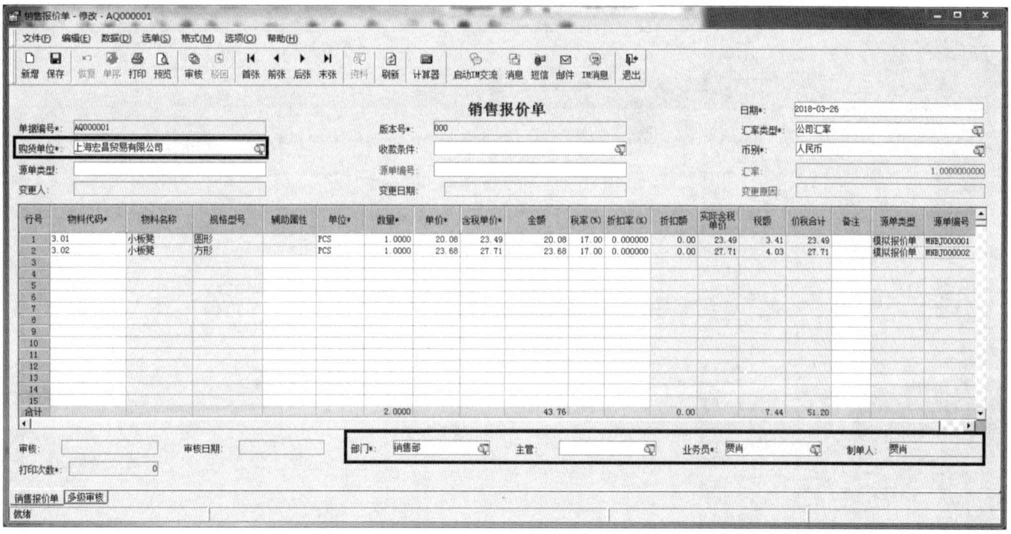

图 4-19

⑤将光标移动到窗口下部的"部门"处,点击"查看"按钮,选择"销售部";然后将光标移动到"业务员"处,输入"贾肖";再点击工具栏"保存"按钮,"销售报价单"保存成功。

⑥返回 K/3 主控台界面,依次点击主控台下方的"供应链→销售管理→销售报价→销售报价单－维护",进入"销售管理系统－销售报价单序时簿"窗口,点击工具栏"审核"按钮,系统会自动弹出"审核成功"的提示,随后当前窗口的审核标志下方会显示"Y"字样,如图 4-20 所示。

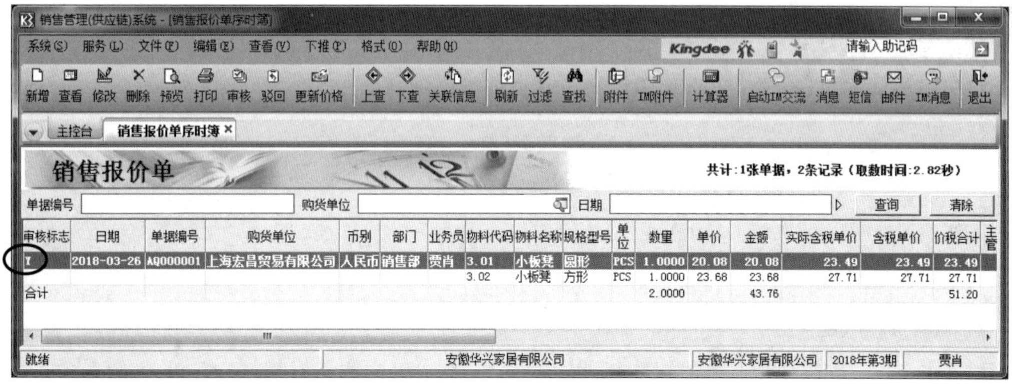

图 4-20

在当前窗口,可以根据需要,点击工具栏的"查看""修改""删除"和"驳回"按钮,完成相应的操作。

**(4)编制销售订单**

①返回 K/3 主控台界面,在主控台下方依次点击"供应链→销售管理→销售订单→销售订单－新增",如图 4-21 所示。

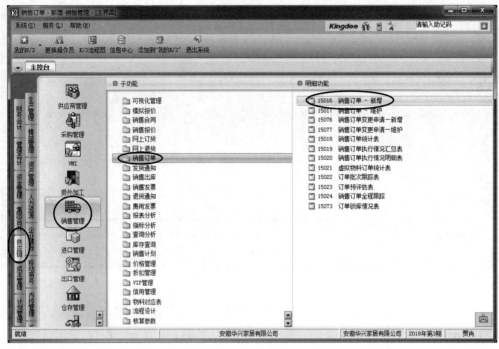

图 4-21

②系统弹出"销售订单-新增"窗口,在"源单类型"处选择"销售报价单",将光标移动到"选单号"位置,点击工具栏"查看"按钮(或按 F7 功能键),在弹出的"销售报价单序时簿"窗口,用"CTRL"键或"SHIFT"键选中物料代码为"3.01"和"3.02"的销售报价单,如图 4-22 所示。

图 4-22

③然后点击工具栏"返回"按钮,系统返回到"销售订单–新增"窗口,此时物料代码为"3.01"和"3.02"的销售报价单获取到表体表格的前2行,第1行"数量"栏下方录入6 000,"交货日期"栏下方录入2018-05-14,第2行"数量"栏下方录入5 000,"交货日期"栏下方录入2018-5-14,将光标移动到表头的"购货单位"位置,点击工具栏"查看"按钮,选择"上海宏昌贸易有限公司",将"结算日期"修改为2018-05-14,如图4-23所示。

图　4-23

④将光标移动到窗口下部的"部门"处,点击"查看"按钮,选择"销售部";然后将光标移动到"业务员"处,录入"贾肖";再点击工具栏"保存"按钮,"销售订单"保存成功。

⑤返回K/3主控台界面,在主控台下方依次点击"供应链→销售管理→销售订单→销售订单–维护",如图4-24所示。

图　4-24

⑥进入"销售管理系统–销售订单序时簿"窗口,点击工具栏"审核"按钮,系统会自动弹出"审核成功"的提示,随后当前窗口的审核标志下方会显示"Y"字样,如图4-25所示。表示销售订单审核成功,销售管理系统业务操作完成。

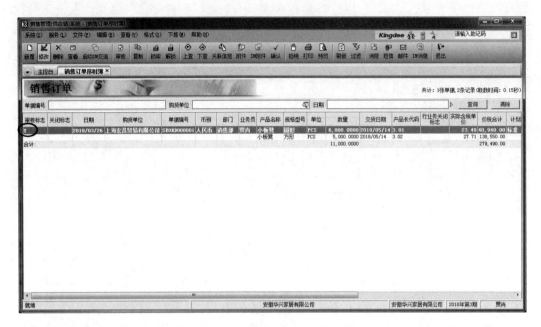

图 4-25

在当前窗口,可以根据需要,点击工具栏的"查看""修改""删除"按钮,完成相应的操作。

# 第 5 章
## 物料需求计划

## 5.1 MRP 的概念及重要性

物料需求计划是对主生产计划的各个项目所需的全部制造件和全部采购件的网络计划、支持计划和时间进度计划。主生产计划反映的是产成品的计划，而一个产品可能由成百上千种物料组成，且一种物料可能用在 BOM 结构的不同层级上，要想将企业所有相关需求件汇总起来，工作量相当巨大。而且，不同物料的采购周期和加工周期不同，需用日期也不同。要使每种物料能在需用日期配套备齐，满足装配货交货期的要求，又要保证不形成过多库存，同时还要考虑企业的生产批量，如此需要进行大量数据的运算，靠手工管理是难以想象的。以计算机软件算法为基础的 MRP 系统提供了令人满意的解决方案，它是对主生产计划的细化，有效地克服了手工管理难以解决物料短缺和库存量过大的症结。

物料需求计划以产成品的实际主生产计划为基础，来测定下层组成物料的需求时间和准确数量，提供未来物料供应计划和生产计划。物料需求计划根据产品结构的具体特征，将主生产计划具体分解成零部件的生产进度计划，以及原材料（外购件）的采购进度计划，确定自制件的投产日期与完工日期、原材料（外购件）的进货日期和入库日期。

物料需求计划的作用体现在以下五个方面：

（1）生产什么？生产多少？何时完成？（现实、有效、可信的 MPS）

（2）要用到什么？　　　　　　　　　　（产品的 BOM 档案）

（3）已有什么？已订货量多少？已分配量多少？

　　　（库存信息、采购订单、预定提货单和配套领料单）

（4）还缺什么？　　　　　　　　　　　（MRP 运算得出）

（5）何时安排？　　　　　　　　　　　（MRP 运算得出）

## 5.2　MRP 计算

MRP 是由 MPS 驱动的，制定 MRP 是一个反复运算的过程，本节先介绍与 MRP 计算相关的术语。

### 5.2.1　MRP 术语

#### 1. 毛需求量

毛需求量指初步的需求数量，系统会根据计划参数自动计算订货的数量。批量的增数是其倍数。毛需求量等于预测量（离订单交付日期长），毛需求量等于销售订单量与预测量的最大值（离订单交付日期较长），毛需求量等于销售订单量（离订单交付日期短）。

#### 2. 计划接受量

计划接受量指前期已经下达的正在执行中的订单，将在某个时段的产出数量。

#### 3. 预计可用库存量

预计可用库存量指某个时段的期末库存量，要扣除用于需求的数量，平衡库存与计划。计算公式如下：

$$预计可用库存量＝前一时段末的可用库存量＋本时段计划接收量$$
$$－本时段毛需求＋计划产出量$$

#### 4. 净需求量

净需求量的计算公式如下：

$$净需求量＝本时段毛需求－前一时段末的可用库存量－本时段计划接收量＋安全库存量$$

#### 5. 计划产出量

当需求不能满足时，系统根据设置的批量规则计算得到的供应数量成为计划产出量。此时计算的是建议数量，不是计划的投入数量。

#### 6. 计划投入量

根据计划产出量、物品的提前期及物品的合格率等计算出的投入数量称为计划投入量。

#### 7. 可供销售量

在某一个时段内，物品的产出数量可能会大于订单与合同数量，这个差值就是可供销售量。这里所说的"某一个时段"指连续两次产出该物品的时间间隔，也就是从一次产出的时间到下批再产出时的时间间隔。这个可供销售量就是可以用于销售的物品数量，它不影响其他（下批）订单的交货，这个数量为销售部门的销售提供了重要的参考依据。计算公式如下：

$$可供销售量＝某时段计划产出量（包括计划接受量）－该时段的订单量总和$$

## 5.2.2　MRP 计算

MRP 计算表如表 5-1 所示。

表 5-1　MRP 计算表

| 类别＼时段 | 5/4 | 5/5 | 5/6 | 5/6 | 5/7 | 5/9 | 5/10 | 5/11 |
|---|---|---|---|---|---|---|---|---|
| 毛需求量 |  |  |  |  |  |  |  | 6 000 |
| 计划接受量 |  |  |  |  |  |  |  |  |
| 预计可用库存量 |  |  |  |  |  |  | 40 | 0 |
| 净需求量 |  |  |  |  |  |  |  | 5 960 |
| 计划产出量 |  |  |  |  |  |  |  | 5 960 |
| 计划投入量 |  |  |  |  |  |  | 5 960 |  |

以本书圆形小板凳为例进行 MRP 计算，步骤如下（安全库存为 0，批量为实际批量）：

（1）毛需求量是由销售订单驱动主生产计划（MPS）引起的独立需求。

（2）净需求量＝本时段毛需求－前一时段末的可用库存量－本时段计划接收量＋安全库存量＝6 000－40－0＋0＝5 960。

（3）计划产出量＝净需求量（假设不考虑损耗率、成品率等）。

（4）预计可用库存量＝前一时段末的可用库存量＋本时段计划接收量－本时段毛需求＋计划产出量＝40＋0－6 000＋5 960＝0。

（5）计划投入量＝计划产出量（不考虑损耗率、成品率等的前一时段投入数量）。

## 5.3　MRP 报表

MRP 报表，即物料需求计划报表如表 5-2 所示。

表 5-2　MRP 报表

物料代码：1.01　　　　　　计划员：何计　　　　　　计划日期：2018-04-02
物品名称：圆形凳面
安全库存：0　　　　　　　　批量：实际批量　　　　　　提前期：1 天

| 类别＼时段 | 5/4 | 5/5 | 5/6 | 5/6 | 5/7 | 5/9 | 5/10 | 5/11 |
|---|---|---|---|---|---|---|---|---|
| 毛需求量 |  |  |  |  |  |  | 5 960 |  |
| 计划接受量 |  |  |  |  |  |  |  |  |
| 预计可用库存量 |  |  |  |  |  | 120 | 0 |  |
| 净需求量 |  |  |  |  |  |  | 5 840 |  |
| 计划产出量 |  |  |  |  |  |  | 5 840 |  |
| 计划投入量 |  |  |  |  |  | 5 840 |  |  |

（1）毛需求量是由 MRP 引起的相关需求。

（2）净需求量＝本时段毛需求－前一时段末的可用库存量－本时段计划接收量＋安全库存量＝5 960－120－0＋0＝5 840。

（3）计划产出量＝净需求量（假设不考虑损耗率、成品率等）。

（4）预计可用库存量＝前一时段末的可用库存量＋本时段计划接收量－本时段毛需求＋计划产出量＝120＋0－5 960＋5 840＝0。

（5）计划投入量＝计划产出量（不考虑损耗率、成品率等的前一时段投入数量）。

# 实验 6

# 物料需求计划实验

## 1. 实验目的及要求

让学生熟悉 MRP 模块的基础设置和有关业务,掌握 MRP 的计算方法,并能够读懂 MRP 报表,清楚该模块与采购管理系统、生产管理等业务系统的紧密联系和数据传递关系。

## 2. 实验内容

① MRP 计划方案维护处理。
② 计划展望期维护处理。
③ MRP 计算处理。
④ MRP 计划单据查询。
⑤ MRP 计划单审核和投放。

## 3. 实验情境

① MRP 计划方案维护。
② 计划展望期设置。设置一个展望期,有 4 个时区,每个时区为 90 天。
③ 根据系统设置,以"MTO(SYS)"进行 MRP 的运算。
④ MRP 运算结果的查询与分析。
⑤ MRP 计划订单的审核与投放。

## 4. 实验步骤

### (1) MRP 计划方案维护

MRP 计划方案的维护是金蝶 K/3 系统进行 MRP 运算的前提,在系统中可以配置多种不同的计划方案，MRP 的运算主要依托订单的需求来源，而这种需求来源可以来自产品预测单，又或者是销售订单，也可以是销售订单和产品预测单的结合。具体的 MRP 运算要根据实际情况进行操作。

①打开桌面金蝶 K/3 WISE 创新管理平台，系统弹出"金蝶 K/3 系统登录"窗口，用户名录入"何计"，如图 5-1 所示。

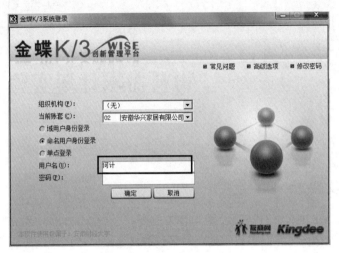

图　5-1

②点击"确定"按钮，系统弹出 K/3 主界面，在主控台下方依次点击"计划管理→物料需求计划→系统设置→MRP 计划方案维护"，如图 5-2 所示。

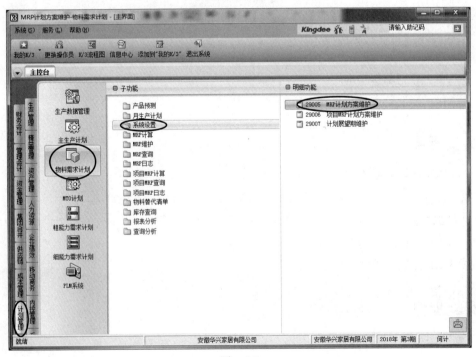

图　5-2

系统随后弹出"计划方案维护"窗口,如图 5-3 所示。

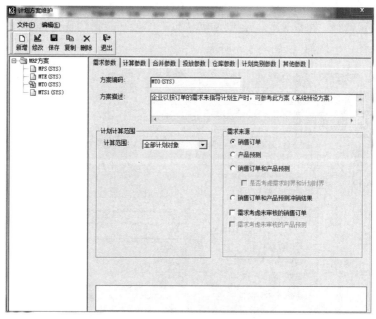

图 5-3

③当前窗口分两栏显示,在左侧栏 MRP 方案下选中"MTO(SYS)"方案,点击工具栏"修改"按钮,接着在右侧栏需求参数选项卡中需求来源下点击"销售订单",然后继续点击右侧栏的"计算参数"选项卡,切换到"计算参数"设置小窗口,勾选"考虑损耗率"选项,如图 5-4 所示。

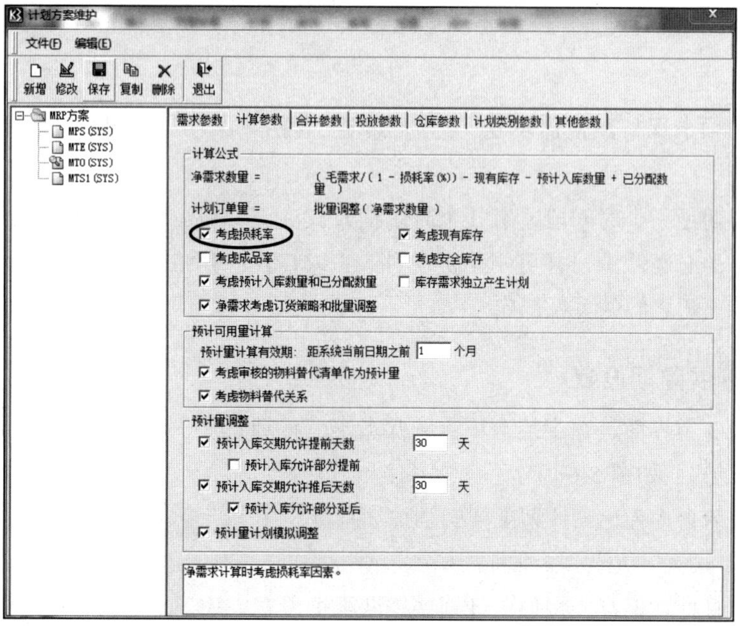

图 5-4

④设置完成后点击"投放参数"选项卡,切换到"投放参数"设置小窗口,将光标移动到"采购申请人默认值",点击右侧的"获取"按钮,选择"何英彩"。同理,"采购部门默认值"位置选择"采购部","自制件默认生产类型"选择"普通订单","自制件默认生产部门"选择"生产部",如图 5-5 所示。

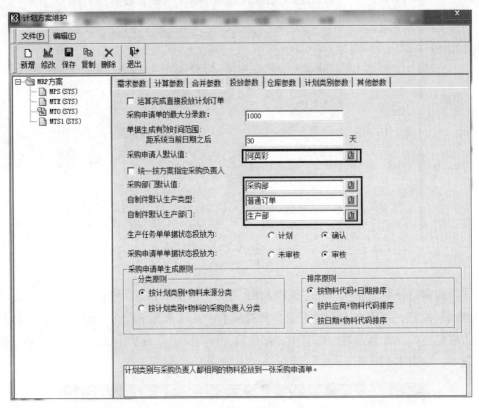

图 5-5

其他各选项卡保持默认值不变,然后点击工具栏"保存"按钮,MRP 计划方案维护设置完成。

计划展望期是一个时间段,有几个时区构成,决定参与运算的需求单据的时间范围和产生计划订单的时间范围,并可用于实现对 MPS/MRP 运算结果直观灵活地汇总显示及销售订单与产品预测之间的关系界定。

(2)计划展望期设置

①返回 K/3 主界面,在主控台下方依次点击"计划管理→物料需求计划→系统设置→计划展望期维护",如图 5-6 所示。

②系统随后自动弹出"计划展望期维护"窗口,在当前窗口"时区个数"下录入"4","各时区天数"录入"90",如图 5-7 所示。

③点击工具栏"保存"按钮,计划展望期维护设置完成。

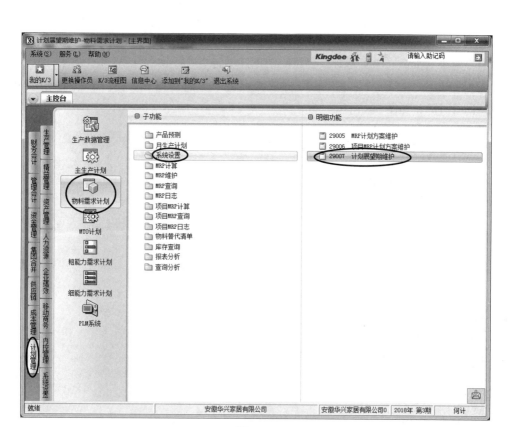

图 5-6

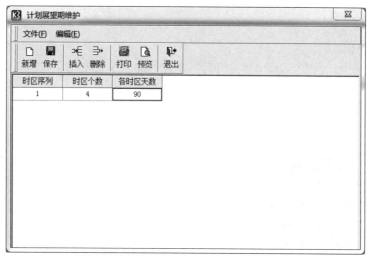

图 5-7

### (3) MRP 运算处理

MRP 运算根据产品结构，考虑企业的计划方案，设置各种参数，编制相关程序，高效准确地完成采购、库存和生产具体数量及时间的计算，充分体现了 MRP 作为 ERP 核心功能的价值。

我们已经将"MTO（SYS）"计划方案的需求来源设定为"销售订单",且销售管理系统中有一笔来自上海宏昌贸易有限公司的销售订单需要进行 MRP 的运算。

①返回 K/3 主界面,在主控台下方依次点击"计划管理→物料需求计划→MRP 计算→MRP 计算",如图 5-8 所示。

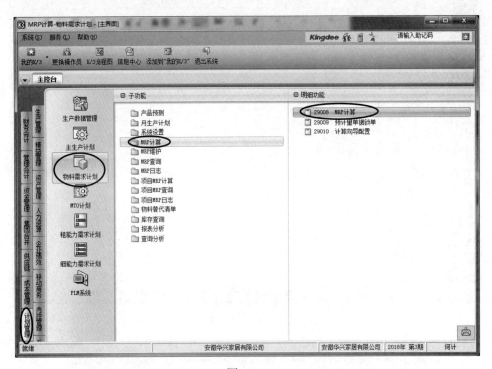

图　5-8

随后系统弹出"MRP 运算向导 – 开始"窗口,如图 5-9 所示。

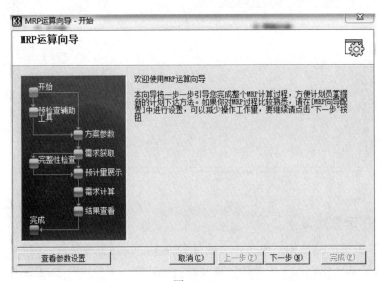

图　5-9

②如需查看相关参数,可以点击"查看参数设置"按钮,然后点击"下一步"按钮,系统弹出"MRP 运算向导 - 预检查辅助工具"窗口,在此窗口可以点击"BOM 单嵌套检查"和"低位码维护"按钮,进行相关数据的查验,如图 5-10 所示。

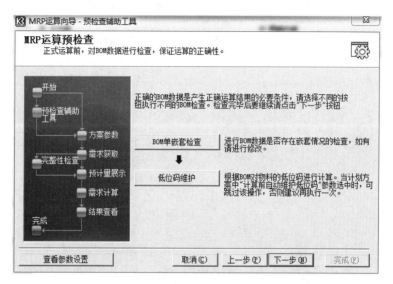

图 5-10

③数据查验完成后点击"下一步"按钮,系统弹出"MRP 运算向导 – 方案参数"窗口,如图 5-11 所示。

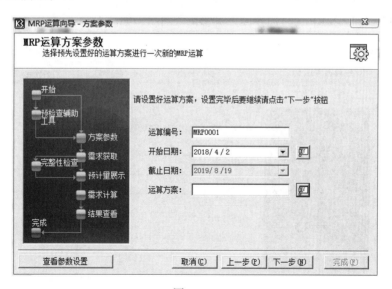

图 5-11

④在此窗口的"开始日期"为当前进行 MRP 运算的日期,点击右侧的"获取"按钮,系统显示维护好的计划展望期参数,将光标移动到"运算方案"位置,点击右侧的"获取"按钮,弹出"计划方案维护"窗口,如图 5-12 所示。

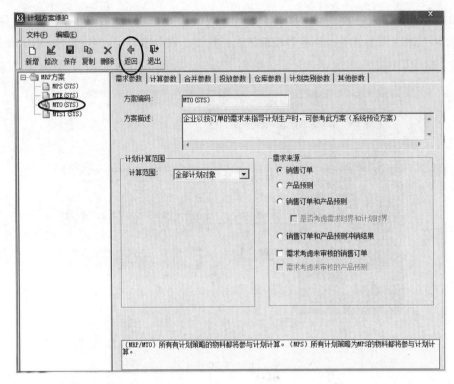

图 5-12

⑤选中当前窗口左侧栏 MRP 方案下的"MTO（SYS）"，然后点击工具栏的"返回"按钮，系统返回到"MRP 运算向导 – 方案参数"窗口，如图 5-13 所示。

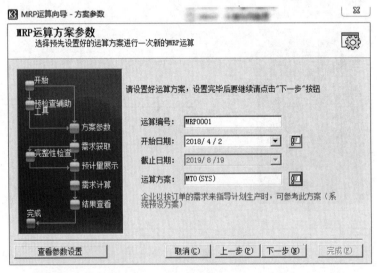

图 5-13

⑥在此窗口点击"下一步"按钮，系统弹出"MRP 运算向导 – 需求获取"窗口，如图 5-14 所示。

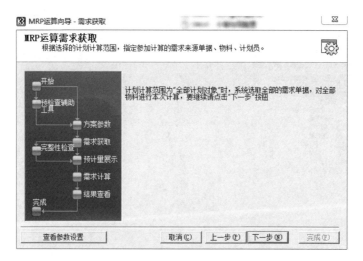

图 5-14

⑦在此窗口点击"下一步"按钮，系统弹出"MRP运算向导－预计量展示"窗口，如图5-15所示。

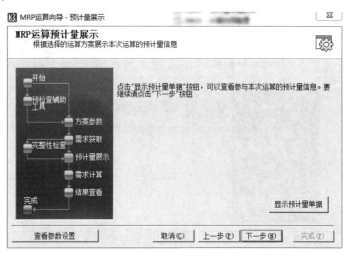

图 5-15

点击当前窗口中的"显示预计量单据"按钮，在弹出的窗口中可根据需要查看不同订单的预计量情况，如图5-16和图5-17所示。点击工具栏"退出"按钮，返回"MRP运算向导－预计量展示"窗口。

⑧点击"下一步"按钮，系统弹出"MRP运算向导－需求计算"窗口，系统调用程序进行运算，运算完成后，系统自动进入"MRP运算向导－结果查看"窗口，如图5-18所示。

在当前窗口点击"查看结果"按钮，系统弹出"MRP运算结果查询"窗口，如图5-19所示。

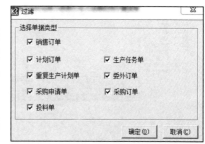

图 5-16

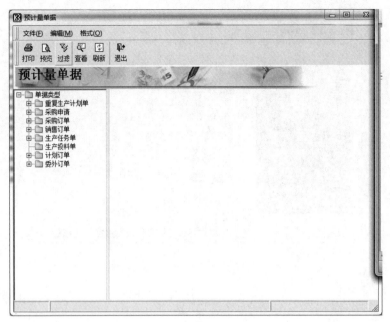

图 5-17

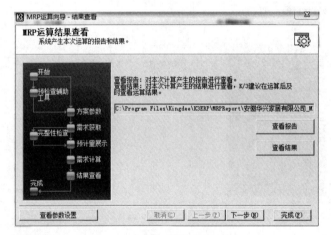

图 5-18

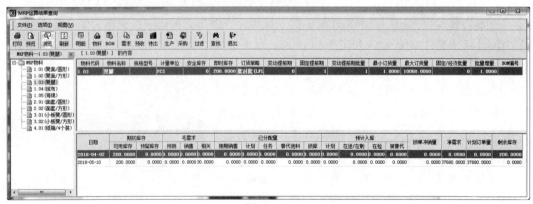

图 5-19

⑨在当前窗口的左侧栏点击某一物料，右侧分两个窗口显示该物料详细具体的参数信息。点击工具栏"退出"按钮，返回"MRP 运算向导 – 结果查看"窗口。点击"下一步"按钮，进入"完成"窗口，点击"完成"按钮，整个 MRP 运算结束。

（4）MRP 运算结果的查询与分析

①返回 K/3 主界面，在主控台下方依次点击"计划管理→物料需求计划→MRP 维护→MRP 计划订单维护"，如图 5-20 所示。

图　5-20

②弹出"条件过滤"窗口，点击窗口下部的"确定"按钮，进入"物料需求计划系统 – 计划订单序时簿（MRP）"窗口，如图 5-21 所示。

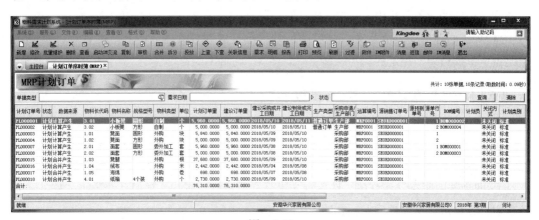

图　5-21

在当前窗口显示计划订单号、单据状态、数据来源、规格型号、物料类型、计划订单量、建议订单量、建议采购或开工日期、建议到货或完工日期等信息，以及这些相关数据是由哪张销售订单驱动的。查看计划单各行的结果，通过分析可以看出销售订单、BOM档案以及物料属性等录入是否正确，如错误，需要返回到相应模块修改，然后重新进行MRP运算。

③在当前窗口，选中某一计划订单号，可以进行该单据的查看、审核、修改、合并、删除、拆分和投放等操作。双击某一计划订单号，可以在弹出的"计划订单 – 修改"窗口进行该计划订单的修改，如图5-22所示。

图 5-22

MRP计划订单审核是对MRP运算后数据的再次确认，计划订单只有审核后才能向下投放到各相应的业务系统中。

MRP计划订单的投放是对审核后的计划订单投放到各具体业务系统的过程，投放依据是由"单据类型"决定的。

### （5）MRP计划订单的审核与投放

MRP计划订单审核的具体步骤为：

①返回"物料需求计划系统 – 计划订单序时簿（MRP）"窗口，按住"CTRL"键，连续点击计划订单各行（或点击计划订单第一行，按住"SHIFT"键，再点击计划订单最后一行），即为选中所有计划订单，然后点击工具栏"审核"按钮，随后系统弹出"K/3显示器"窗口，提示单据审核成功，如图5-23所示。

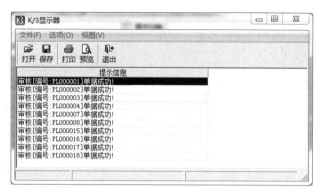

图 5-23

②在当前窗口点击工具栏"退出"按钮,系统返回到"物料需求计划系统 - 计划订单序时簿(MRP)"窗口,此时看到"状态"栏下方所有单据的状态由原来的"计划"变为"审核",表示单据审核成功,如图 5-24 所示。

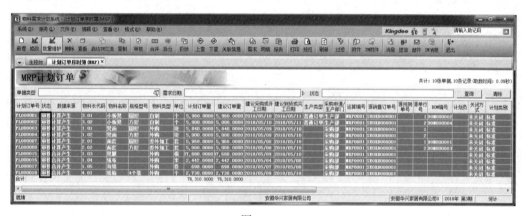

图 5-24

MRP 计划订单审核完成后,接下来进行计划订单的投放操作,具体步骤如下:

①在"物料需求计划系统 – 计划订单序时簿(MRP)"窗口,按住"CTRL"键,连续点击计划订单各行(或点击计划订单第一行,按住"SHIFT"键,再点击计划订单最后一行),即为选中所有计划订单,然后点击工具栏"投放"按钮,系统弹出"金蝶提示"窗口,如图 5-25 所示。

②点击"是"按钮,随后系统弹出"K/3显示器"窗口,提示计划订单投放成功,如图 5-26 所示。

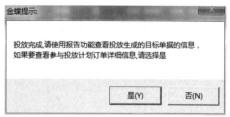

图 5-25

在当前窗口共有 10 条投放成功的计划订单记录,其中有 2 条生产任务单记录、2 条委外加工单记录、6 条采购申请单记录。

图 5-26

③返回"物料需求计划系统 – 计划订单序时簿(MRP)"窗口,经系统投放成功后的 MRP 计划订单被隐藏了,如图 5-27 所示。

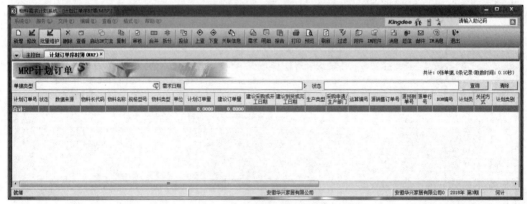

图 5-27

④返回 K/3 主界面,在主控台下方依次点击"计划管理→物料需求计划→MRP 维护→MRP 计划订单维护",在弹出的"条件过滤"窗口,勾选"关闭方式"下方的"投放关闭",如图 5-28 所示。

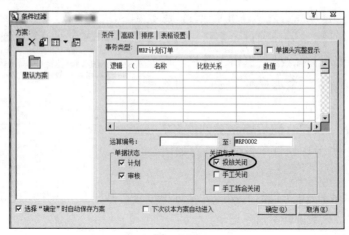

图 5-28

⑤点击"确定"按钮,系统再次进入"物料需求计划系统–计划订单序时簿(MRP)"窗口,如图5-29所示。此时窗口的 MRP 计划订单"状态"栏下方的状态由"确认"变为"关闭",表示单据投放成功。

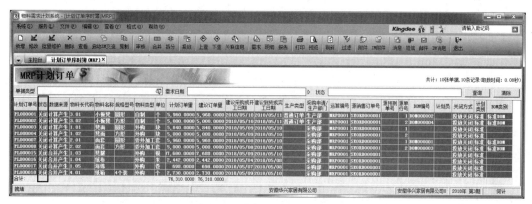

图 5-29

⑥查询生成的"生产任务单"情况。返回 K/3 主界面,在主控台下方依次点击"生产管理→生产任务管理→生产任务→生产任务单维护",如图5-30所示。

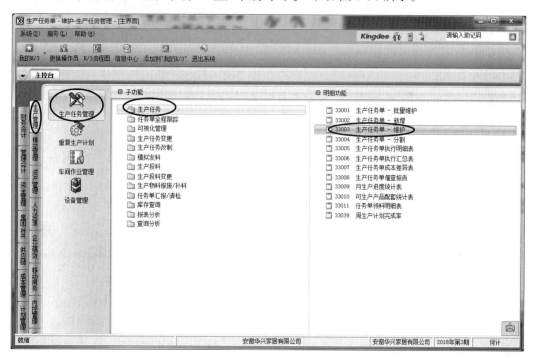

图 5-30

在弹出的"条件过滤"窗口,过滤条件选择"全部",点击窗口下方的"确定"按钮,系统弹出"生产任务管理系统–生产任务单序时簿"窗口,生产任务单下方的2条记录为 MRP 计划订单投放而来,此时"单据状态"栏下方的生产任务单为"确认"状态,如图5-31所示。

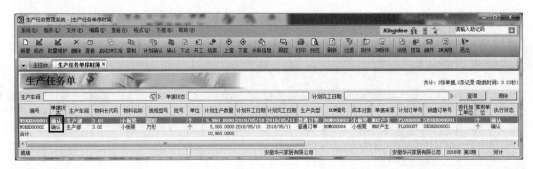

图 5-31

⑦查询生成的"委外订单"和"采购申请单"情况。返回 K/3 主界面,在主控台下方依次点击"供应链→采购管理→采购申请→采购申请单维护",如图 5-32 所示。

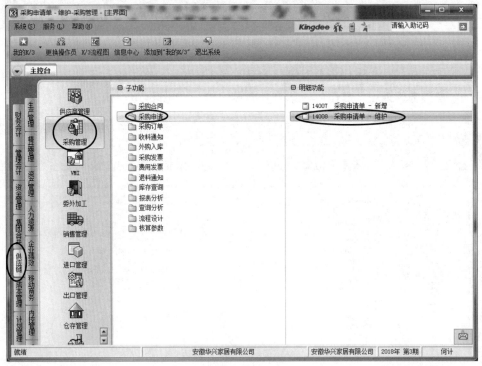

图 5-32

在弹出的"条件过滤"窗口,过滤条件选择"全部",点击窗口下方的"确定"按钮,系统弹出"采购管理系统-采购申请单序时簿"窗口,如图 5-33 所示。在当前窗口"业务类型"下方分别显示"外购入库"和"订单委外"字样,"使用部门"下方都显示为"采购部",表示物料采购业务和订单委外业务均由采购部负责完成。

注:生产任务单投放到"生产管理"系统,当物料需要投入生产时,生产部员工在"生产任务管理系统"中下达各生产任务单,表示需要进行开工生产。

委外加工单同时投放到"委外加工管理系统"和"采购管理系统",采购部员工需要根据企业业务的推进,在适当的时间节点,登录这两个系统的任意一个,完成委外加工单。

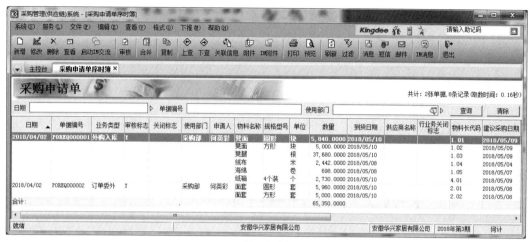

图 5-33

采购申请单投放到"采购管理系统",当需要执行采购任务时,采购部员工可以根据"采购申请单"编制"采购订单"。

# 第 6 章

# 采购及库存管理

## 6.1 采购管理过程

采购工作主要为企业提供生产和管理所需的各种物料,采购管理就是对采购业务过程进行组织、实施和控制的管理过程。

采购管理过程如下。

### 1. 确认采购需求

采购需求来自于企业的生产计划部门的需求,采购部门必须在适当的时间节点采购准确规格、型号且数量适当的物料送交仓管部门,仓管部门在接到生产部用料指示后,将物料移交生产部。对于委外加工的物料,一般由生产部门和采购部门共同确定加工方案,因为生产部门对物料的加工要求更加了解;也可能是由采购部独立确定加工方案,因为采购部门对市场的加工能力、供应情况更加熟悉。

### 2. 供应商询价与选择

采购部门在确定企业总体的物料需求情况后,广泛发布企业物料需求信息,向各物料提供商询价。供应商处于整个产品供应链的前端,也是企业物料供应的来源,是企业重要的资源。传统企业在选择供应商时主要关注 3 个方面:价格、质量和交货期。随着市场竞争的加剧,企业管理者们意识到供应商对企业发展的重要影响,从更多方面对供应商进行考察,如关注供应商的区位、财务状况、持续创新能力等;建立和发展与供应商的合作关系也上升到企业的战略层面,与供应商共同探讨改进产品质量、降低产品成本以及研发新的产品,力求与供应商建立战略合作伙伴关系。但企业也不能对供应商过分依赖,否则可能会削弱企业的议价能力，供应商的突发状况也可能给企业带来经营风险。一般来说，企业需根据自身特点，每种物料选择 3～5 家供应商，建立供应商的档案，同时确定优选和次选供应商。

### 3. 下达采购订单

根据物料需求计划的运输结果，并综合考虑采购批量、价格折扣、库存成本等多个因素，制订物料采购计划，将物料需求的准确信息通过采购订单及时下达到指定供应商。因此，企业的采购人员处理应具备采购方面的知识，还需要熟悉材料技术要求及制造工艺等相关知识。当然，企业的质检部门、生产部门和仓管部门都需要对采购部给予充分的支持。

### 4. 采购订单的跟踪

采购部下达采购订单后，应安排专人负责与供应商保持联系；同时，经常查看供需双方的对接系统，了解采购订单的执行情况，把握采购进度。

### 5. 物料验收入库

采购部门要配合仓库管理部门对供应商来料进行质量检验和数量核查，在适当的时间安排物料入库，不能延期或提前收货，平衡库存物流。

### 6. 支付货款

在采购订单按时交货、查验、入库后，采购部门协助财务部门，按照订单涉及金额，及时结清应付账款。

## 6.2 经济采购批量

经济采购批量也称为最佳进货量，它是指在一段时间内进货总量不变的条件下，采购费用和储存费用总和最小的采购批量。经济采购批量的计算公式如下：

$$Q = \sqrt{\frac{2 \times C_1 \times D}{C_2}}$$

其中，$Q$ 为经济采购批量，$C_1$ 为每次的采购成本，$D$ 为一定时期内采购总量，$C_2$ 为单位物料的储存成本。

## 6.3 委外加工管理

委外加工指的是本企业不具备加工能力，或生产能力负荷已满，或外协单位有专门的技术，利用外协质量有保证且价格合理，企业将物料交给外协单位加工，并支付一定的费用，加工完成后返回企业仓库。委外加工管理是对整个委外业务流程的管理，具体包括如下几方面。

### 1. 委外加工任务管理

企业不具备加工能力的工序，由生产部门提出申请，采购部制订委外计划，寻找合适的委外加工商，签订委外加工合同，编制委外加工任务单。

### 2. 委外加工出库管理

质检部对委外加工物料进行质量检验，生产部提供委外物料技术要求及相关辅助工装，采购部与外协单位确认加工任务单的品种、规格和数量，仓储部发料出库。

### 3. 委外加工单跟踪

采购部时刻关注委外加工商的生产进度，适时提醒委外加工商按时交货；质检部派相关人员进行质量跟进，过程监督。

### 4. 委外加工入库管理

委外加工任务完成后，采购部需确认返回物料的品种、规格和数量，及时通知仓管部做好库位安排，并协助质检部门完成物料的入库检验。

### 5. 加工费用结算

委外物料入库后，采购部门协助财务部门，按照委外加工单载明数量所发生的金额，及时支付外协单位的加工费。

## 6.4 库存管理过程

库存管理是企业物料管理的核心，是指企业为了生产、销售等经营管理的需要，对物料的入库、检验、存储及发放等一系列活动进行的管理。库存管理的业务过程如下。

### 1. 来料验收入库

企业的外购物料入库，都必须经过验收质检环节，以保证物料数量和质量符合企业的要求；查验合格的物料办理入库手续，开收料通知单，安排存储货位，同时核查来料是否与采购订单相符。

### 2. 物料在库管理

仓库管理部门根据物资所需储存条件妥善保管，做好防霉、防腐、通风、除湿以及防火防盗等日常保管工作；不同批次、型号和用途的物料需分类存放，防止周转成本的浪费；物料在不同仓库之间流动时，应当及时办理出入库及调拨手续。

### 3. 存货盘点

存货盘点是对库存物料的清查，不仅可以及时检查存货质量是否有变质损坏现象，以便企业及时处理减少损失；更重要的是检查存货的账实相符情况。实物数与账面数有出入的，要调整物料的账面数量，做到账物相符。企业必须建立完善的存货清查盘点制度，结合实际情况确定盘点周期、盘点流程等控制程序，盘点结果经监盘人员、仓管人员签字确认，对盘点中发现的盘盈、盘亏、毁损、闲置以及需要报废的存货，应当查明原因，及时处理，并进行责任追究。

### 4. 物料出库

物料出库包括生产领料、委外加工出库、销售出库等。企业应当明确物料发出和领用的审批权限，健全物料出库手续。仓库管理部门应核对经过审批的领料单、委外加工出库单及销售出库单的内容，做到单据齐全，名称、规格、计量单位准确，符合条件的准予领用或发出，并与领用人当面核对、点清交付、签字确认，单据及时转财务进行账务处理。

## 6.5 库存控制策略

保持合理的库存能够保证企业生产节奏的平稳、销售的稳定以及减少存货资金的占用。现有的库存控制策略如表 6-1 所示。

表 6-1 库存控制策略

| 库存类型 | 采取策略 | 具体措施 |
| --- | --- | --- |
| 安全库存和储备库存 | 预测与控制库存产生的原因 | 改善需求预测工作<br>准确分析需求量与需求时间<br>加强过程控制<br>增加设备与人员的柔性<br>采取供应链管理模式 |
| 正常周转库存 | 在需要的时候供应与生产 | 与供应链上下游企业建立战略合作伙伴关系<br>降低订货费用<br>采用 JIT 生产方式 |
| 在途库存 | 缩短运输时间 | 加强运输过程控制<br>提高运输能力 |
| 相关需求库存 | 用 MRP 解决相关需求库存问题 | 提供准确的 BOM 档案，运行 MRP<br>建立完善的库存档案 |

# 实验 7

# 采购及物料入出库业务处理实验

## 1. 实验目的及要求

让学生熟悉采购、外购入库、委外加工的业务流程和处理方法,并掌握采购业务、外购入库业务及委外加工业务相互之间的联系和数据传递关系。

## 2. 实验内容

①采购订单处理。
②外购入库处理。
③委外加工任务单处理。
④委外加工出库单处理。
⑤委外加工入库单处理。

## 3. 实验情境

①以采购业务员身份登录账套,设置采购申请单的关联数量。
②采购业务员在系统中根据采购申请单向绒布供应商下达绒布的采购订单。
③采购业务员在系统中根据采购申请单向海绵供应商下达海绵的采购订单。
④采购业务员在系统中根据采购申请单向凳面供应商下达圆形凳面的采购订单。
⑤采购业务员在系统中根据采购申请单向凳面供应商下达方形凳面的采购订单。

⑥采购业务员在系统中根据采购申请单向凳腿供应商下达凳腿的采购订单。
⑦采购业务员在系统中根据采购申请单向纸箱供应商下达纸箱的采购订单。
⑧仓库管理员在系统中参照采购订单做绒布的外购入库登账。
⑨仓库管理员在系统中参照采购订单做海绵的外购入库登账。
⑩仓库管理员在系统中参照采购订单做圆形凳面的外购入库登账。
⑪仓库管理员在系统中参照采购订单做方形凳面的外购入库登账。
⑫仓库管理员在系统中参照采购订单做凳腿的外购入库登账。
⑬仓库管理员在系统中参照采购订单做纸箱的外购入库登账。
⑭采购业务员查询到"采购申请单"中有业务类型为"订单委外"的单据，然后根据此申请单生成面套委外加工任务单，同时通知仓库备料外发到面套委外加工商。
⑮仓库管理员根据采购部的委外加工任务通知，备好物料，填制"委外加工出库单"，并将物料发给面套委外加工商。
⑯面套委外加工商按照委外订单送交面套，仓库管理员根据委外加工任务单做委外加工入库处理。

## 4. 实验步骤

**（1）设置关联数量**

采购部员工在采购管理系统中查询到由计划部投放来的采购申请单后，参照采购申请单制作采购订单。

①打开桌面金蝶 K/3 WISE 创新管理平台，系统弹出"金蝶 K/3 系统登录"窗口，用户名录入"何英彩"，如图 6-1 所示。

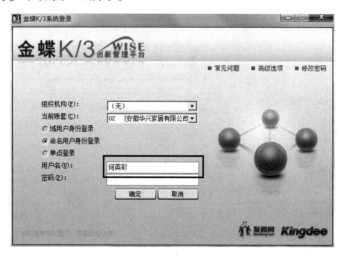

图 6-1

②点击"确定"按钮，系统弹出 K/3 主界面，在主控台下方依次点击"供应链→采购管理→采购申请→采购申请单维护"，如图 6-2 所示。

图 6-2

③系统弹出"条件过滤"窗口,过滤条件选择"全部",如图 6-3 所示。

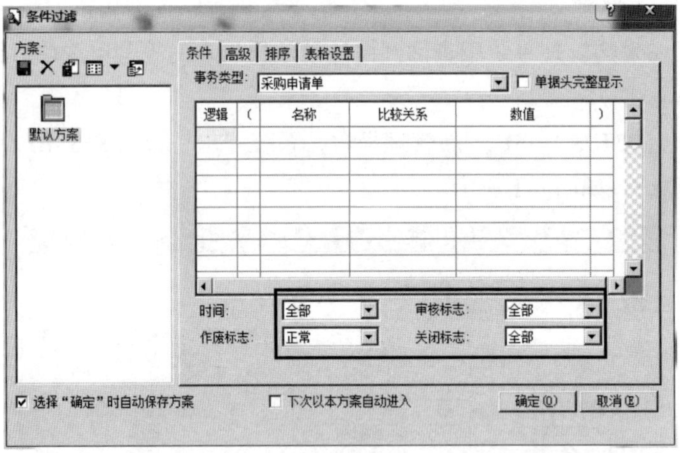

图 6-3

④点击"表格设置"选项卡,切换到"表格设置"窗口,如图 6-4 所示。

⑤在当前窗口勾选"关联数量"行选项,其他选项保持默认值,然后点击窗口下方的"确定"按钮,系统弹出"采购管理系统 – 采购申请单序时簿"窗口,如图 6-5 所示。

关联数量:是指该笔采购申请单有多少数量已经生成了采购订单,将申请单总数量扣除关联数量即为采购申请单中未生成采购订单的数量。

关闭标志:"关闭标志"栏下方显示为空白,表示该笔采购申请单尚未生成采购订单;显示"Y"字样,表示该笔采购申请单已经生成采购订单。

图 6-4

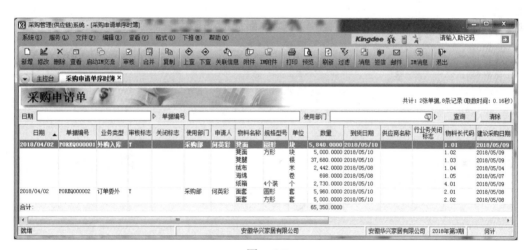

图 6-5

适时采购：采购申请单中的"建议采购日期"和"到货日期"是由 MRP 运算出来的时间，两个日期之间的时间间隔即为该物料的采购提前期。采购部员工务必在规定的时间节点下达采购任务，不可提前或推后，若提前订货，将形成物料库存积压或无处存放且形成资金占用；若推后订货，将可能导致工厂出现停工待料的情况，甚至可能造成销售订单的延期交货，给企业带来违约风险。

（2）编制绒布的采购订单

①返回 K/3 主界面，在主控台下方依次点击"供应链→采购管理→采购订单→采购订单 – 新增"，如图 6-6 所示。

②系统弹出"采购订单 – 新增"窗口，"源单类型"选择"采购申请单"，移动光标到"选单号"位置，然后点击工具栏"查看"按钮（或按 F7 功能键），弹出"采购申请单序时簿"窗口，如图 6-7 所示。

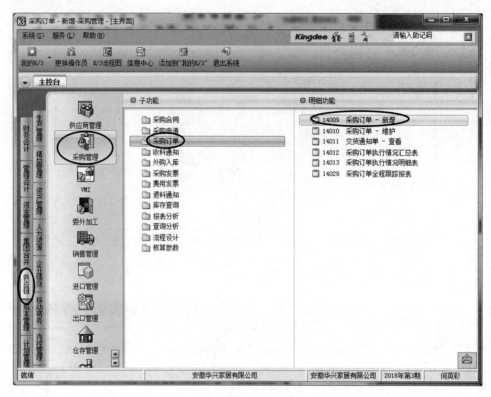

图 6-6

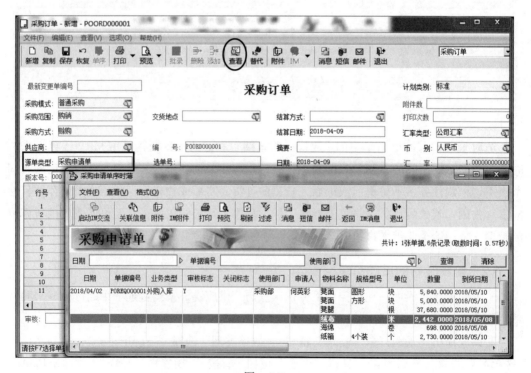

图 6-7

③选中"绒布"所在行,然后点击工具栏"返回"按钮(也可以双击该行),返回到"采购订单-新增"窗口,系统将该行信息获取到当前窗口表格的第1行。移动光标到表头"供应商"处,点击右侧的"查看"按钮,获取"绒布供应商",窗口下方"部门"处选择"采购部","业务员"填入"何英彩",如图6-8所示。

图 6-8

④点击工具栏"保存"按钮,该笔采购订单保存成功。

用同样的方法,请同学们自行完成实验情境③~⑦,即"海绵""凳面—圆形""凳面—方形""凳腿""纸箱"5笔采购订单的新增操作。

操作完成后返回K/3主界面,在主控台下方依次点击"供应链→采购管理→采购订单→采购订单-维护",如图6-9所示。

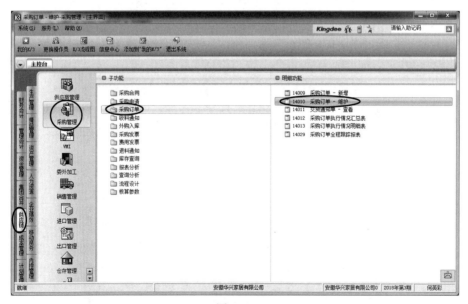

图 6-9

系统随后弹出"条件过滤"窗口,过滤条件选择"全部",然后点击"确定"按钮,进入"采购管理系统–采购订单序时簿"窗口,按住"CTRL"键,连续点击采购订单各行(或点击采购订单第一行,再按住"SHIFT"键,然后点采购订单最后一行),再点击工具栏"审核"按钮,则"审核标志"栏下方出现"Y"字样,表示批量审核成功,采购订单业务操作完成,如图6-10所示。

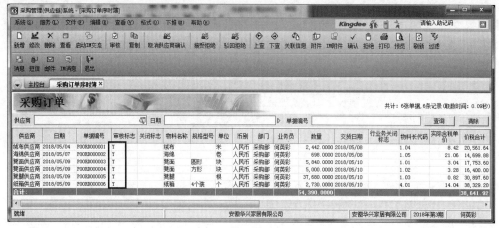

图 6-10

注:"采购管理系统–采购订单序时簿"窗口的"关闭标志"栏下方目前显示为"空白",当所有采购订单的物料均完成外购入库,则该栏下方显示"Y"字样。

**(3)编制绒布的外购入库单**

外购入库单是仓库管理员接到采购部的入库通知,将采购部从供应商处采购的物料入库。在进行外购入库单编制时可以参照"采购订单"进行操作,查询系统中"采购订单执行情况明细表",将每笔采购订单所涉及的物料全部入库。

①打开桌面金蝶K/3 WISE创新管理平台,系统弹出"金蝶K/3系统登录"窗口,用户名录入"李宏昌",如图6-11所示。

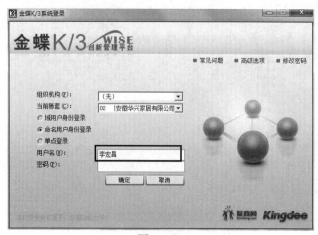

图 6-11

②点击"确定"按钮,系统弹出 K/3 主界面,在主控台下方依次点击"供应链→仓存管理→验收入库→外购入库单 – 新增",如图 6-12 所示。

图 6-12

③系统弹出"外购入库单 – 新增"窗口,"源单类型"选择"采购订单",移动光标到"选单号"位置,然后点击工具栏"查看"按钮(或按 F7 功能键),弹出"采购订单序时簿"窗口,如图 6-13 所示。

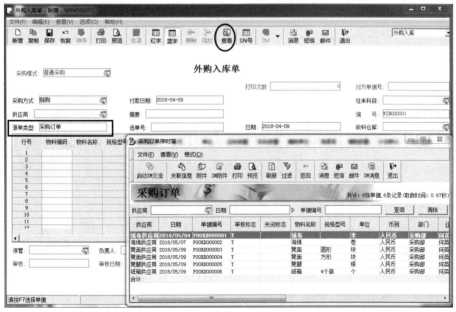

图 6-13

④选中"绒布供应商"所在行,然后点击工具栏"返回"按钮(也可以双击该行),返回到"外购入库单 – 新增"窗口,系统将该行信息获取到当前窗口表格的第 1 行,在该行"实收数量"栏下方录入 2 442。

⑤移动光标到"供应商"处,点击右侧的"查看"按钮,获取"绒布供应商",再将光标移动到"收料仓库"处,获取"原材料仓"。

⑥"保管"选择"李宏昌","验收"填入"杨质",如图 6-14 所示。

图　6-14

⑦点击工具栏"保存"按钮,该笔外购入库单保存成功。

用同样的方法,请同学们自行完成实验情境⑨~⑬,即"海绵""凳面—圆形""凳面—方形""凳腿""纸箱"5 笔外购入库单的新增操作。

操作完成后返回 K/3 主界面,在主控台下方依次点击"供应链→仓存管理→验收入库→外购入库单 – 维护",如图 6-15 所示。

系统随后弹出"条件过滤"窗口,过滤条件选择"全部",然后点击"确定"按钮,进入"仓存管理系统 - 外购入库序时簿"窗口,按住"CTRL"键,连续点击外购入库单各行(或点击外购入库单第一行,再按住"SHIFT"键,然后点击外购入库单最后一行),再点击工具栏"审核"按钮,则"审核标志"栏下方出现"Y"字样,表示外购入库单批量审核成功,外购入库业务操作完成,如图 6-16 所示。

（4）编制委外加工任务单

委外加工业务是指本企业的现有能力不足或企业不具备该项业务的加工能力,将物料发送给外协公司加工。

金蝶 K/3 系统中负责与外协公司联系的是采购部门,在实际的企业运营中,更可能是采购部门和生产部门协商后派人与外协公司洽谈委外业务,因为物料经外协加工后最终将送交生产部,生产部也更清楚需要将物料加工到什么程度。采购部员工查询到"采购申请单"中有业务类型为"订单委外"的单据,然后根据此申请单生成面套委外加工任务单,同时通知仓库备料外发到面套委外加工商。

图 6-15

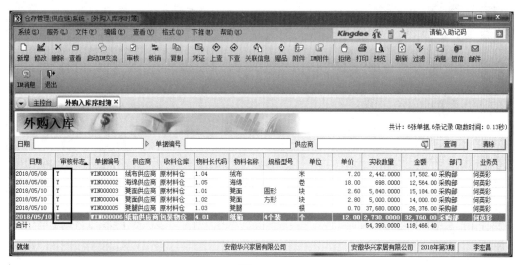

图 6-16

①打开桌面金蝶 K/3 WISE 创新管理平台,系统弹出"金蝶 K/3 系统登录"窗口,用户名录入"何英彩",如图 6-17 所示。

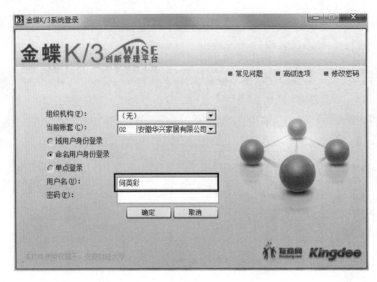

图 6-17

②点击"确定"按钮,系统弹出 K/3 主界面,在主控台下方依次点击"供应链→委外加工→委外订单→委外订单 – 新增",如图 6-18 所示。

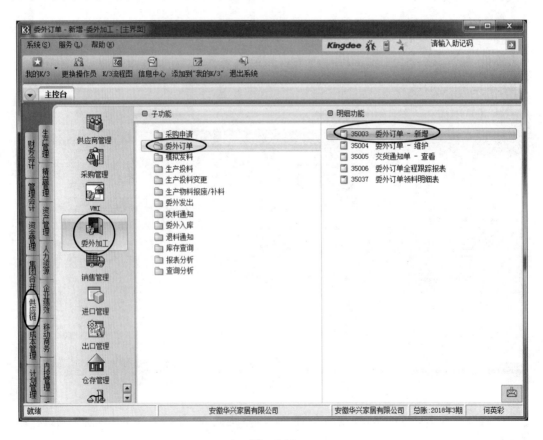

图 6-18

③系统弹出"委外订单-新增"窗口,"源单类型"选择"采购申请",移动光标到"源单编号"位置,然后点击工具栏"资料"按钮(或按F7功能键),弹出"采购申请"窗口,如图6-19所示。

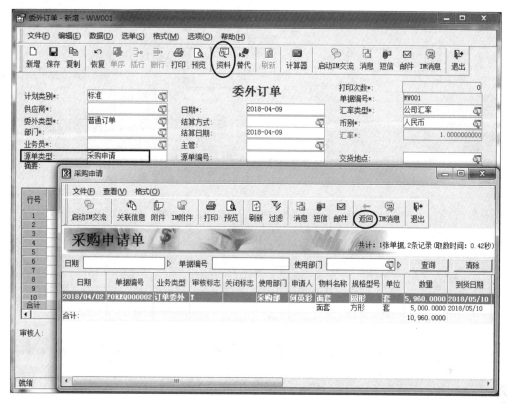

图 6-19

④选中该笔订单委外申请,然后点击工具栏"返回"按钮,返回到"委外订单-新增"窗口,系统将该笔订单委外申请的信息获取到当前窗口表体的前2行,在这2行"单价"栏下方均录入"1"。

⑤移动光标到表头"供应商"处,点击右侧的"查看"按钮,获取"面套委外加工商","部门"选择"采购部","业务员"填入"何英彩","日期"修改为"2018-05-08","结算日期"修改为"2018-05-10",如图6-20所示。

⑥审核委外加工单。委外加工单有"审批流"的权限控制,因此需要在系统中设置后才能审核。返回K/3主界面,在主控台下方依次点击"系统设置→系统设置→委外加工管理→审批流管理",如图6-21所示。

系统弹出"委外订单-多级审核工作流"窗口,如图6-22所示。

⑦先点击"委外订单",然后切换到"用户设置"标签页,再双击左侧列表中的"何英彩",最后点击工具栏"保存"按钮,系统随后弹出"金蝶提示"窗口,如图6-23所示,表示何英彩具备审核委外加工单的权限。

138　ERP 原理与实训

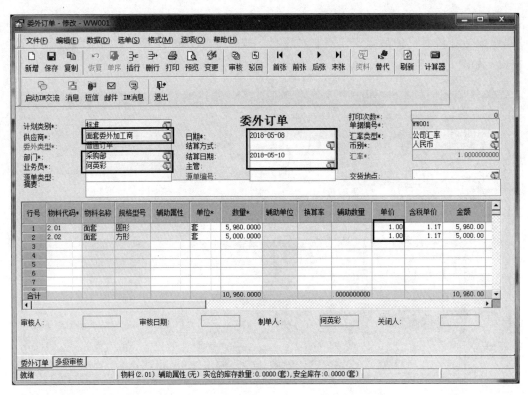

图　6-20

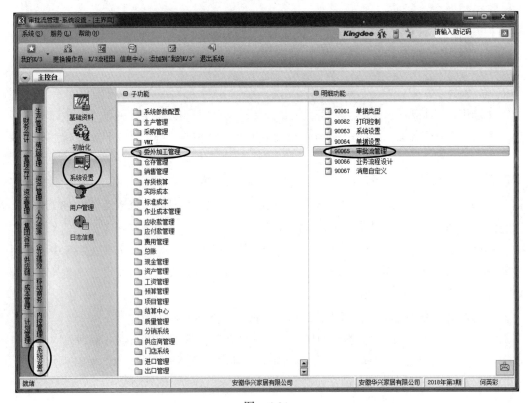

图　6-21

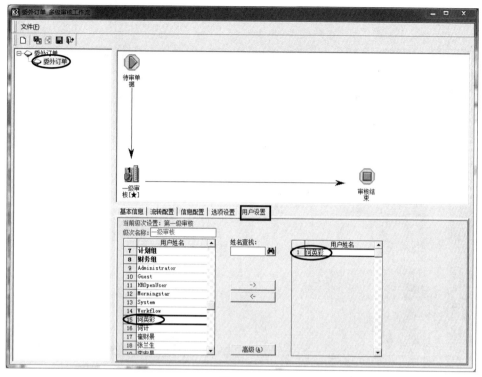

图 6-22

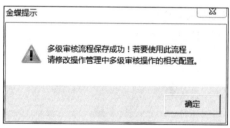

图 6-23

⑧返回 K/3 主界面，在主控台下方依次点击"供应链→委外加工→委外订单→委外订单 – 维护"，如图 6-24 所示。

⑨在弹出的"条件过滤"窗口，过滤条件选择"全部"，然后点击"确定"按钮，进入"委外加工系统 – 委外订单序时簿"窗口，点击工具栏"审核"按钮，弹出"审核意见"窗口，点击"确定"按钮，返回"委外加工系统 – 委外订单序时簿"窗口，此时"审核标志"下方显示"Y"字样，如图 6-25 所示。表示审核成功，委外加工单业务处理完毕。

**（5）编制委外加工出库单**

委外加工出库单是仓库管理部门接到采购部的通知，备齐委外加工任务单所涉及物料，尽快安排物料出库，并送交指定委外加工商。

①打开桌面金蝶 K/3 WISE 创新管理平台，系统弹出"金蝶 K/3 系统登录"窗口，用户名录入"李宏昌"，如图 6-26 所示。

图 6-24

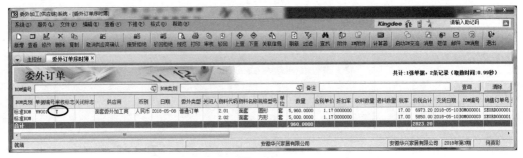

图 6-25

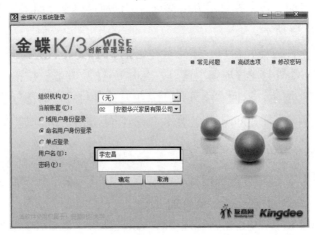

图 6-26

②点击"确定"按钮，系统弹出 K/3 主界面，在主控台下方依次点击"供应链→仓存管理→领料发货→委外加工出库 – 新增"，如图 6-27 所示。

图 6-27

③系统弹出"委外加工出库 – 新增"，"源单类型"选择"委外订单"，移动光标到"选单号"位置，然后点击工具栏"查看"按钮（或按 F7 功能键），弹出"生产投料单序时簿"窗口，如图 6-28 所示。

图 6-28

④用"SHIFT"键或"CTRL"键选中2条"生产投料单号"记录,然后点击工具栏"返回"按钮,则返回到"委外加工出库-新增"窗口,系统将2条"生产投料单号"记录获取到当前窗口表格的前4行,在各对应行"数量"栏下方分别录入1 192、298、1 250、400。

⑤移动光标到表头"加工单位"处,点击右侧的"查看"按钮,获取"面套委外加工商",再将光标移动到"发料仓库"位置,获取"原材料仓"。

⑥"领料"选择"何英彩","发料"填入"李宏昌",如图6-29所示。

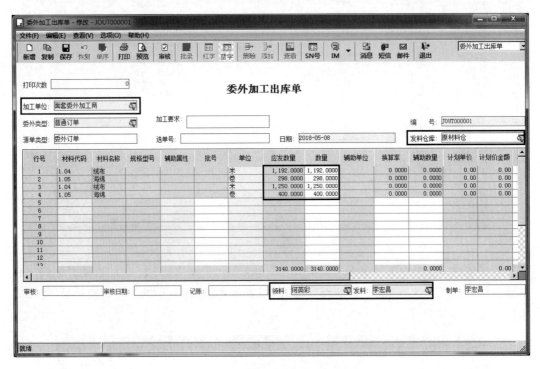

图 6-29

⑦点击工具栏"保存"按钮,该笔委外加工出库单保存成功。

操作完成后返回K/3主界面,在主控台下方依次点击"供应链→仓存管理→领料发货→委外加工出库-维护",如图6-30所示。

系统随后弹出"条件过滤"窗口,过滤条件选择"全部",然后点击"确定"按钮,进入"仓存管理系统-委外加工发出序时簿"窗口,按住"CTRL"键,连续点击委外加工出库单各行(或点击委外加工出库单第一行,按住"SHIFT"键,然后点击委外加工出库单最后一行),再点击工具栏"审核"按钮,则"审核标志"栏下方出现"Y"字样,如图6-31所示。表示委外加工出库单批量审核成功,委外加工出库业务操作完成。

图 6-30

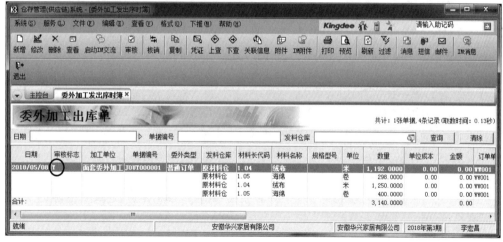

图 6-31

### （6）编制委外加工入库单

外协加工商完成加工任务后，及时反馈信息至企业采购部，采购部立即通知仓管部提前安排好货位，尽快完成来料入库。

①返回 K/3 主界面，在主控台下方依次点击"供应链→仓存管理→验收入库→委外加工入库－新增"，如图 6-32 所示。

图 6-32

②系统弹出"委外加工入库单–新增"窗口,"源单类型"选择"委外订单",移动光标到"选单号"位置,然后点击工具栏"查看"按钮(或按 F7 功能键),弹出"委外订单序时簿"窗口,如图 6-33 所示。

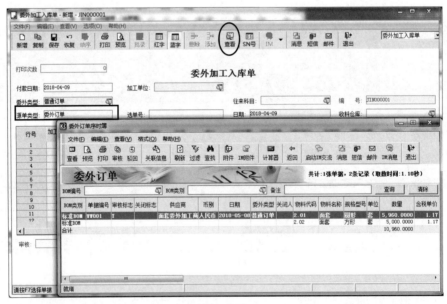

图 6-33

③选中该条"委外订单",然后点击工具栏"返回"按钮,返回到"委外加工入库单–新增"窗口,系统将该笔"委外订单"信息获取到当前窗口表格的前 2 行,在各对应行的"实收数量"栏下方分别录入 5 960 和 5 000,"加工单价"栏下方均录入 1。

④移动光标到表头"加工单位"处,点击右侧的"查看"按钮,获取"面套委外加工商","日期"修改为"2018-05-10",再将光标移动到"收料仓库"位置,获取"半成品仓"。

⑤"保管"选择"李宏昌","验收"填入"杨质",如图 6-34 所示。

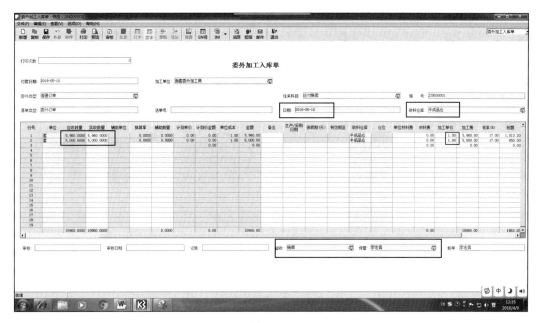

图 6-34

返回 K/3 主界面,在主控台下方依次点击"供应链→仓存管理→验收入库→委外加工入库–维护",如图 6-35 所示。

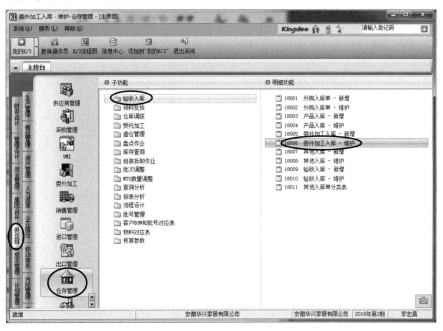

图 6-35

系统随后弹出"条件过滤"窗口,过滤条件选择"全部",然后点击"确定"按钮,进入"仓存管理系统-委外加工入库序时簿"窗口,选中该笔委外加工入库单的2条记录,再点击工具栏"审核"按钮,则"审核标志"栏下方出现"Y"字样,如图6-36所示。表示委外加工入库单审核成功,委外加工入库业务操作完成。

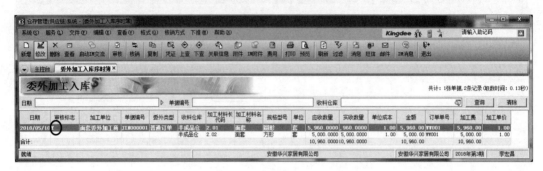

图 6-36

# 第 7 章

# 生产任务管理

## 7.1 生产任务管理过程

生产任务管理处于 ERP 系统的计划执行和控制层,其管理目标是按照物料需求计划的要求,按时、按质、按量且低成本地完成生产加工任务。生产任务管理的过程主要依据 MRP、生产工艺路线及各工序的能力编制工序加工计划,下达生产任务单,并控制生产进度,最终完工入库。

生产任务管理过程如下。

### 1. 生产任务单下达

MRP 订单提供各种物料的开工日期和完工日期。在 MRP 计划订单投放之前,各车间需要仔细核实车间的实际情况,检查工作中心、设备、物料及生产提前期等的有效性,解决计划与实际间存在的问题;生产任务单一旦下达,必须落实具体的工作任务,做出各物料加工的车间进度计划。

### 2. 确定作业优先级

根据 BOM 档案的展开及各物料的提前期,做出各工作中心的任务计划,即确定物料在某个加工中心将要或正在生产什么订单的物品、已完成的数量和未完成的数量、计划生产准备和加工时间及订单的优先级。

### 3. 生产领料

根据物料的加工顺序,对照 MRP 计划订单生成的各物料加工生产的用量,有序地向仓管部门发出领料指令。

### 4. 开工生产并监控生产进度

生产指令发出后,各工作中心按照生产工艺流程加工工件,生产部门详细记录物料加工工时、台时、发放到工序上的物料数量、在工序上的加工数量、已经加工完成的数量、已转下道工序的数量、在工序中报废的数量、工序计划开始和结束时间、实际加工的开始和结束时间等，动态监控物料的加工过程，按照 MRP 计划订单生成的完工日期完成生产任务。

#### 5. 能力的投入产出控制

调度与控制投入、产出的工作量，平衡与充分发挥各工序能力，同时控制投入、产出的物品流动，控制在制品库存量，保持物料流平衡、有序。

## 7.2 作业顺序管理

作业顺序就是确定工件在机器设备上的加工顺序，使得生产计划预定目标得以实现的过程。

作业顺序的目标：

（1）总流程时间最短（流程时间＝加工时间＋等待时间＋传送时间）。
（2）平均流程时间最短。
（3）平均在制品占用量最少。
（4）最大延迟时间最短。
（5）平均延迟时间最短。
（6）延迟工件最少。

## 7.3 产品出入库管理

产品入库管理指对进入仓库的产品进行接收、质量检查、数量清点、装卸搬运及办理入库手续等一系列活动进行管理和控制；产品出库管理指按收货单位所列的产品名称、规格、数量及交货期等要求，对整个出库流程进行监管并及时办理出库手续的过程。

### 7.3.1 产品入库

#### 1. 自制品入库

生产部按照生产任务单的要求将产品加工完成并存放在车间指定位置，质检部门对产品进行质量检验并贴附质量状态标识，仓管部核查入库产品数量，填制产品入库单，然后将产品放入成品库。

#### 2. 调拨入库

仓管员依据调拨单收货，质检部门进行产品检验，仓管部将发货基地传送过来的货运清单进行确认，财务部门凭此单据进行入账处理，并制作入库清单，月底与发货基地核对确认。

## 7.3.2 出库

### 1. 销售出库

销售部门根据客户的订购单,确认交货时间和地点、产品名称、规格、数量及收款方式等,核查无误后通知仓管部门编制销售出库单,安排产品出库。

### 2. 调拨出库

销售部门负责接单、协调和沟通,仓管部负责单据的跟踪,销售部根据基地传递过来的调拨单交仓管部确认,仓管部仔细核对调拨单的产品名称、规格、数量及到货地点,并通知财务部门入账处理,仓管部和财务部每月与调拨基地进行相关数据的核对确认。

## 实验 8

# 生产及产品出入库业务处理实验

### 1. 实验目的及要求

让学生熟悉生产业务的操作流程和处理方法,了解生产业务的执行情况,掌握仓库入出库的业务处理,学会对库存物资的动态监控。

### 2. 实验内容

① 生产任务单处理。
② 生产领料单处理。
③ 产品入库单处理。
④ 销售出库单处理。

### 3. 实验情境

① 生产部员工查询到有生产任务单投放,下达该生产任务单,然后通知仓库备料,并尽快发放给生产部。

② 仓库管理员收到生产部的生产任务单通知,备齐物料,填制生产领料单,并将物料发放到生产车间。

③ 生产部经过一段时间的加工,组装好小板凳送交仓库,仓库管理员依照生产任务单处理产品入库业务。

④ 销售部动态跟踪企业的销售进度,发现上海宏昌贸易有限公司订购的板凳订单临近交货,系统显示板凳已生产完工并送交仓库保管,因此通知仓管部门尽快发货;仓库部门接到销售部的发货请求,根据销售订单,编制销售出库单,安排产品出库,将产品配送给宏昌公司。

## 4. 实验步骤

### （1）下达生产任务单

生产任务是本公司生产部按照生产计划的安排自行完成产品的加工任务。生产部员工查询系统，发现有生产任务单投放，下达该生产任务单，然后通知仓库备料，并尽快发放给生产车间加工。

① 打开桌面金蝶 K/3 WISE 创新管理平台，系统弹出"金蝶 K/3 系统登录"窗口，用户名录入"张兰生"，如图 7-1 所示。

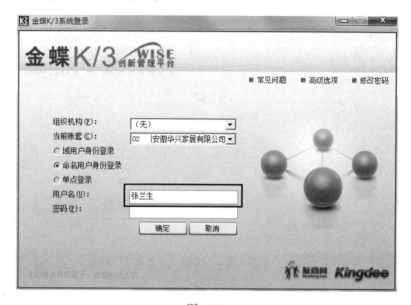

图　7-1

② 点击"确定"按钮，系统弹出 K/3 主界面，在主控台下方依次点击"生产管理→生产任务管理→生产任务→生产任务单 – 维护"，如图 7-2 所示。

③ 系统弹出"条件过滤"窗口，过滤条件选择"全部"，点击"确定"按钮，进入"生产任务管理系统 – 生产任务单序时簿"窗口，按住"SHIFT"键或"CTRL"键，选中编号为"WORK000001"和"WORK000002"的 2 个生产任务单，然后点击工具栏"下达"按钮，弹出"K/3 显示器"窗口，提示下达成功，点击该窗口工具栏"退出"按钮，返回"生产任务管理系统 – 生产任务单序时簿"窗口，此时"单据状态"下方显示为"下达"字样，表示生产任务单下达成功，如图 7-3 所示。

注：在生产任务单未执行的情况下，在当前窗口可以点击菜单栏的"编辑"下的"反下达"功能取消下达，一旦生产任务单被执行，则此操作无效。

### （2）编制生产领料单

生产领料单的填制依据是生产任务单，仓管部对照生产任务单载明的物料，查看仓库的即时库存，如果物料充足，则及时编制生产领料单，并将物料发放到生产车间。

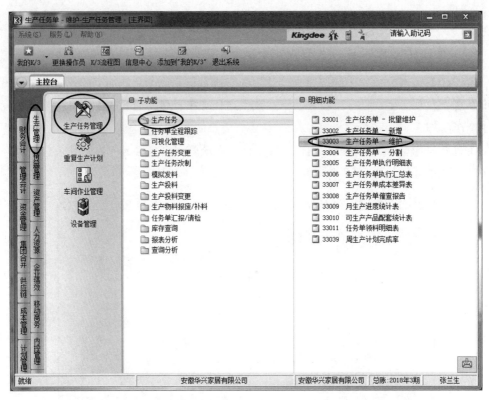

图 7-2

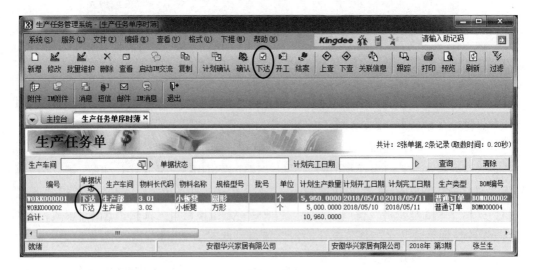

图 7-3

①打开桌面金蝶 K/3 WISE 创新管理平台，系统弹出"金蝶 K/3 系统登录"窗口，用户名录入"李宏昌"，如图 7-4 所示。

②点击"确定"按钮，系统弹出 K/3 主界面，在主控台下方依次点击"供应链→仓存管理→库存查询→即时库存查询"，如图 7-5 所示。

图 7-4

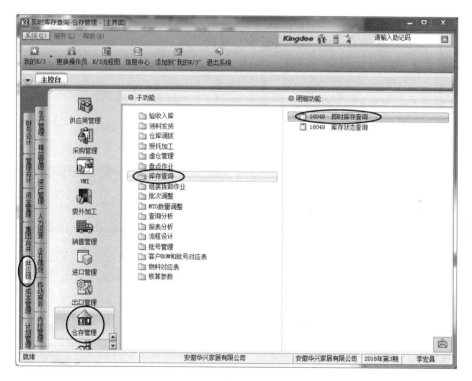

图 7-5

原材料仓的即时库存如图 7-6 所示。

图 7-6

半成品仓的即时库存如图 7-7 所示。

图 7-7

成品仓的即时库存如图 7-8 所示。

图 7-8

包装物仓的即时库存如图 7-9 所示。

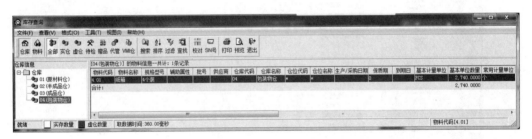

图 7-9

经核算,将现有库存物料加工完成,再加上成品库存,能够满足销售订单。

③返回 K/3 主界面,在主控台下方依次点击"供应链→仓存管理→领料发货→生产领料 – 新增",如图 7-10 所示。

④系统弹出"领料单 – 新增"窗口,"源单类型"选择"生产任务单",移动光标到"选单号"位置,然后点击工具栏"查看"按钮(或按 F7 功能键),系统弹出"生产投料序时簿"窗口,按住"SHIFT"键或"CTRL"键,选中编号为"PBOM000001"和"PBOM 000002"的 2 个生产投料单的所有物料,如图 7-11 所示。

⑤然后点击工具栏"返回"按钮,返回到"领料单 – 新增"窗口,系统将编号为"PBOM000001"和" PBOM 000002"的 2 个生产投料单的所有物料信息获取到当前窗口表格前 8 行,在各对应行的"实发数量"栏下方分别录入 5 960、17 880、5 960、1 490、5 000、20 000、5 000 和 1 250,"发料仓库"栏下方分别录入"原材料仓""原材料仓""半

成品仓""包装物仓""原材料仓""原材料仓""半成品仓"和"包装物仓"。

图 7-10

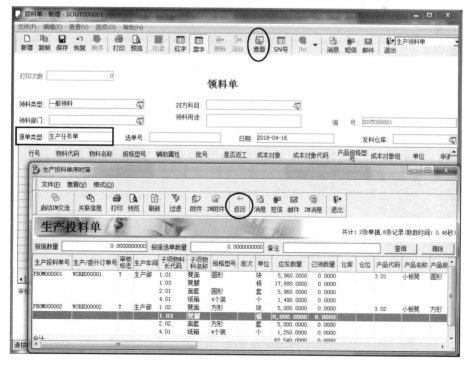

图 7-11

⑥移动光标到表头"领料部门"处,点击右侧的"查看"按钮,获取"生产部","日期"修改为"2018-05-10"。

⑦"领料"选择"张兰生","发料"填入"李宏昌",如图7-12所示。

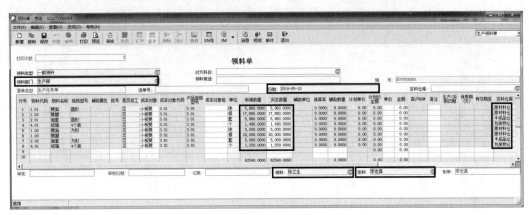

图　7-12

⑧点击工具栏"保存"按钮,保存当前领料单。

返回K/3主界面,在主控台下方依次点击"供应链→仓存管理→领料发货→生产领料-维护",如图7-13所示。

图　7-13

系统随后弹出"条件过滤"窗口,过滤条件选择"全部",然后点击"确定"按钮,进入"仓存管理系统-生产领料序时簿"窗口,按住"CTRL"键或"SHIFT"键,选中生产领料单据编号为"SOUT000001"的8条记录,再点击工具栏"审核"按钮,则"审核标志"栏下方出现"Y"字样,如图7-14所示。表示生产领料单审核成功,生产领料业务操作完成。

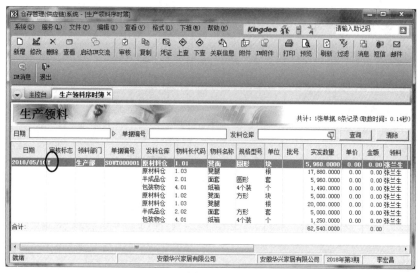

图 7-14

### (3)制作产品入库单

①返回K/3主界面,在主控台下方依次点击"供应链→仓存管理→验收入库→产品入库-新增",如图7-15所示。

图 7-15

②系统弹出"产品入库单–新增"窗口,"源单类型"选择"生产任务单",移动光标到"选单号"位置,然后点击工具栏"查看"按钮(或按F7功能键),弹出"生产任务单序时簿"窗口,如图7-16所示。

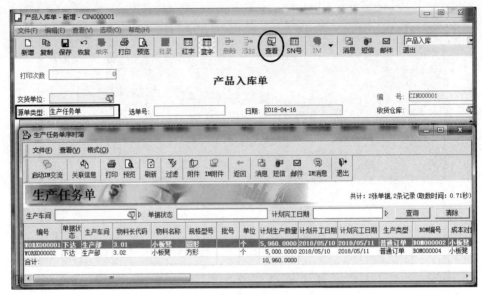

图 7-16

③按住"CTRL"键或"SHIFT"键,选中编号为"WORK000001"和"WORK000002"的2条生产任务单记录,然后点击工具栏"返回"按钮,系统将2条生产任务单信息获取到当前窗口表格的前2行,在各对应行"实收数量"栏下方分别录入5 960和5 000,移动光标到"收料仓库"位置,点击右侧的"查看"按钮,获取"成品仓";窗口下方"验收"选择"杨质","保管"填入"李宏昌",如图7-17所示。

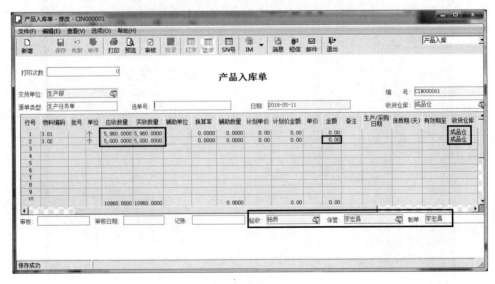

图 7-17

④点击工具栏"保存"按钮,该笔产品入库单保存成功。点击工具栏"审核"按钮,弹出"审核成功"提示,表示产品入库单审核成功,产品入库业务操作完成。

打开桌面金蝶 K/3 WISE 创新管理平台,系统弹出"金蝶 K/3 系统登录"窗口,用户名录入"张兰生",如图 7-18 所示。

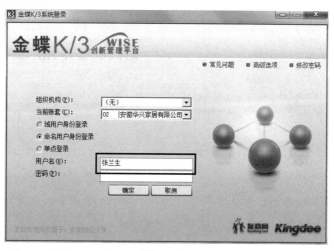

图 7-18

点击"确定"按钮,系统弹出 K/3 主界面,在主控台下方依次点击"生产管理→生产任务管理→生产任务→生产任务单–维护",如图 7-19 所示。

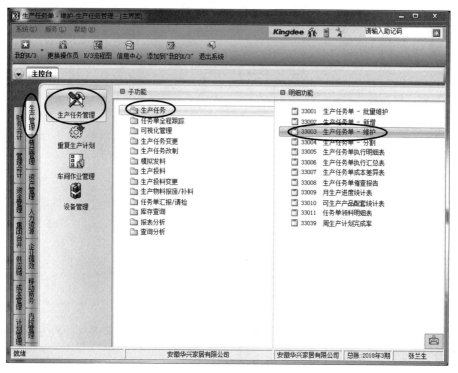

图 7-19

系统弹出"条件过滤"窗口,过滤条件选择"全部",点击"确定"按钮,进入"生产任务单序时簿"窗口,"单据状态"栏下方显示"结案"字样,表示生产完工,如图7-20所示。

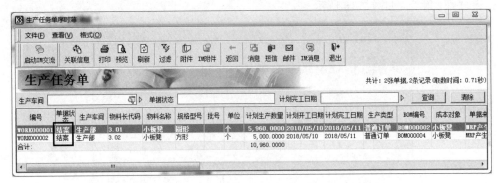

图 7-20

打开桌面金蝶K/3 WISE创新管理平台,系统弹出"金蝶K/3系统登录"窗口,用户名录入"李宏昌",如图7-21所示。

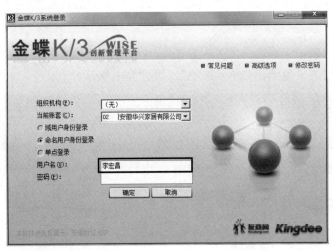

图 7-21

点击"确定"按钮,系统弹出K/3主界面,在主控台下方依次点击"供应链→仓存管理→库存查询→即时库存查询",如图7-22所示。

此时成品仓的库存如图7-23所示。

成品仓的小板凳库存数量能够满足上海宏昌贸易有限公司的订单。

**(4)编制销售出库单**

①返回K/3主界面,在主控台下方依次点击"供应链→仓存管理→领料发货→销售出库-新增",如图7-24所示。

第 7 章 生产任务管理　161

图　7-22

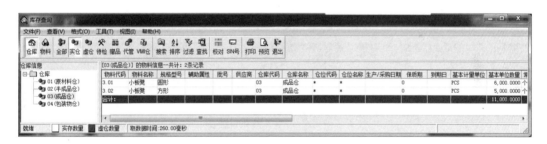

图　7-23

②系统弹出"销售出库单 – 新增","源单类型"选择"销售订单",移动光标到"选单号"位置,然后点击工具栏"查看"按钮(或按 F7 功能键),弹出"销售订单序时簿"窗口,如图 7-25 所示。

③用"SHIFT"键或"CTRL"键选中销售订单编号为"SEORD000001"的 2 条记录,然后点击工具栏"返回"按钮,则返回到"销售出库 – 新增"窗口,系统将销售订单编号为"SEORD000001"的 2 条记录获取到当前窗口表格的前 2 行,在各对应行"实发数量"栏下方分别录入 6 000 和 5 000。

④移动光标到表头"购货单位"处,点击右侧的"查看"按钮,获取"上海宏昌贸易有限公司",再将光标移至"发料仓库"位置,获取"成品仓","日期"修改为"2018-05-11","收款日期"修改为"2018-05-14"。

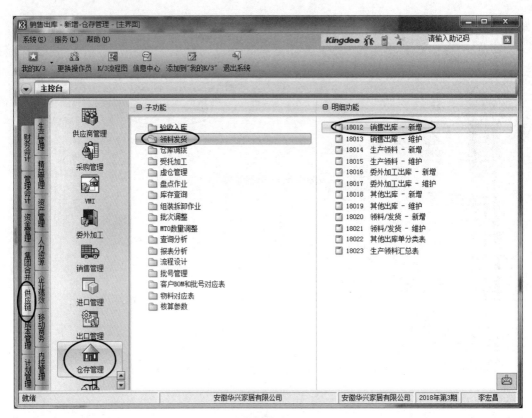

图 7-24

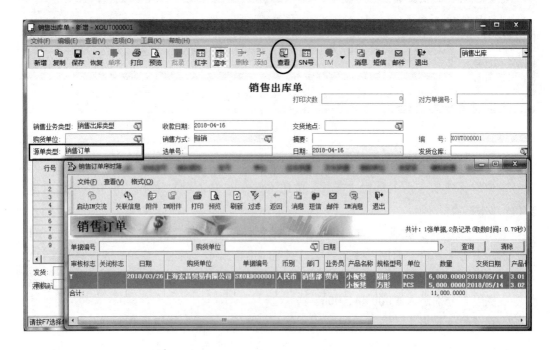

图 7-25

⑤ "发货"选择"贾肖","部门"获取"销售部","业务员"选择"贾肖","保管"填入"李宏昌",如图 7-26 所示。

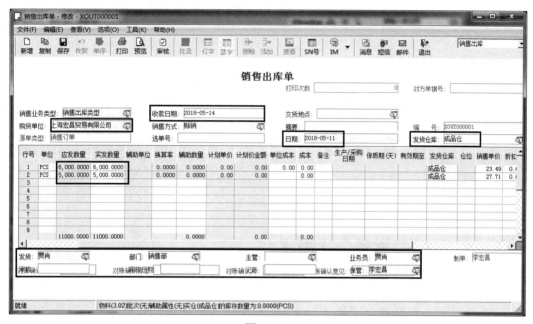

图 7-26

⑥点击工具栏"保存"按钮,该笔销售出库单保存成功,点击工具栏"审核"按钮,系统弹出"单据审核成功"提示,该笔销售出库单审核成功,销售出库业务操作完成。

# 第8章 财务会计

## 8.1 财务会计概述

### 8.1.1 财务会计的概念

财务会计是一个计量会计主体经济活动,运用传统会计模式作为数据处理和信息加工方法,为企业利益相关者提供会计信息的对外报告会计。

企业的利益相关者主要是指企业外部信息使用者,包括投资人、债权人、社会公众、政府部门和社会中介机构等。

### 8.1.2 财务会计的特点

财务会计旨在向企业利益相关者提供会计信息,这种会计信息最终表现为通用的会计报表和其他会计报告。因此,财务会计有如下特点。

**1. 计量和传递信息为主要目标**

财务会计的主要目标是向企业利益相关者提供会计信息。这些会计信息要能反映企业的整体情况,包括企业的财务状况、经营成果和现金流量等。

**2. 以会计报告为工作核心**

财务会计是一个会计信息系统,以报表作为最终成果。会计信息最终是通过会计报表反映出来的,因此,财务报告是会计工作的核心,财务会计将会计报表的编制放在最突出的位置。

**3. 以传统会计模式作为数据处理和信息加工的基本方法**

为向信息使用者提供通用的会计报表,财务会计需要运用传统的会计模式，即历史成本模式作为处理和加工信息的方法。历史成本模式的特点主要包括以下几个方面：

（1）会计反映依据复式簿记系统。复式簿记系统以账户和复式记账为核心，以凭证和账簿组织为形式，包括序时记录、分类记录、试算平衡、调整分录和对账结账等一系列步骤。

（2）收入与费用的确认，以权责发生制为基础。财务会计对收入和费用的确认均采用实现原则，而不是等到企业收到或付出现金时才确认和记录。

（3）会计记录遵循历史成本原则。历史成本原则的核心即资产和负债等要素的确认均以交易或事项发生时所确认的交换价格作为最初入账的计量标准。

**4. 以公认原则和行业会计制度作为指导**

公认会计原则是指导财务会计工作的基本原理和准则，是组织会计活动、处理会计业务的规范。公认会计原则由基本会计准则和具体会计准则所组成。作为补充，根据不同的行业特点，又制定了不同的行业会计制度。

### 8.1.3 财务会计的目标

我国财务会计报告的目标是向财务会计报告使用者提供与企业财务状况、经营成果和现金流量等有关的会计信息，反映管理层受托责任履行情况，有助于财务会计报告使用者做出经济决策。

根据这一目标要求，财务报告所提供的会计信息应当如实反映企业拥有或控制的经济资源、对经济资源的要求权，以及经济资源要求权的变化情况；如实反映企业各项收入、费用、利得和损失的金额及其变动情况。

这就要求企业及时将会计信息提供给信息使用者。对已经发生的交易或事项，应当及时进行确认、计量和报告，不得提前或延后。在会计确认、计量和报告过程中贯彻及时性要做到：第一，及时收集会计信息，即在经济业务发生后，及时收集整理各种原始单据或者凭证；第二，及时处理会计信息，即按照企业会计准则的规定，及时对交易或事项进行确认、计量，并编制财务报告；第三，及时传递会计信息，即按照国家规定的期限及时将编制的财务报告传递给财务报告使用者，便于其及时使用和决策。

### 8.1.4 财务会计核算过程

财务会计对外提供财务报告信息，需要按照一定的会计核算程序形成会计信息，这个形成会计信息的核算程序在会计主体各会计期间内周而复始地循环。一个完整的会计核算程序主要包括：

（1）根据原始凭证分析经济业务，填制记账凭证，利用复式记账法编制会计分录。

（2）根据编制的记账凭证登记有关账户，包括日记账、明细分类账和总分类账。

（3）根据分类账户的记录，编制调整前的试算平衡表。

（4）按照权责发生制的要求，编制调整分录并予以过账。

（5）编制结账分录并登记入账，结清损益类账户和利润账户（年末）。

（6）根据全部账户数据资料，编制结账后试算平衡表。

（7）根据账户的数据资料，编制会计报表，包括资产负债表和利润表。

以上七个会计核算程序全面地反映了一个会计主体在一定会计期间内的会计核算工作的所有内容，其中前三个环节属于会计主体日常的会计核算工作内容，后四个环节属于会计主体在会计期末的会计核算工作内容。

### 8.1.5 财务会计流程

财务会计流程如图8-1所示。

## 8.2 应收账款管理

### 8.2.1 应收账款的形成

企业在正常经营活动中，利用商业信用促销，在交易发生时，不立即要求购货方结清账款，也不要求客户签发任何形式的商业票据，而是以挂账的形式明确双方的债权债务关系，因此形成应收账款。

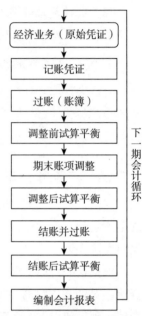

图8-1　财务会计流程

### 8.2.2 应收账款的确认

应收账款是企业因销售商品或提供劳务等而应向购货或接受劳务单位收取的款项，主要包括销售商品、提供劳务等应收取的价款，以及增值税税款和代垫的运杂费等。

确认应收账款需要依据一些表明商品和劳务提供过程已经完成、债权债务关系已经成立的书面文件，如购销合同、商品出库单、发票和发运单等。

### 8.2.3 应收账款的账务处理

（1）企业因销售商品、提供劳务等发生应收账款业务时，对全部应收取的款项借记"应收账款"账户，对于价款贷记"主营业务收入"账户，对于增值税，应作为销项税额贷记"应交税费——应交增值税（销项税额）"账户，对于代垫款项，贷记"银行存款"等账户，即会计分录如下：

借：应收账款
　贷：主营业务收入
　　　应交税费——应交增值税（销项税额）
　　　银行存款

（2）收回应收账款时，根据收款单借记"银行存款"等账户，贷记"应收账款"账户，即会计分录如下：

　　借：银行存款等
　　　　贷：应收账款

### 8.2.4 应收账款账务处理流程

应收账款账务处理流程如图 8-2 所示。

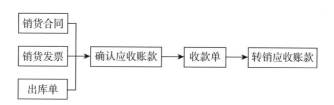

图 8-2　应收账款账务处理流程

## 8.3 应付账款管理

### 8.3.1 应付账款的形成

通常，企业在购买材料、商品或接受劳务时，会获得供货商提供的商业信用，例如供货商在发货时同意给予买方 30 天的信用期，因此买方取得材料、商品和使用劳务与支付账款在时间上不一致产生负债，形成应付账款。

### 8.3.2 应付账款的确认

应付账款是指企业因购买材料、商品或接受劳务等经营活动而应支付的款项。应付账款应当于收到相关发票时按照发票账单上注明的价款入账，主要包括：购买材料、商品或接受劳务时应向销货方或劳务提供方支付的合同或协议价款，按照货款计算的增值税进项税额以及购买材料或商品时应负担的运杂费和包装费等。

### 8.3.3 应付账款的账务处理

（1）当企业货物和发票同时到达企业时，企业应当根据发票金额及相关税费确认应付账款，账务处理如下：

　　借：原材料
　　　　应交税费——应交增值税（进项税额）
　　　　贷：应付账款

（2）支付应付账款时，根据付款单进行如下账务处理：

　　借：应付账款
　　　　贷：银行存款

## 8.3.4 应付账款账务处理流程

应付账款账务处理流程如图 8-3 所示。

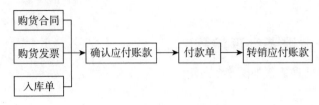

图 8-3 应付账款账务处理流程

## 8.4 总账管理

### 8.4.1 总账管理的意义

在会计核算工作中,为了适应经济管理的需要,对于全部经济业务都要在有关账户中进行登记,用来提供总括核算资料的账户,称为总分类账户,简称总账账户。通过总分类账户提供的总括核算资料,可以概括地了解企业经济业务所涉各账户增减变动情况和结果。总账账簿是企业会计资料的主要载体之一。

### 8.4.2 总账的格式与登记方法

总账是按照一级会计科目的编号顺序分类开设并登记企业发生的全部经济业务的账簿。总账的格式有三栏式(即借方、贷方、余额三个主要栏目)和多栏式两种,其中三栏式又分为不反映对应科目的三栏式和反映对应科目的三栏式。

总账可以直接根据记账凭证逐笔登记,也可以把记账凭证进行汇总,编制成汇总记账凭证或科目汇总表,根据汇总的记账凭证定期登记。

### 8.4.3 总账的对账

为了总结某一会计期间的经营活动情况,考核经营成果,便于准确编制财务报表,必须定期进行对账。

**1. 对账的含义**

对账就是核对账目,简单地说就是在将本期发生的经济业务全部登记入账之后,对账簿记录所进行的核对工作,主要检查和核对账证、账账、账实、账表是否相符,以确保账簿记录的正确性。

**2. 对账的内容**

对账的具体内容一般包括以下几个方面。

(1)账证核对。

账证核对就是将各种账簿(包括总分类账、明细分类账以及库存现金日记账和银行存款日记账）记录与有关的会计凭证（包括记账凭证及其所附原始凭证）进行核对，做到账证相符。

（2）账账核对。

账账核对是在账证核对相符的基础上，对各种账簿之间记录的内容进行核对。账账核对可以从以下几个方面展开：

①总账各账户的借方期末余额合计数与贷方期末余额合计数核对相符。

②总账的余额与有关明细账各账户的余额合计数核对相符。

③日记账的余额与总账各账户的余额核对相符。

④会计部门各种财产物资明细账的期末余额与保管或使用部门的财产物资明细账的期末余额核对相符。

（3）账实核对。

账实核对是在账账核对的基础上将账面数字和实际的物资、款项进行核对。账实核对包括：

①库存现金日记账账面余额与库存现金实有数相互核对。

②银行存款日记账账面余额与开户银行出具的银行对账单相互核对。

③各种材料物资明细账结存数分别与财产物资的实存数核对相符。

④各种债权、债务的账面记录应定期与有关债务、债权单位或个人核对相符。

（4）账表核对。

账表核对是指将账簿记录与各种会计报表相互核对。

通过上述对账工作，能够做到账证相符、账账相符、账实相符和账表相符，使会计核算资料真实、正确、可靠。

### 8.4.4 总账的结账

按照《会计工作基础规范》的要求，为了正确反映一定时期内的经营成果和期末的财务状况，以便为编制财务报表提供真实、可靠的数据资料，各企业单位必须按照规定定期结账。

结账有利于企业管理者定期总结生产经营情况，对不同会计期间的数据资料进行比较分析，以便发现问题，采取措施及时解决；结账也有利于编制报表，提供报表所需的数据资料，满足与企业有利益关系的信息使用者做出正确的投资决策。

**1. 结账的含义**

结账就是把一定时期内所发生的经济业务，在全部登记入账的基础上，结算出每个账户的本期发生额和期末余额，并将期末余额转入下期或下年新账（期末余额结转到下期即为下期期初余额）。

根据会计分期的不同，结账工作相应地可以在月末、季末、年末进行，但不能为减少本期的工作量而提前结账，也不能将本期的会计业务推迟到下期或编制报表之后再进行结账。

**2. 结账的准备工作**

为了保证结账工作的顺利进行，结账前应该做好一些准备工作，具体包括：

（1）期末调汇。有外币核算的企业还应当在期末结账前进行期末调汇。期末应以当日即期汇率折算外币货币性项目。该项目因当日即期汇率不同与该项目初始入账时或前一期即期汇率而产生的汇兑差额计入当期损益，一般计入"财务费用"科目。即期汇率一般是指当日中国人民银行公布的人民币汇率的中间价。货币性项目包括库存现金、银行存款、应收账款、短期借款和应付账款等项目。

（2）账项调整。检查凭证和账簿的正确性，进行相应的账项调整，如收入的确认、成本的结转等。

**3. 结账的内容**

结账工作主要由两部分构成：一是结出总账和明细账的本期发生额和期末余额（包括本期累计发生额），并将余额在本期和下期之间进行结转；二是损益类账户，即收入、成本费用类账户的结转，并计算本期利润或亏损（利润的确定一般在年结时进行）。

**4. 结账的步骤**

结账工作主要包括以下几个步骤：

（1）结账前，必须将本期发生的全部经济业务登记入账。检查账簿记录的完整性和正确性，不能漏记、重记每一项经济业务，也不能有错误的记账分录。

（2）编制结账分录。对于各种收入、费用类账户的余额，应在有关账户之间进行结转，从而结束各有关收入和费用类账户。结账分录包括两部分：一部分是结转收入的，即借记有关的"收入类"账户，贷记"本年利润"账户；另一部分是结转费用的，即借记"本年利润"账户，贷记有关的"费用类"账户。结账分录也要登记到相应的账簿中去。

（3）计算各账户的本期发生额合计和期末余额。

### 8.4.5 总账处理程序

总账处理程序如图 8-4 所示。

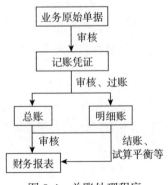

图 8-4 总账处理程序

实验 9

# 财务会计系统参数设置实验

## 1. 实验目的及要求

通过本实验，让学生了解企业信息管理中系统控制和基础数据管理的重要性，掌握财务会计业务控制和基础数据初始化在金蝶 K/3 系统中的实现方法及过程，能够对企业的基础数据进行归纳和整理。

## 2. 实验内容

①总账系统参数及初始化设置。
②应收账款管理系统参数及初始化设置。
③应付账款管理系统参数及初始化设置。
④存货核算管理系统参数及初始化设置。
⑤期末结账。

## 3. 实验情境

### （1）总账系统参数设置

①为了方便进行每个会计期间期末处理，尤其是方便"结转损益"操作，将"本年利润"科目设定为"4103 本年利润"，"利润分配"科目设定为"4104 利润分配"。

②为保证录入"凭证"的正确性，设置凭证过账（即登账）前必须有审核，否则不能过账。

### （2）应收账款管理系统参数设置

①根据 2.1 节的相关内容，设置企业税务登记号"340353451116628"、

开户银行"中国农业银行蚌埠高新支行"和银行账号"42282106040057016"。

②设置应收账款系统的启用期间为 2018 年 3 期。

③设置坏账计提方法：采用"备抵法"中的"应收账款百分比法"作为坏账计提方法，并以应收账款 0.50% 计提坏账准备，坏账损失和坏账准备科目分别设置"6701 资产减值损失"和"1231 坏账准备"。

④为方便业务处理，设置应收账款、预收账款、应收票据和应交税金的会计科目，具体地，"其他应收单"科目设置为"1221 其他应收款"，"收款单"科目设置为"1122 应收账款"，"预收单"科目设置为"2203 预收账款"，"销售发票"科目设置为"1122 应收账款"，"退款单"科目设置为"1122 应收账款"科目，"应收票据"科目设置为"1121 应收票据"科目，"应交税金"科目设置为"2221.01.05 销项税"。

⑤设置结账与总账期间同步，确保应收账款管理系统结账须在总账系统结账之前完成。

### （3）应付账款管理系统参数设置

①设置应付账款系统的启用期间为 2018 年 3 期。

②为方便业务处理，设置应付账款、预付账款、应付票据和应交税金的会计科目，具体地，"其他应付单"科目设置为"2241 其他应付款"，"付款单"科目设置为"2202 应付账款"，"预付单"科目设置为"1123 预付账款"，"采购发票"科目设置为"2202 应付账款"，"退款单"科目设置为"2202 应付账款"，"应付票据"科目设置为"2201 应付票据"，"应交税金"科目设置为"2221.01.01 进项税"。

③设置结账与总账期间同步，确保应付账款管理系统结账须在总账系统结账之前完成。

④取消设置期末处理前凭证应该处理完成。

### （4）存货核算管理系统参数设置

①设置期末结账时检查未记账的单据。

②设置"暂估冲回凭证生成方式"为"单到冲回"方式。

### （5）应收账款管理初始化设置

①根据表 2-20 的内容，录入销售增值税发票信息。

②查询销售增值税发票并将余额转入总账。

### （6）应付账款管理初始化设置

①根据表 2-21 的内容，录入采购增值税发票信息。

②查询采购增值税发票并将余额转入总账。

### （7）总账初始化设置

①根据表 2-22 的内容，录入总账一般科目初始数据。

②根据表 2-23 的内容，录入外币科目初始数据。

(8)期末结账

将系统账期由 2018 年第 3 期调整到 2018 年第 5 期。

## 4. 实验步骤

在信息管理系统中,为了实现某种管理目的,通常需要设置控制参数。在金蝶 K/3 系统中,有通用参数设置,也有针对模块的参数设置。本实验的所有参数设置都是针对既定模块的参数设置,如总账系统参数设置就是针对总账模块设置的,应收款管理参数设置就是针对应收款管理设置的,等等。由于系统控制体现的是管理者的意志,所以这部分实验内容通常以管理员的身份进行操作。

(1)总账系统参数设置

①以 Administrator 的身份登录账套。在 K/3 主界面,双击"系统设置→系统设置→总账→系统参数",打开参数设置界面,如图 8-5 所示。在参数设置界面左上方,点击"总账"选项卡,打开总账参数设置界面,如图 8-6 所示。点击本年利润科目右侧的按钮,或将光标移到本年利润科目后的方框内按下 F7 键,系统弹出会计科目选择界面,再点击打开界面上方的"4.权益"类科目列表,选择"4103—本年利润"科目,最后点击确定,如图 8-7 所示。按照相同的方法在利润分配科目后方框内设置"4104—利润分配"科目,点击"确定"后总账参数设置界面如图 8-8 所示。

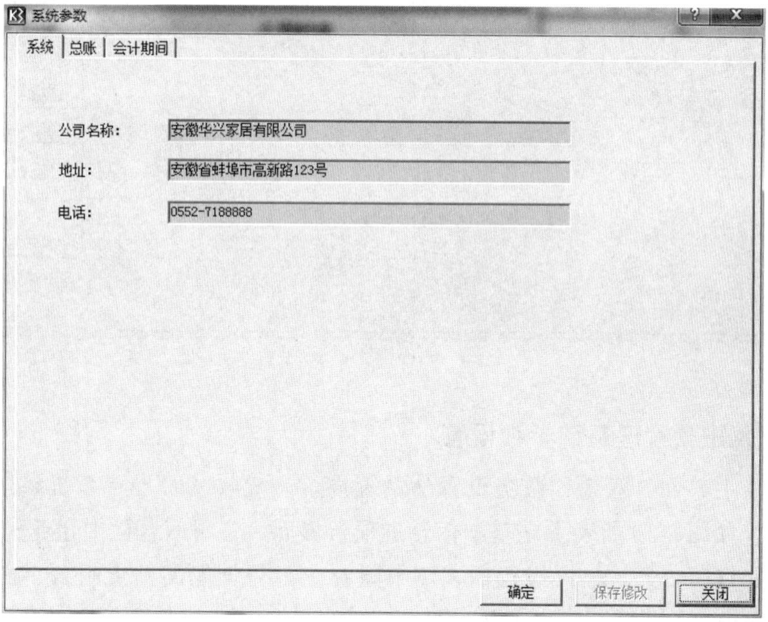

图 8-5

②在总账参数设置界面的左下方,点击"凭证"选项卡,在"凭证过账前必须审核"选项前的方框内点击勾选,然后点击"确定"按钮保存设置,如图 8-9 所示。

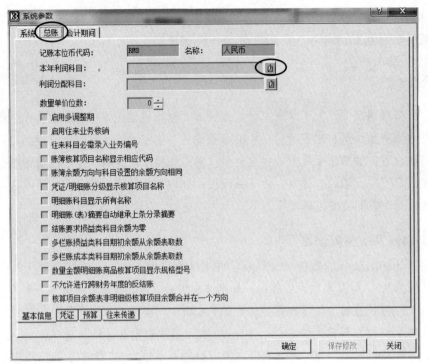

图 8-6

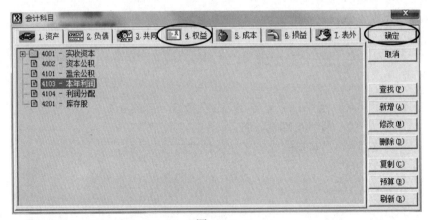

图 8-7

**（2）应收账款管理系统参数设置**

①在K/3主界面，双击"系统设置→系统设置→应收款管理→系统参数"，打开参数设置界面，如图8-10所示。在基本信息选项卡界面，公司信息栏中企业税务登记号输入"340353451116628"，开户银行输入"中国农业银行蚌埠高新支行"，银行账号输入"42282106040057016"，会计期间栏中启用年份输入"2018"，启用会计期间选择"3"（通常默认与当前会计期间相同）。

②选择坏账计提方法选项卡，计提方法选择"备抵法"，如图8-11所示。点击坏账损失科目代码右侧按钮，或将光标移入坏账损失科目代码后的方框内按F7键，系统弹出会

计科目选择界面,再点击打开界面上方"6.损益"类科目列表,选择"6701—资产减值损失"科目,然后点击"确定",如图 8-12 所示。按照同样的方法,点击坏账准备科目代码右侧按钮获取"1231—坏账准备"科目,如图 8-13 所示。

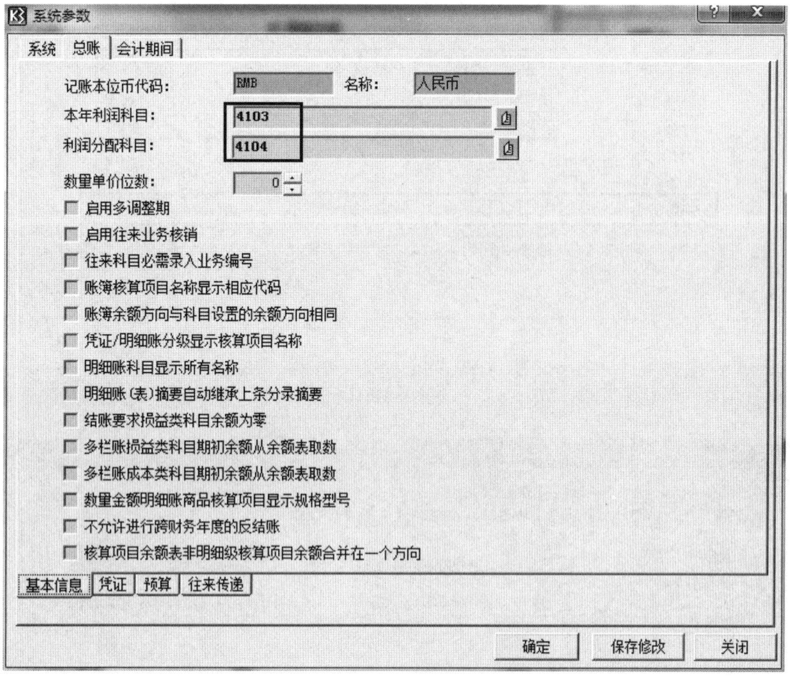

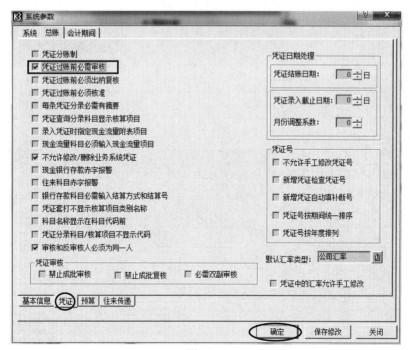

图 8-8

图 8-9

图 8-10

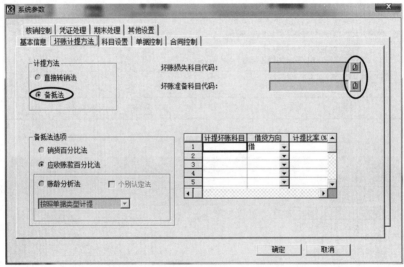

图 8-11

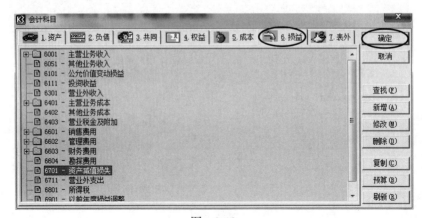

图 8-12

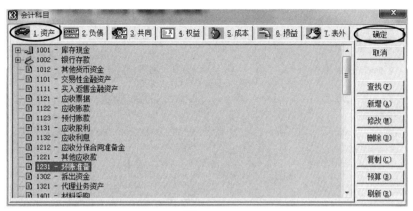

图 8-13

备抵法选项选择"应收账款百分比法",如图 8-14 所示。将光标移动到计提坏账科目列下第一行单元格内,按下 F7 键,系统弹出会计科目选择界面,再点击打开界面上方"1.资产"类科目列表,选择"1122—应收账款"科目,然后点击"确定",借贷方向设置为"借",计提比例设置为 0.5%。

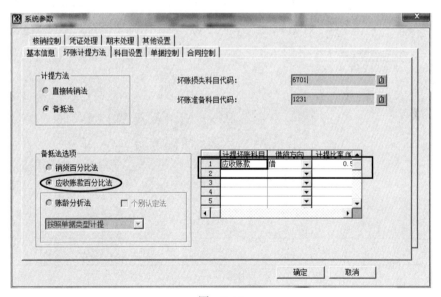

图 8-14

③选择科目设置选项卡,按照步骤②科目代码获取的方法,其他应收单获取"1221—其他应收款"科目,收款单获取"1122—应收账款"科目,预收单获取"2203—预收账款"科目,销售发票获取"1122—应收账款"科目,退款单获取"1122—应收账款"科目,应收票据科目代码获取"1121—应收票据"科目,应交税金科目代码获取"2221.01.05—销项税",具体如图 8-15 所示。

④选择期末处理选项卡,在"结账与总账期间同步"选项前的方框内点击勾选,其他保持默认设置,然后点击"确定"按钮保存设置,如图 8-16 所示。

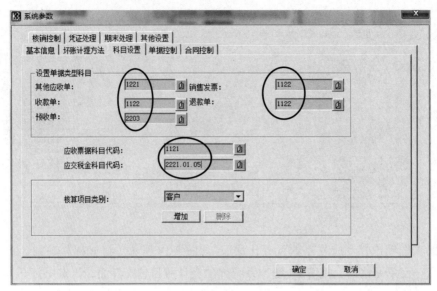

图 8-15

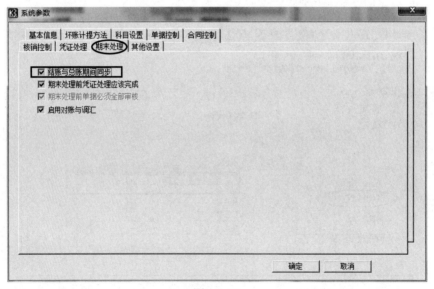

图 8-16

### (3) 应付账款管理系统参数设置

①在 K/3 主界面，双击"系统设置→系统设置→应付款管理→系统参数"，打开参数设置界面，如图 8-17 所示。在基本信息选项卡的下方，设置会计启用期间为 2018 年第 3 期（通常默认与当前会计期间相同）。

②选择科目设置选项卡，按照应收账款管理系统参数设置中步骤②科目代码获取的方法，其他应付单获取"2241—其他应付款"科目，付款单获取"2202—应付账款"科目，预付单获取"1123—预付账款"科目，采购发票获取"2202—应付账款"科目，退款单获取"2202—应付账款"科目，应付票据科目代码获取"2201—应付票据"科目，应交税金

科目代码获取"2221.01.01—进项税",具体如图 8-18 所示。

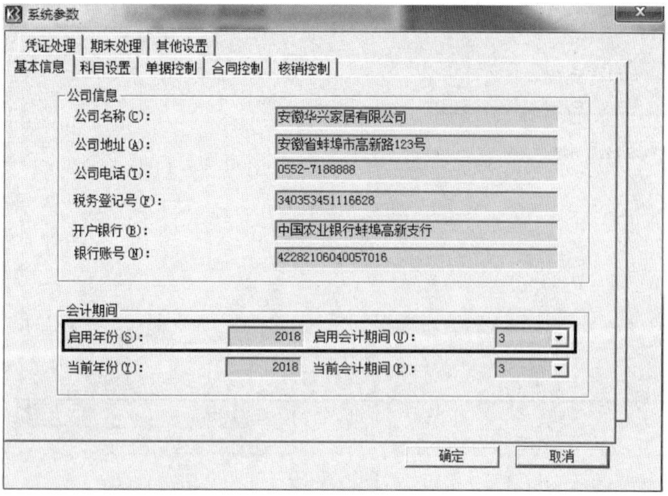

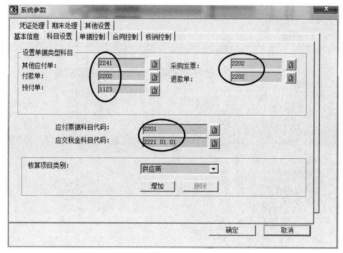

图 8-17

图 8-18

③选择期末处理选项卡,在"结账与总账期间同步"选项前的方框内点击勾选,在"期末处理前凭证应该处理完成"选项前的方框内点击取消,其他保持默认设置,然后点击"确定"按钮保存设置,如图 8-19 所示。

**(4)存货核算系统参数设置**

①在 K/3 主界面,双击"系统设置→系统设置→存货核算→系统设置",打开系统参数维护界面,如图 8-20 所示。

②在系统参数维护界面左侧选择"核算系统选项",右侧打开核算系统选项列表。在第一个选项"期末结账时检查未记账的单据"后的单元格中的方框内点击勾选;在第二个选项"暂估冲回凭证生成方式"后单元格内点击鼠标左键,在系统弹出的列表中选择"单到冲回"。设置完成后的系统参数维护界面如图 8-21 所示。

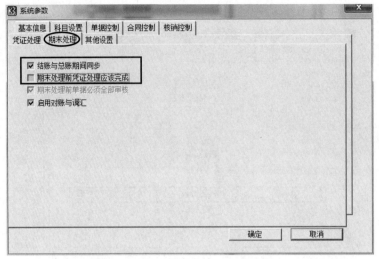

图 8-19

图 8-20

**（5）应收账款初始化设置**

①打开销售增值税发票新增界面。

在 K/3 主界面，双击"系统设置→初始化→应收款管理→初始销售增值税发票 – 新增"，打开发票新增界面，如图 8-22 所示。

②销售增值税发票录入。

在核算项目右侧点击查询按钮，或将光标移到核算项目后的方框内按下 F7 键，在弹出的选项中选择"国内客户 – 上海宏昌贸易有限公司"，此时往来科目自动显示出"应收账款"科目,方向为"借";在发生额处输入 5 000,并取消"本年"选项;摘要输入"上海宏昌贸易公司应收款";在右侧表格第一行的应收日期单元格内输入"2018 年 5 月 31 日",收款金额单元格内输入 5 000,然后按回车键;在界面的下方,通过查询按钮或 F7 键,部门选择"销售部",业务员选择"贾肖";其他保持默认设置,点击保存,完成后如图 8-23 所示。

图 8-21

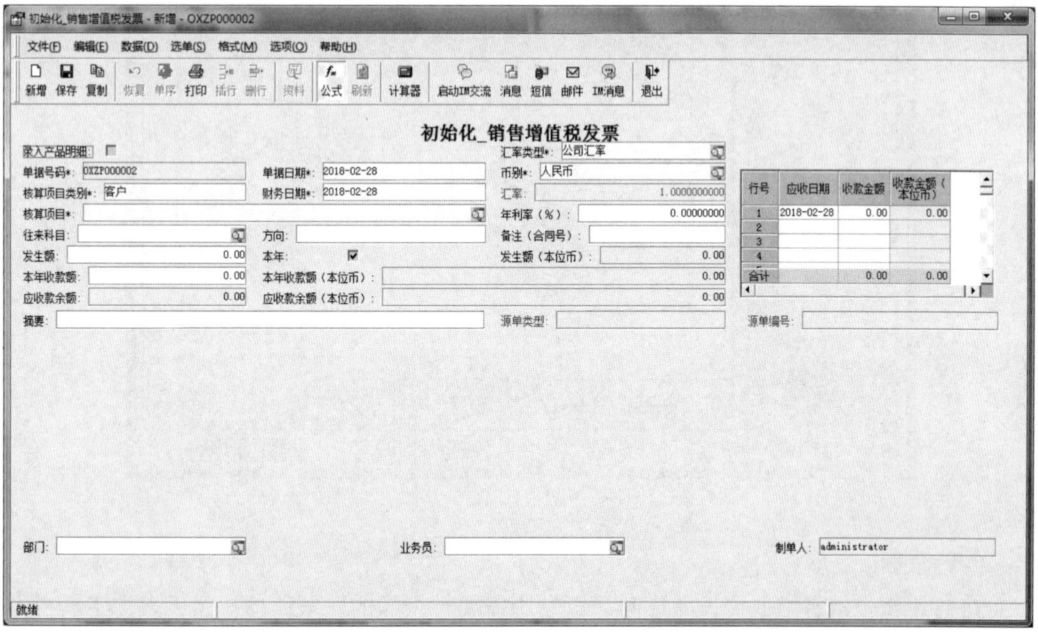

图 8-22

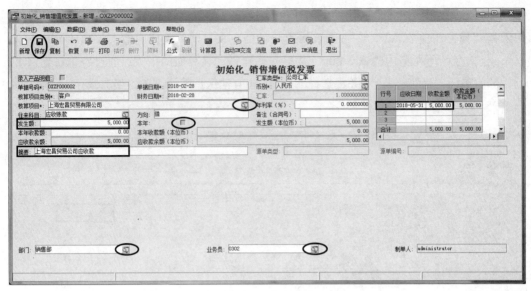

图 8-23

③销售增值税发票查询。

在 K/3 主界面，双击"系统设置→初始化→应收款管理→初始应收单据 – 维护"，在弹出的过滤窗口中的事务类型选择"初始化_销售增值税发票"，如图 8-24 所示，打开初始化_销售增值税发票序时簿，即可看到刚才输入的销售增值税发票信息，如图 8-25 所示。

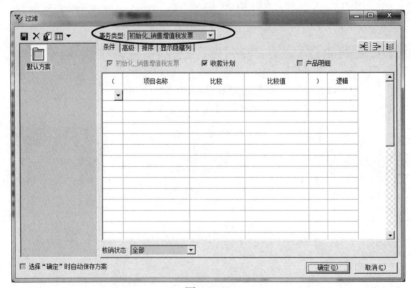

图 8-24

④转余额。

在初始化_销售增值税发票序时簿，选中需要转余额的发票信息，然后点击工具栏上的"转余额"按钮，如图 8-26 所示，系统弹出如图 8-27 所示的提示，点击"是"后，系统开始将销售发票（应收账款）的余额转入总账。转入完毕后，提示"转余额成功"，如图 8-28 所示。

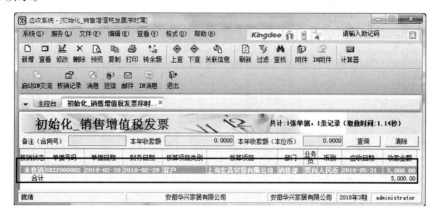

图 8-25

图 8-26

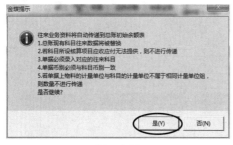

图 8-27

图 8-28

⑤转余额查询。

为了确保应收账款余额是否转入总账，可进入总账系统进行查询。查询方法是：在 K/3 主界面，双击"系统设置→初始化→总账→科目初始数据录入"，打开科目初始余额录入界面。查看"1122 应收账款"科目期初余额是否与刚才录入的销售增值税发票的收款金额相同，如图 8-29 所示。转余额是为了能够将往来科目的数据传递到总账系统，以避免因重新输入而产生错误。

图 8-29

⑥结束初始化。

当应收账款管理系统的所有初始数据录入完毕，且经核对后正确无误，就应该结束初始化，启用系统。

双击"财务会计→应收款管理→初始化→结束初始化"，系统弹出初始化检查的提示。点击"是"，如图 8-30 所示，系统开始初始化检查。检查完毕后，系统提示"初始化检查通过"，如图 8-31 所示。点击"确定"后系统又弹出初始化对账的提示，点击"是"，打开初始化对账界面，如图 8-32 所示。在科目代码单元格内输入"1122—应收账款"，并勾选表体下方的"显示核算项目明细"，其他保持默认设置，然后点击"确定"，如图 8-33 所示，系统弹出当前会计期间应收账款明细和"是否完成初始化"提示，如图 8-34 所示。核对正确无误后，点击"是"，系统提示"系统成功启用"，点击"确定"完成设置，如图 8-35 所示。

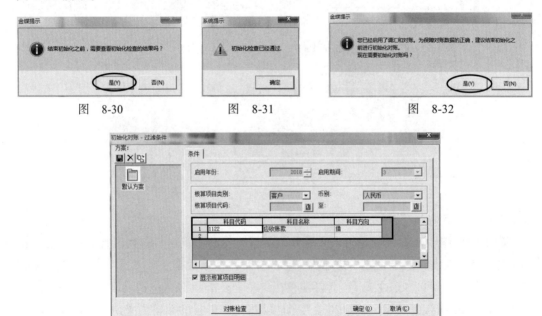

图 8-30    图 8-31    图 8-32

图 8-33

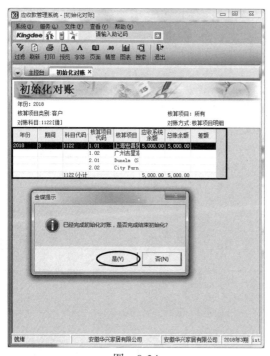

图 8-34

图 8-35

若需要对应收款管理系统进行修改，则要进行反初始化操作。双击"财务会计→应收款管理→初始化→反初始化"，然后按照向导操作即可。

**（6）应付账款初始化设置**

①采购增值税发票录入。

在 K/3 主界面，双击"系统设置→初始化→应付款管理→初始采购增值税发票 – 新增"，打开发票新增界面。首先点击勾选"录入产品明细"选项⊖，然后在核算项目右侧点击查询按钮，或将光标移到核算项目后的方框内按下 F7 键，在弹出的选项中选择"凳面供应商"，此时往来科目自动显示出"应付账款"科目，方向为"贷"；在右侧表格第一行的应付日期单元格内输入"2018 年 5 月 31 日"，付款金额单元格内输入 5 200，然后按回车键。

在表体中录入采购产品明细，将光标移动到产品代码单元格，输入圆形凳面代码"1.01"或按 F7 键选择"1.01—凳面（圆形）"后按回车键，圆形凳面相关信息就会自动显示出来；在数量单元格内输入 2 000 并按回车键，系统会自动计算相关金额。

在表体的下方，通过查询按钮或 F7 键，部门选择"采购部"，业务员选择"何英彩"；其他保持默认设置，点击保存，录入完成后的采购发票如图 8-36 所示。

②采购增值税发票查询。

在 K/3 主界面，双击"系统设置→初始化→应付款管理→初始应付单据 – 维护"，在

---

⊖ 是否选取"录入产品明细"这一选项取决于企业是否需要保留与发票相关的产品信息，以便开展核算和追查工作。

弹出的过滤窗口中的事务类型选择"初始化_采购增值税发票",如图 8-37 所示,打开初始化_采购增值税发票序时簿,即可看到刚才输入的采购增值税发票信息,如图 8-38 所示。

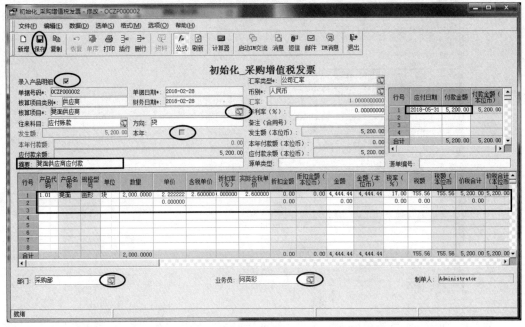

图 8-36

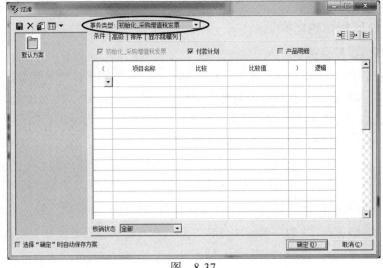

图 8-37

③转余额。

在初始化_采购增值税发票序时簿,选中需要转余额的发票信息,然后点击工具栏上的"转余额"按钮,如图 8-39 所示,系统弹出如图 8-40 所示的提示,点击"是"后,系统开始将采购发票(应付账款)的余额转入总账。转入完毕后,系统提示"转余额成功"。

图 8-38

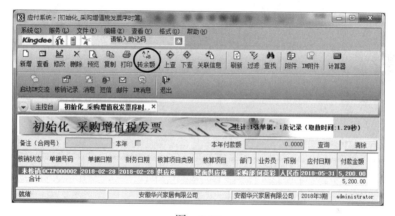

图 8-39

④转余额查询。

为了确保应付账款余额是否转入总账,可进入总账系统进行查询。查询方法是:在 K/3 主界面,双击"系统设置→初始化→总账→科目初始数据录入",打开科目初始余额录入界面。查看"2202—应付账款"科目期初余额是否与刚才录入的采购增值税发票价税合计金额相同,如图 8-41 所示。转余额是为了能够将往来科目的数据传递到总账系统,以避免因重新输入而产生错误。

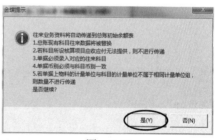

图 8-40

⑤结束初始化。

初始化设置是系统启用前的必经步骤,当应付账款管理系统的所有初始数据录入完毕,且经核对后正确无误,就应该结束初始化,启用系统。

双击"财务会计→应付款管理→初始化→结束初始化",系统弹出初始化检查的提示。点击"是",系统开始初始化检查。检查完毕后,系统提示"初始化检查通过"。点击"确定"后系统又弹出初始化对账的提示,点击"是",打开初始化对账界面。在科目代码单元格内输入"2202—应付账款",并勾选表体下方的"显示核算项目明细",其他保持默认设置,然后点击"确定",如图 8-42 所示,系统弹出当前会计期间应收账款明细和"是否完成初始化"提示,如图 8-43 所示。核对正确无误后,点击"是",系统提示"系统成功启用",点击"确定"完成设置。

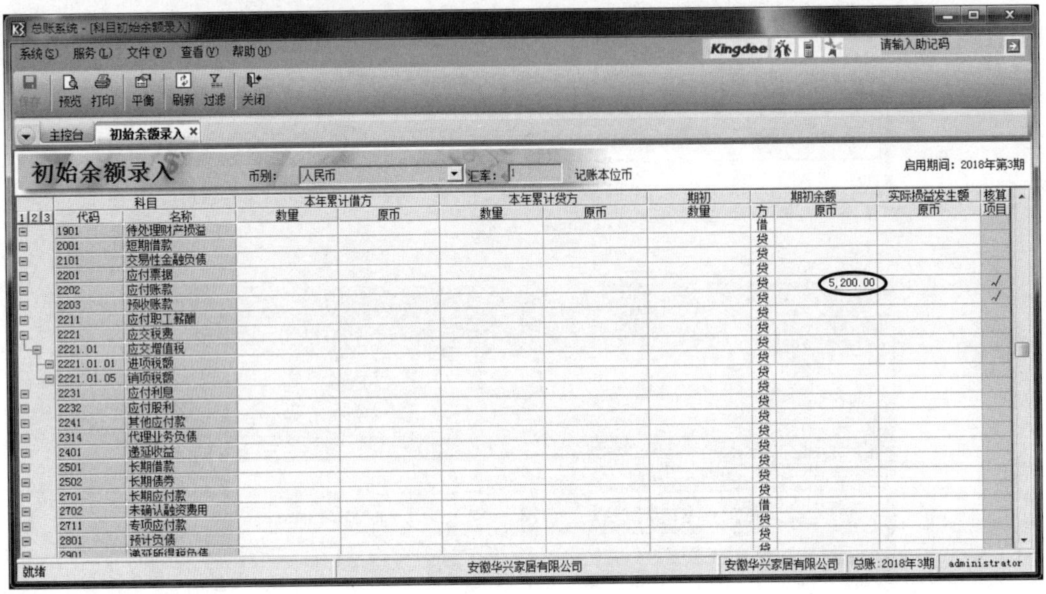

图 8-41

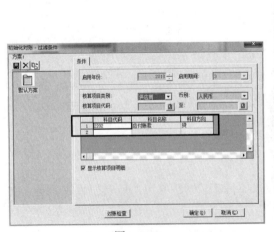

图 8-42

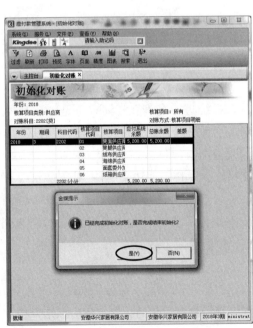

图 8-43

若需要对应付款管理系统进行修改,则要进行反初始化操作。双击"财务会计→应付款管理→初始化→反初始化",然后按照向导操作即可。

### (7) 总账初始化设置

①本位币科目初始余额录入。

在 K/3 主界面，双击"系统设置→初始化→总账→科目初始数据录入"，打开会计科目初始余额录入界面。在表体上方，币别选择人民币（通常默认为本位币），如图 8-44 所示。

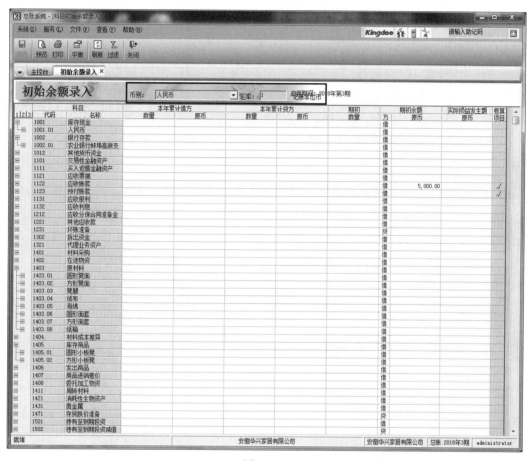

图 8-44

根据表 2-22 的内容，直接点击科目所在行的期初余额原币列的单元格，输入相应的金额，然后按回车键即可。如输入"1001.01—人民币"的期初余额，只需将鼠标在表体第二行的期初余额原币列所在的单元格内点击后输入 8005.6，然后按回车键，就可看到"1001—库存现金"所在行的期初余额原币列所在单元格的内容也变成了 8005.6，具体如图 8-45 所示。这也就是说，当存在二级科目的情况下，一级科目自动汇总二级科目金额。需要说明的是，表中只有白色单元格可以输入数据，凡是标有颜色的单元格都不能输入数据。

按照相同的方法，录入表 2-22 中其他科目的期初余额。录入完成后，点击工具栏上的"保存"按钮保存数据，最后得到的科目初始余额如图 8-46 所示。

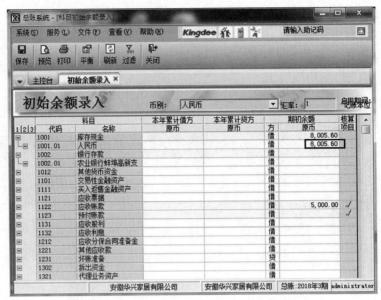

图 8-45

图 8-46

在实验 3 中，按照表 2-9 的内容，设置了往来科目，并对"1122—应收账款""1123—预付账款""2202—应付账款"和"2203—预收账款"增加了核算项目，因而这些科目称为核算科目。在总账科目初始余额录入表中，核算科目后面都有一个√标识，具体可查看图 8-41 中的核算项目。这类科目的初始余额可从应收应付管理系统中通过"转余额"功能转过来，也可在初始余额表中录入。需要说明的是，核算项目初始余额录入方法与其他科目初始余额录入方法稍有不同。以"1123—预付账款"为例，首先点击核算科目标识符，即"1123—预付账款"科目行核算项目列中的√，如图 8-46 所示，系统弹出"1123—预付账款"初始余额录入界面。供应商选择"绒布供应商"，期初余额原币输入 2 245，录入完毕后点击"保存"按钮，具体如图 8-47 所示。

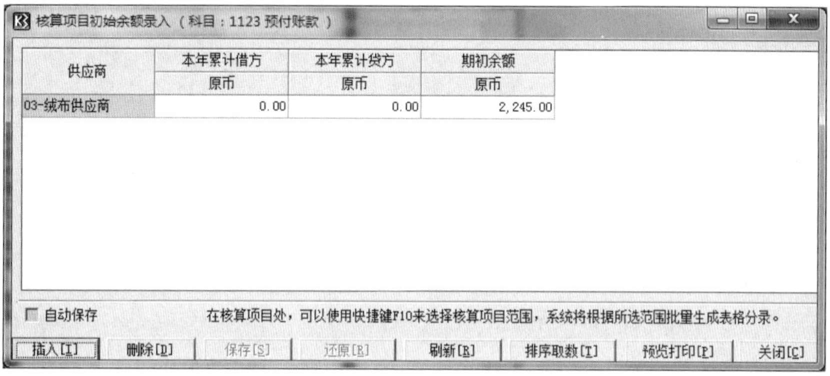

图 8-47

如需要删除"1123—预付账款"初始余额，同样点击"1123—预付账款"科目行核算项目列中的√，系统弹出"1123—预付账款"初始余额录入界面，删除供应商名称即可。

②外币科目初始数据录入。

外币科目是指设置有外币核算功能的会计科目，如在实验 3 中设置的"1001.02—美元"和"1002.02—人民银行蚌埠高新支行"两个科目，外币科目初始余额录入与本位币科目初始余额录入也存在一定的差异。

在科目初始余额录入界面表体的上方，币别选择"美元"，系统自动过滤有美元核算功能的会计科目显示在表体中，如图 8-48 所示。

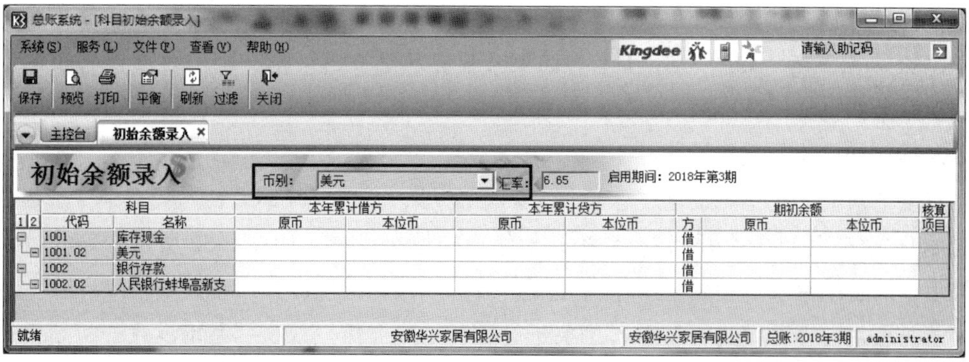

图 8-48

根据表 2-23 的内容，在"1002.02—人民银行蚌埠高新支行"科目期初余额原币单元格内输入 10 000，然后按回车键，系统会根据汇率自动计算本位币金额，具体如图 8-49 所示。

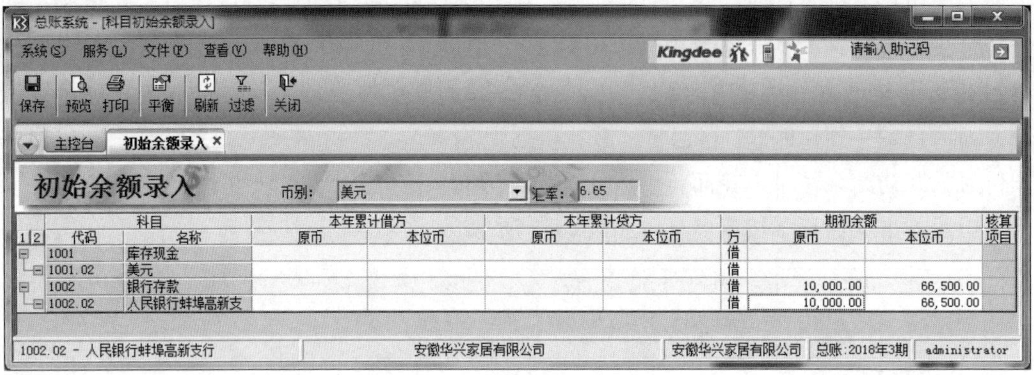

图　8-49

录入完成后，点击工具栏上的"保存"按钮保存数据。

③试算平衡。

我国自 1993 年 7 月 1 日起，所有企业统一采用借贷记账法。借贷记账法是指以"借"和"贷"为记账符号的一种复式记账方法。借贷记账法是建立在"资产＝负债＋所有者权益"会计等式的基础上，以"有借必有贷，借贷必相等"作为记账规则，反映会计要素的增减变动情况的一种复式记账方法。试算平衡是指根据借贷记账法的记账规则和资产与权益（即资产＝负债＋所有者权益）的恒等关系，通过对所有账户的发生额和余额的汇总计算和比较，来检查账户记录是否正确的一种方法。

试算平衡有发生额试算平衡法和余额试算平衡法两种。发生额试算平衡法是根据本期所有账户借方发生额合计与贷方发生额合计之间的恒等关系，检验本期发生额记录是否正确的方法；余额试算平衡法是根据本期所有账户的借方余额合计等于贷方余额合计的恒等关系，检验本期账户记录是否正确的方法。根据余额时间不同，又分为期初余额平衡和期末余额平衡两类。本实验主要计算期初余额平衡。

在科目初始余额录入界面表体的上方，币别选择"综合本位币"，然后点击工具栏上的"平衡"按钮，如图 8-50 所示，系统打开试算借贷平衡界面。在界面的底部，系统会提示是否计算平衡，如图 8-51 所示。如果系统提示试算不平衡，则需要检查修改各个科目的初始余额直至试算平衡。

④结束初始化与反初始化。

双击"系统设置→初始化→总账→结束初始化"，系统打开结束初始化选项。选择"结束初始化"，然后点击"开始"，系统开始结束初始化设置，如图 8-52 所示。完成后，系统提示"成功结束余额初始化工作"，点击"确定"结束初始化，如图 8-53 所示。

若需要对总账系统进行修改，则要进行反初始化操作。双击"系统设置→初始化→总账→反初始化"，然后按照向导操作即可。

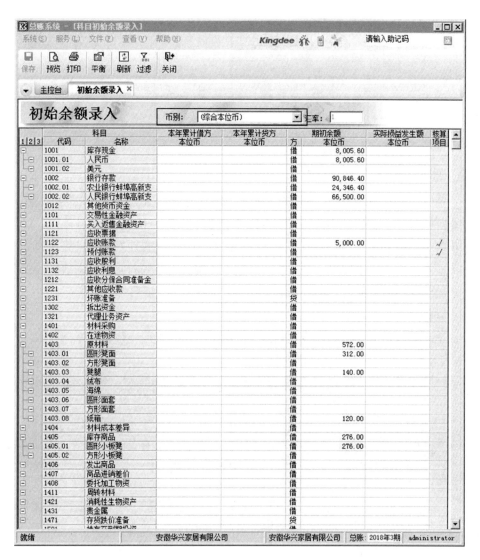

图 8-50

图 8-51

图 8-52

图 8-53

### (8) 期末结账

企业通常以一个自然月为一个会计期间，当日期已至月末或下月月初，且当前会计期间业务全部处理完毕，经过审核和过账后，必须结束当前会计期间的业务操作，将本期余额转入下一期，以利于按照经济业务开展情况进行下一期的会计处理和核算，这个过程叫期末结账。在金蝶 K/3 系统里，结账总体可分为总账系统结账和业务系统结账，顺序是先从业务系统结账开始，如人力资源系统、应收应付系统等，最后再结总账。

①查询并确认单据日期。⊖

a. 以李宏昌身份登录账套，然后双击"供应链→仓存管理→验收入库→外购入库单维护"，查询外购入库单据时间，如图 8-54 所示。

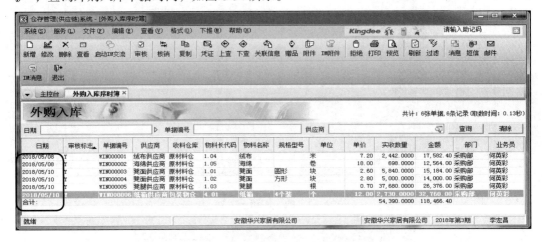

图 8-54

b. 双击"供应链→仓存管理→验收入库→委外加工入库维护"，查询委外加工入库单据时间，如图 8-55 所示。

由于查询的两类单据显示日期都在 5 月份，故本案例需通过结账将账期调整到第 5 期⊖。

②存货核算系统结账。

a. 以"钱多多"的身份登录账套，具体如图 8-56 所示。

---

⊖ 这个步骤完全是为了适应教学需要，在企业实践中，并不需要查询单据日期，只要按照业务实际发生情况进行处理即可。

⊖ 需要说明的是，由于两类单据都在 5 月份，但教学日期不一定在 5 月，请将计算机日期改成 2018-05-31。

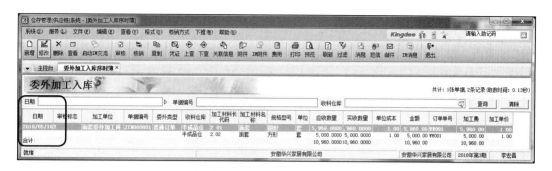

图 8-55

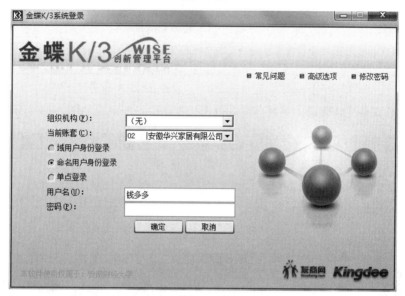

图 8-56

b. 双击"供应链→存货核算→期末处理→期末结账",弹出"期末结账"窗口如图 8-57 所示,第 3 期"结账状态"显示"否",选中第 3 期,点击"下一步"。弹出提示"是否确定结账",点击"确定",如图 8-58 所示。

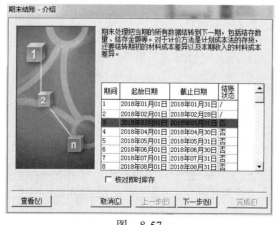

图 8-57

图 8-58

b. 系统会自动进行结账，如图 8-59 所示，随后弹出"期末结账完成"提示窗口，具体如图 8-60 所示，点击"完成"，结束结账。

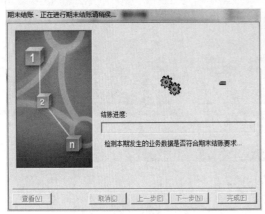
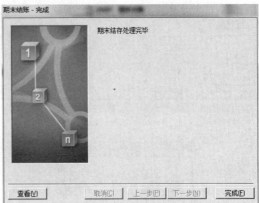

图　8-59　　　　　　　　　　　图　8-60

c. 存货核算系统结账后，系统会自动退出，重新进行登录，如图 8-61 所示。

图　8-61

如果要修改已结账期间的单据，可以通过"反结账"实现，该功能位于"供应链→存货核算→反结账处理→反结账"。

③应收款管理结账。

a. 同样以"钱多多"的身份登录账套，双击"财务会计→应收款管理→期末处理→结账"，系统提示结账前是否需要查看期末检查结果，如图 8-62 所示。

b. 点击"是"（可以点击"否"，不进行对账检查），系统弹出"应收系统对账检查"对话框，如图 8-63 所示。默认所有选项，点击"确定"，系统弹出提示如图 8-64 所示，点击"是"。

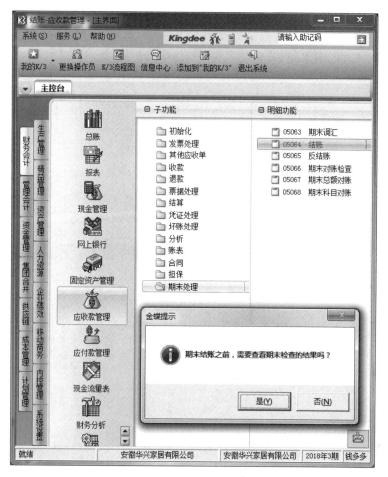

图 8-62

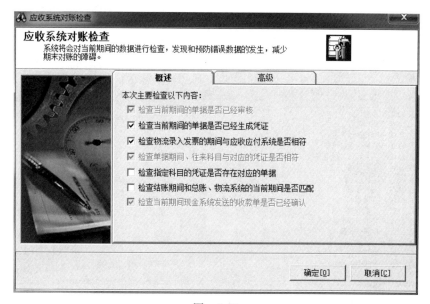

图 8-63

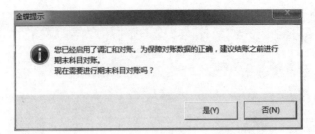

图 8-64

c. 在"受控科目对账 – 过滤条件"窗口（如图 8-65 所示），科目代码获取"1122"，如图 8-66 所示，点击"确定"，返回之前的界面。选中"显示核算项目明细"（如图 8-67 所示），点击"确定"，进入"期末科目对账"窗口（如图 8-68 所示）。

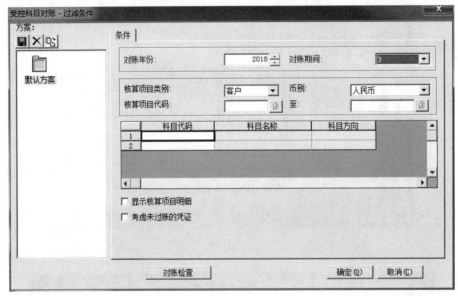

图 8-65

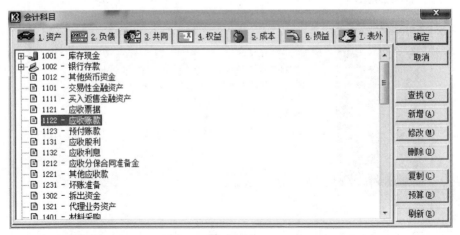

图 8-66

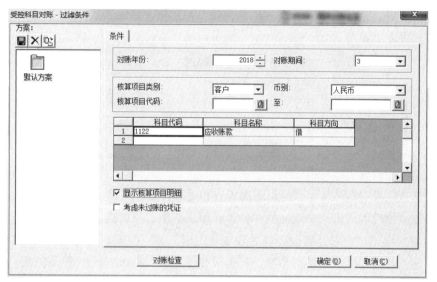

图 8-67

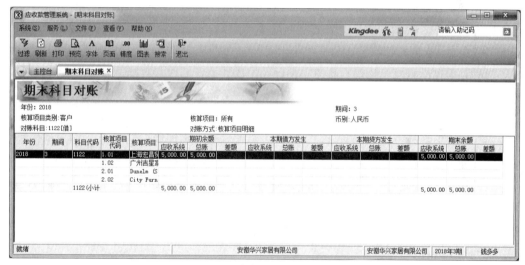

图 8-68

d. 数据检查完,再次双击"财务会计→应收款管理→期末处理→结账",弹出检查提示窗口时(如图8-69所示),点击"否",系统弹出对账提示时(如图8-70所示),点击"否"。

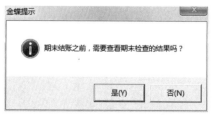     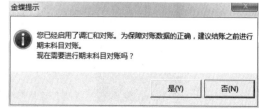

图 8-69            图 8-70

e. 进入"期末处理"窗口(如图8-71所示)。选择"结账",点击"继续",若本期所有单据处理正确,系统将弹出"期末结账完毕"对话框(如图 8-72 所示),点击"确定",结账结束,进入第 4 期。

图 8-71

图 8-72

由于第 3 期没有业务发生,可以不用检查和对账,参照步骤 d 和 e 操作即可。

如果需要修改以前已结账期间的单据,必须反结账、反审核后,才能修改。如果设置系统参数时选中了"期末处理前凭证处理应该完成"和"期末处理前单据必须全部审核"选项,结账前必须保证本期所有单据已经生成凭证并且所有单据已经全部审核,否则弹出不予结账的提示。

④应付款管理结账。

应付款管理系统结账和应收款管理系统结账类似,同样以"钱多多"身份登录账套,双击"财务会计→应付款管理→期末处理→结账",参照应收款管理系统结账步骤进行操作。

当所有单据已审核、核销,相关单据已经生成凭证,同时与总账等系统已核对,可以进行应付款管理系统期末结账,结账完毕进入下一会计期间。

⑤总账结账。

本期所有业务处理完毕后,可以进行期末总账结账。本期期末结账后,系统才能进入下一期间处理业务。总账结账的前提是,同一会计期间的所有业务系统都已结账完毕。

以"钱多多"身份登录账套,双击"财务会计→总账→结账→期末结账",弹出"期末结账"窗口,如图 8-73 所示,选中"结账",勾选"结账时检查凭证号断号",则凭证有断号时会弹出提示是否结账。点击"开始",弹出提示对话框,点击"确定",进行结账,如图 8-74 所示。

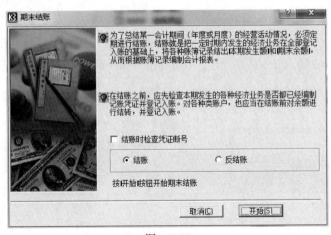
图 8-73

图 8-74

反结账,在"期末结账"(如图 8-73 所示)中选中"反结账",点击"开始"即可。

⑥第 4 期期末结账。

结账后,工资、存货核算、应收应付和总账系统都进入了第 4 期。由于两类业务单据日期均在 5 月份,故需将业务系统和总账系统账期调到第 5 期。所以,仍要按照前面②、③、④、⑤的步骤进行第 4 期期末结账处理,进入第 5 期。

# 实验 10

# 采购业务财务处理实验

## 1. 实验目的及要求

①通过本实验让学生掌握采购与付款业务的财务流程及处理方法。

②掌握其会计处理内容,即采购发票处理、外购入库成本核算、采购业务凭证生成和付款业务处理。

## 2. 实验内容

①采购发票处理。

②外购入库成本核算。

③采购业务凭证生成。

④付款业务处理。

## 3. 实验情境

① 2018 年 5 月 8 日收到绒布供应商开的增值税发票。参照"WIN-000001"号外购入库单生成采购专用发票,并审核、钩稽采购发票。

② 2018 年 5 月 8 日收到海绵供应商开的增值税发票。参照"WIN-000002"日外购入库单生成采购专用发票,并审核、钩稽采购发票。

③ 2018 年 5 月 10 日收到凳面供应商开的增值税发票 2 张(圆形和方形)。参照"WIN000003""WIN000004"号外购入库单生成采购专用发票,并审核、钩稽采购发票。

④ 2018 年 5 月 10 日收到凳腿供应商开的增值税发票。同时参照"WIN000005"号外购入库单生成采购专用发票,并审核、钩稽采购发票。

⑤ 2018 年 5 月 10 日收到纸箱供应商开的增值税发票。同时参照"WIN000006"号外购入库单生成采购专用发票，并审核、钩稽采购发票。

⑥对外购材料进行入库成本核算。

⑦根据采购发票生成采购凭证。

⑧ 2018 年 5 月 10 日实付凳面供应商 15 000 元整。录入付款单，并审核付款单。

⑨根据付款单生成付款凭证。

### 4. 实验步骤

**（1）采购发票的录入和审核**

①修改计算机系统的日期为 2018 年 5 月 31 日，以"钱多多"身份登录账套，双击"供应链→采购管理→采购发票→采购发票—新增"，进入"购货发票（专用）"录入窗口，如图 8-75 所示。

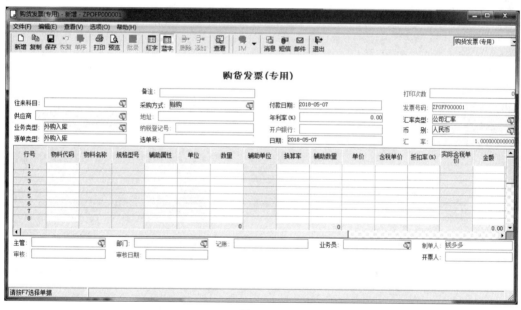

图 8-75

②发票类型选择"购货发票（专用）"，源单类型选择"外购入库"，将光标放置在"选单号"处，点击"查看"按钮或按 F7 功能键，弹出"外购入库序时簿"窗口，如图 8-76 所示。

③选中"WIN000001"号外购入库单，点击任务栏中的"返回"按钮，系统将根据外购入库单信息自动填充到发票中，将采购发票的日期改为与外购入库单据相同的日期（2018-05-08），其他保持默认，如图 8-77 所示。

④点击"保存"按钮，保存当前发票。然后点击关闭，退出采购发票新增界面。

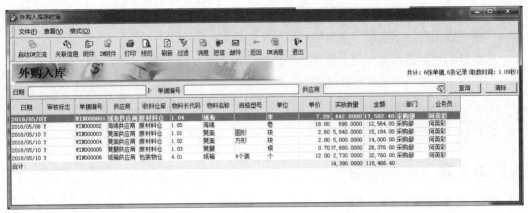

图 8-76

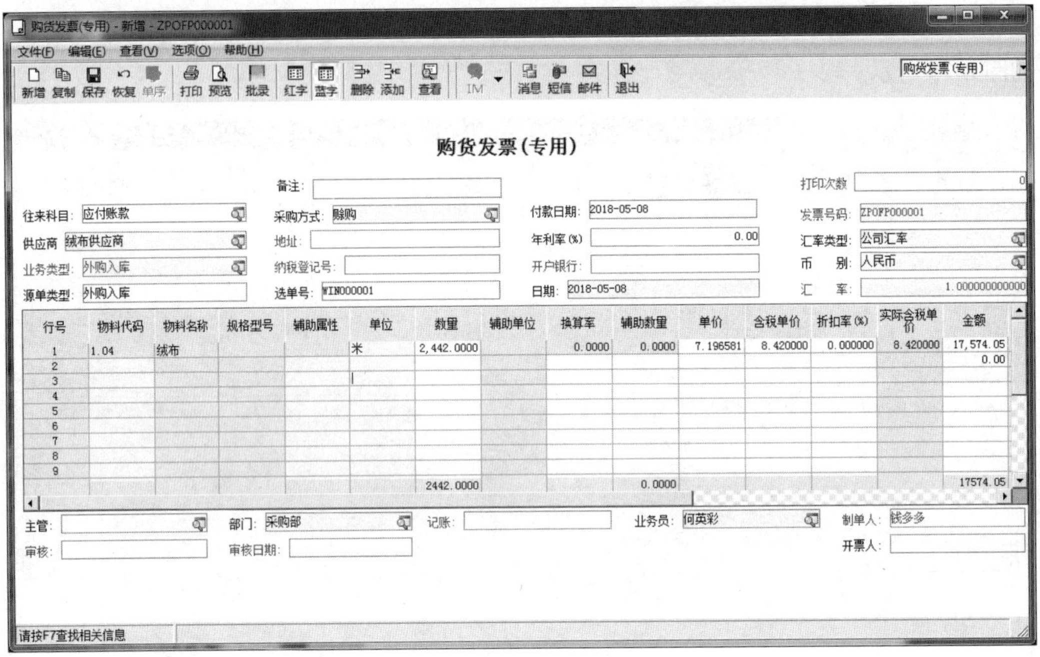

图 8-77

⑤若要查询新增的采购发票,可双击"供应链→采购管理→采购发票→采购发票—维护",系统弹出过滤窗口,将事务类型选择"购货发票(专用)",时间、审核标志、作废标志、钩稽状态、红蓝标志和记账标志都选择"全部",如图 8-78 所示,点击"确定"按钮,打开采购发票序时簿,便可看到新增的发票信息。

⑥双击新增采购发票,核对发票信息是否有误。确认无误后,点击任务栏上的"审核"按钮审核当前发票,审核成功的发票如图 8-79 所示。

⑦重复步骤①～⑥,新增"WIN000002""WIN000003""WIN000004""WIN000005"和"WIN000006"号外购入库单采购发票,并进行审核。完成后,采购发票序时簿界面如图 8-80 所示。

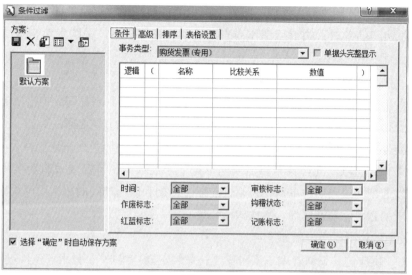

图 8-78

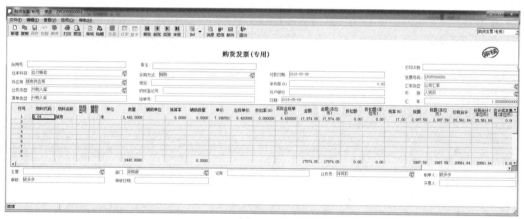

图 8-79

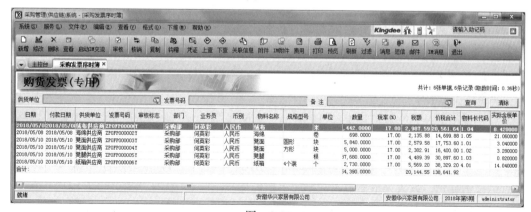

图 8-80

（2）采购发票与外购入库钩稽和查看

采购发票钩稽是采购发票和费用发票与入库单确认的标志，是核算入库成本的依据。

只有钩稽后的发票才能进行入库成本核算、根据凭证模板生成记账凭证等操作，无论是本期还是以前期间的发票，钩稽后都作为当期发票来核算成本。采购发票钩稽的前提条件如下：

- 两者供应商相同。
- 两者单据状态必须是已审核且尚未完全钩稽（即钩稽状态是部分钩稽或未钩稽）。
- 对受托入库采购方式的单据进行钩稽时，两者的采购方式必须一致。
- 对委外加工类型的入库单进行钩稽时，两者的业务类型必须一致。
- 如果系统选项"允许钩稽以后期间单据"未被选中，单据或采购发票两者都必须是以前期间或当期的单据，否则，前期、当期和以后期间的单据均可钩稽。
- 两者的物料、辅助属性、本次钩稽数量必须一致。

采购发票的钩稽操作步骤如下：

①双击"供应链→采购管理→采购发票→采购发票 – 维护"，弹出"条件过滤"窗口。事务类型选择"购货发票（专用）"，钩稽状态选择"全部"，时间选择"全部"，其他保持默认条件，点击"确定"按钮，进入"采购发票序时簿"窗口，如图 8-81 所示。

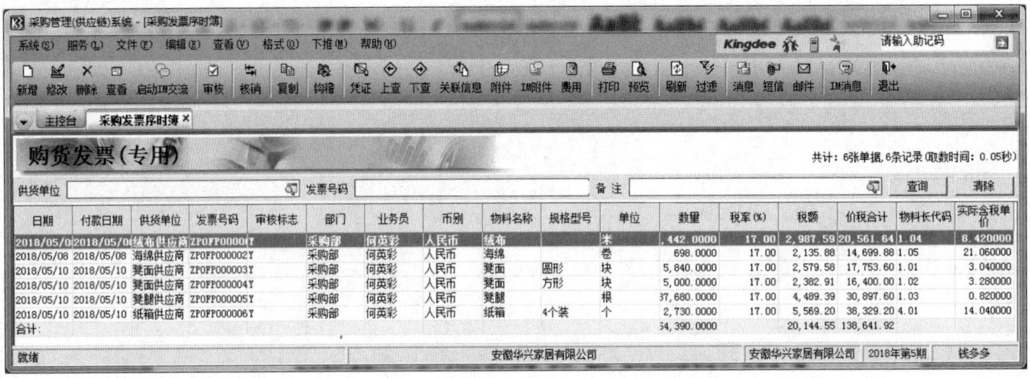

图 8-81

在该序时簿窗口可以进行采购发票的新增、修改、删除、审核和钩稽等操作；在菜单"编辑"下可以进行相应的反操作，如反审核和反钩稽等。

②选择"ZPOFP000001"采购发票，点击"钩稽"按钮，进入"采购发票钩稽"窗口，如图 8-82 所示。

需要说明的是，在该窗口上部可以进行"采购发票"与"采购费用发票"窗口的切换。由于窗口中显示的项目较多，若用户不需要看到某些信息时，可以点击菜单"文件→显示隐藏列"下的相关单据，系统会弹出设置，如图 8-83 所示。在对应项目的"显示/隐藏"下打钩表示显示，设置完成后点击"确定"按钮即可。

③选中发票信息中的"绒布供应商"记录，再选择外购入库单信息窗口的"绒布供应商"记录，点击工具栏上的"钩稽"按钮，稍后系统弹出钩稽成功提示，并将钩稽成功的单据隐藏。当发票上的数量与入库单上的数量不一致时，可以修改相应窗口中的"本次钩稽数量"后再进行钩稽。

图 8-82

④重复步骤②和③，对其他的采购发票进行钩稽。

⑤若需查看采购发票与外购入库钩稽情况，可双击"供应链→采购管理→采购发票→采购发票-钩稽日志"，弹出过滤窗口，窗体下方选项全部选择"全部"，点击确定后打开钩稽日志，可看到所有单据钩稽期数全部为5，如图8-84所示。

图8-84显示钩稽日期在第5期，说明单据应该在第5个会计期间进行处理。如果当前账期在第3期或第4期，进行存货核算时，有些发票无法显示，所以必须得把账期调整到第5期，即结账到第5期，这就是前面要调整账期到第5期的原因。

图 8-83

### （3）外购入库成本核算

外购入库核算是核算材料外购入库的实际成本，包括购买价和采购费用两部分。购买价由与外购入库单相钩稽的发票决定，采购费用由用户录入后，可按数量、按金额手工先分配到发票上每一条物料的金额栏，再通过核算功能，将买价与采购费用之和根据钩稽关系分配到对应的入库单上，作为外购入库的实际成本。

外购入库成本的核算处理方法操作步骤如下：

①双击"供应链→存货核算→入库核算→外购入库核算"，弹出条件过滤窗口，点击"确定"按钮，进入"外购入库核算"窗口，如图8-85所示。

②点击"核算"按钮，开始核算入库，如图8-86所示。

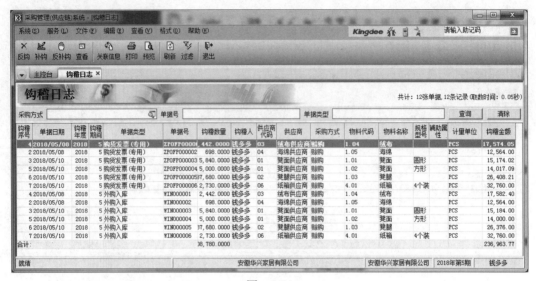

图 8-84

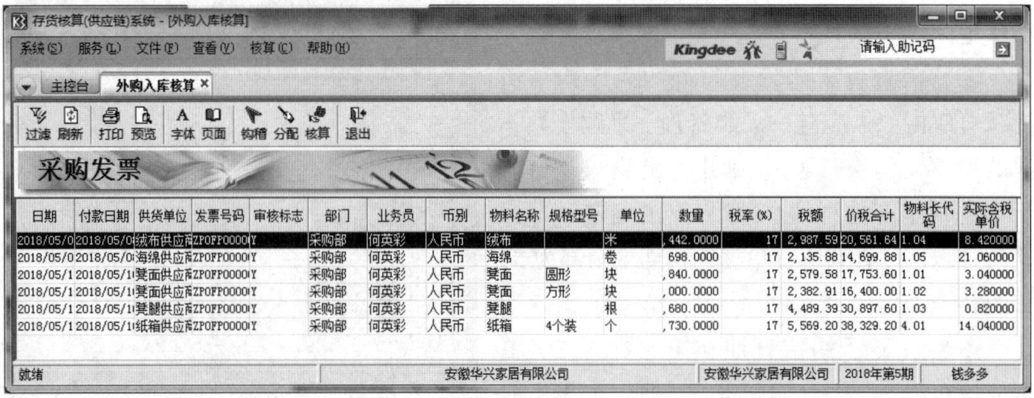

图 8-85

稍后系统弹出核算成功提示窗口,表示核算成功,如图8-87所示。

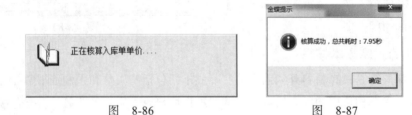

图 8-86    图 8-87

③查看核算后的入库成本。退出"外购入库核算"窗口,双击"供应链→仓存管理→验收入库→外购入库单–维护",如果采购发票单价发生了变化,此时入库单的单价也会发生变化。即当外购入库单与采购发票进行钩稽后,当"外购入库核算"时,"外购入库单"中的"单价"会自动返写为正确的入库成本单价。本例未发生变化。具体如图8-88所示。

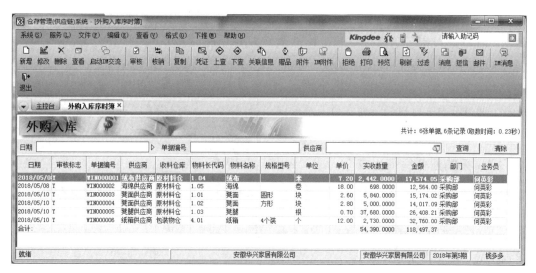

图 8-88

通常财务人员进行"外购入库成本核算"后想知道系统计算的数据是否正确。可以双击"供应链→存货核算→入库核算→采购成本明细表",系统弹出"过滤"窗口,在过滤窗口中可以设置要查询明细情况的会计期间、物料范围和供应商范围等条件。在此保持默认条件,点击"确定"按钮,进入"采购成本明细表"窗口,如图 8-89 所示。在"采购成本明细表"中可以确切地知道时间、单号、物料、数量和成本。

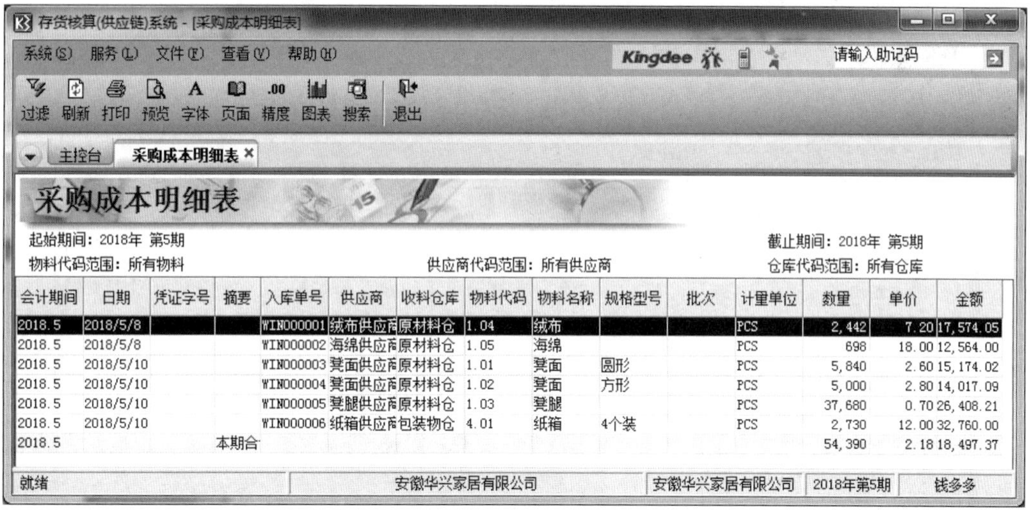

图 8-89

当查询到某张单据不正确,想返回修改"采购发票"再进行入库成本核算时,操作流程大致如下:采购发票反钩稽→采购发票反审核→修改采购发票→保存修改后的发票→审核→(再)钩稽→外购入库成本核算。

反钩稽和反审核功能都位于"采购发票序时簿"下的"编辑"菜单中。

也可以查询某一会计期间的采购成本汇总情况。双击"供应链→存货核算→入库核算→

采购成本汇总表",系统弹出"过滤"窗口,在过滤窗口,可以选择"汇总依据"条件,包括会计期间范围、物料范围和供应商范围。在此保持默认条件,点击"确定"按钮,进入"采购成本汇总表"窗口,如图 8-90 所示。通过汇总表可以确切地知道汇总依据下采购成本情况。

**(4)采购业务凭证生成**

"供应链单据"生成凭证是 ERP 系统的一大特点,能起到数据共享作用,并且财务人员从"凭证"可以联查到该凭证由什么源单据生成、源单据又是由什么行为而产生,从而在财务核算和公司管理上达到有据可查的目的。

图 8-90

供应链单据生成凭证前,需要设置对应的"凭证模板",这样在实际生成凭证时,系统将引用该模板,从而可以轻松快速地完成工作。通常所有供应链单据都需要生成凭证,但实际业务处理中,可以只选择有需要的单据生成凭证。

采购专用发票生成凭证处理方法步骤如下:

①新增"采购发票"生成凭证模板。以"钱多多"身份登录账套,双击"供应链→存货核算→凭证管理→凭证模板",进入"凭证模板设置"窗口,如图 8-91 所示。

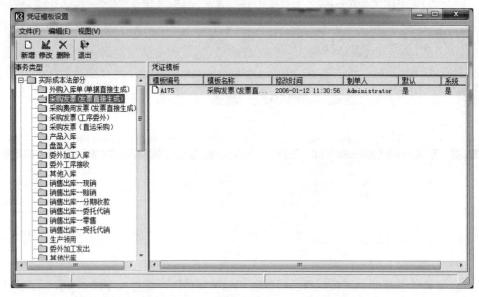

图 8-91

在"凭证模板设置"窗口可以进行凭证模板的修改、删除和新增等操作。

选择"采购发票(发票直接生成)"项目,点击"新增"按钮,进入"凭证模板"窗口,如图 8-92 所示。

图 8-92

模板编号录入"CG001",模板名称录入"采购发票凭证",凭证字选择"记",如图 8-93 所示。

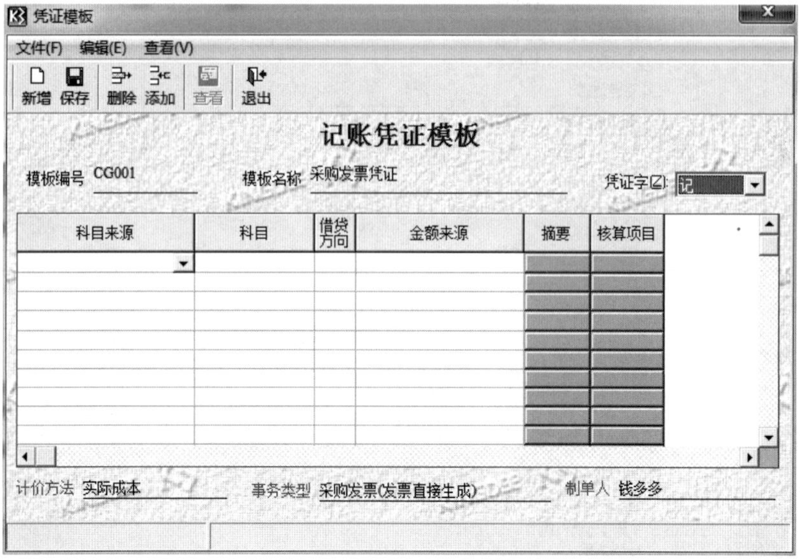

图 8-93

点击第 1 行"科目来源"项,在弹出的列表中选择"单据上物料的存货科目",借贷方向选择"借",金额来源选择"采购发票不含税金额",如图 8-94 所示。

点击"摘要"按钮,弹出"摘要定义"窗口,在"摘要公式"中录入"采购原材料",如图 8-95 所示。

点击"确定"按钮返回"凭证模板"窗口。第 2 行的科目来源选择"凭证模板",将光标放置在"科目"处,再点击"查看"按钮,弹出"会计科目"窗口,如图 8-96 所示。

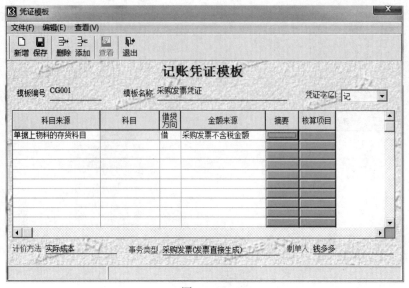

图 8-94

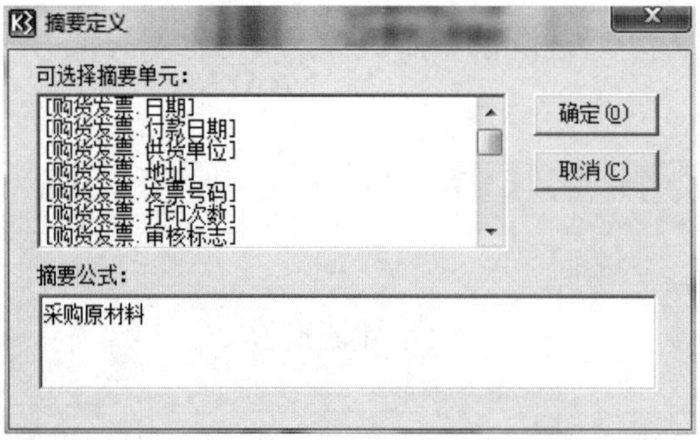

图 8-95

图 8-96

会计科目选择"2221.01.01—进项税额",点击"确定"按钮返回"凭证模板"窗口;借贷方向选择"借",金额来源选择"采购发票税额",如图8-97所示。

图 8-97

第3行科目来源选择"单据上的往来科目",金额来源选择"采购发票价税合计",然后单击"核算项目"按钮,弹出"核算项目取数"窗口,再单击选择008—供应商"对应单据上项目"中的"供货单位",如图8-98所示。

图 8-98

设置完成后,点击"确定"按钮返回"凭证模板"窗口,单击"保存"按钮保存当前模板,单击"退出"按钮返回"凭证模板设置"窗口。选中"CG001"号凭证模板,单击菜单"编辑→设为默认模板"。新增设置成功的凭证模板如图8-99所示。

②生成凭证。双击"供应链→存货核算→凭证管理→生成凭证",进入"生成凭证"窗口,选中左侧"采购发票(发票直接生成)",再点击工具栏上的"重设"按钮,系统弹出"条件过滤"窗口,如图8-100所示。

③保持默认条件,点击"确定"按钮,显示满足条件的单据,选中"ZPOFP000001"采

购发票,保持"按单生成凭证",如图 8-101 所示。

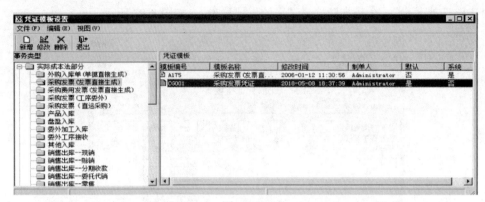

图 8-99

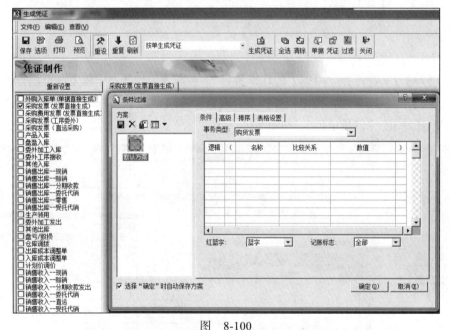

图 8-100

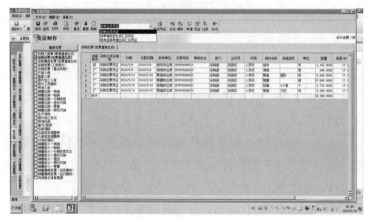

图 8-101

④点击"生成凭证"按钮，系统开始自动处理，稍后弹出提示窗口，如图 8-102 所示。

⑤点击"确定"完成凭证生成工作。再次选中 ZPOFP000001 采购发票（如图 8-103 所示），点击"凭证"按钮，弹出生成的凭证窗口，如图 8-104 所示，修改时间为 2018 年 5 月 8 日。

图 8-102

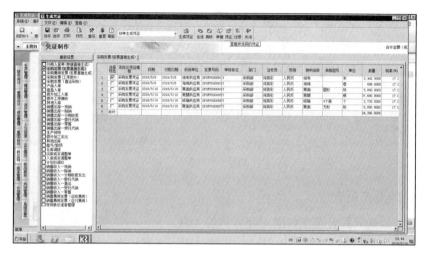

图 8-103

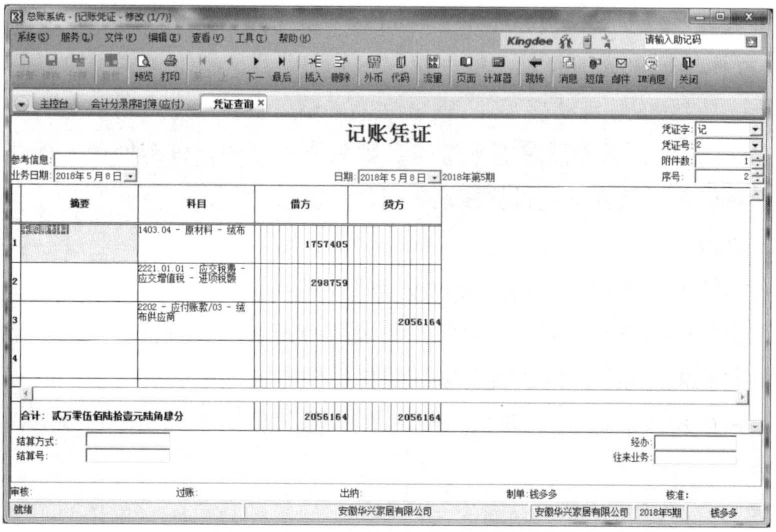

图 8-104

⑥退出凭证窗口，同时选中 ZPOFP000002、ZPOFP000003、ZPOFP000004、ZPOFP000005、ZPOFP0000046 号采购发票，点击"生成凭证"按钮；稍后系统弹出生成凭证成功提示，点击"确定"按钮结束生成凭证。

⑦凭证查询。双击"供应链→存货核算→凭证管理→凭证查询"，就可以看到刚刚生成 6 张凭证，具体如图 8-105 所示。

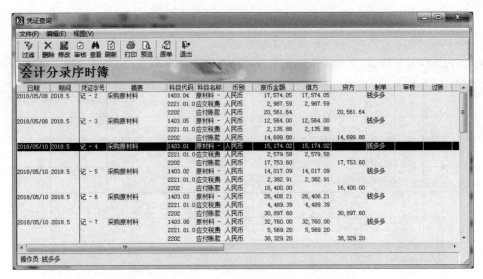

图 8-105

**（5）付款业务处理**

付款单是处理从我公司支付供应商货款的凭据，录入付款单既是为了保存原始单据，也是系统为了与"应付款余额"进行减法处理的核销单据，同时是生成"付款类"凭证的原始单据。

付款单的处理流程如下：付款单录入→付款单审核→付款单与应付款核销。当录入的"付款单"由参照单据生成，并且"核销控制（系统设置→系统设置→应付款管理→系统参数）"选项选中"审核后自动核销"，则付款单审核后会自动与应付款进行核销处理。若"付款单"是手工录入，无参照单据来源时，则只能手工进行核销处理，该功能位于"财务会计→应付款管理→结算→应付款核销—付款结算"。

① 应付款查询。

企业在付款之前，通常先查询"应付款余额"情况，以做出正确的付款决策。财务人员可以通过"应付款明细表"和"应付款汇总表"查询到供应商的应付款情况。

查询"应付款汇总表"。以"钱多多"身份登录本实例账套，选择"财务会计→应付款管理→账表→应付款汇总表"，双击"应付款汇总表"，系统弹出"过滤条件"窗口，如图 8-106 所示。

在"过滤"窗口可以设置要查询的会计期间、核算项目范围、包括的单据情况，并可以设置高级条件和汇总方式。保持默认条件，点击"确定"按钮，进入"应付款汇总表"窗口，如图 8-107 所示。

若查询某供应商的"应付款明细表"，双击该供应商记录，或点击"明细"按钮，系统自动进入该供应商的应付款明细表窗口。如选中"凳面供应商"并双击，进入"应付款明细表"窗口，如图 8-108 所示。也可以使用"财务会计→应付款管理→账表→应付款明细表"功能。

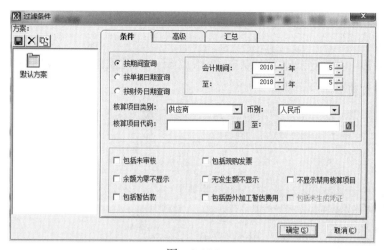

图 8-106

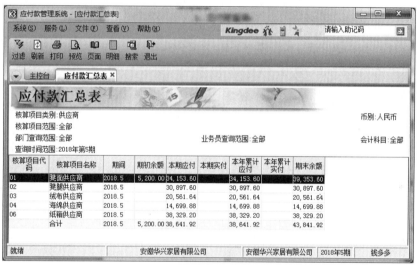

图 8-107

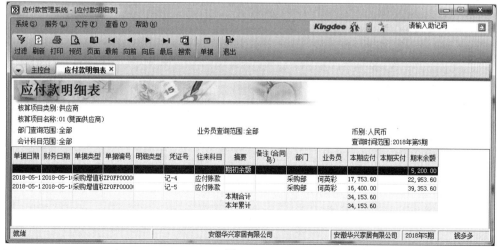

图 8-108

点击最前、向前、向后、最后按钮可以切换到不同供应商的应付款明细表。

②付款单录入。

以"钱多多"身份登录账套，双击"财务会计→应付款管理→付款→付款单—新增"，进入"付款单"新增窗口，如图8-109所示。

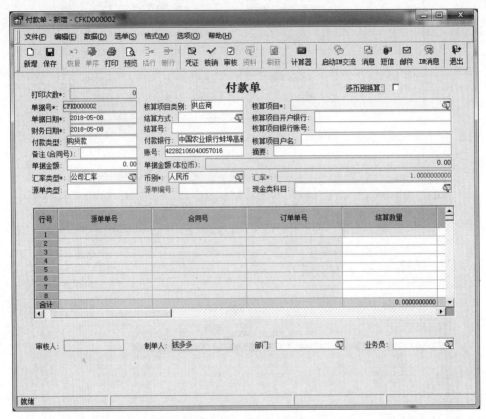

图 8-109

点击"核算项目"右侧的"模糊查询"按钮，弹出供应商下拉列表，如图8-110所示。

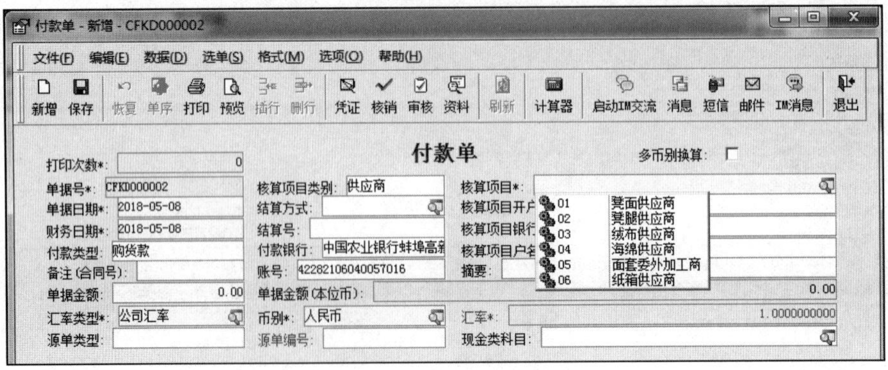

图 8-110

核算项目选择"01凳面供应商"，点击"源单类型"选择"采购发票"，将光标放置在"源单编号"处，按 F7 功能键，进入"采购发票"序时簿窗口，如图 8-111 所示。此时弹出的"采购发票序时簿"中只有"凳面供应商"的发票。

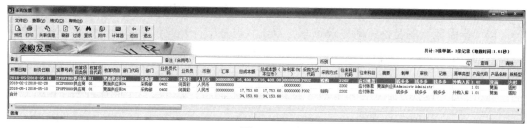

图 8-111

选中系统中 ZPOFP000004 和 OCZP000002 采购发票，点击"返回"按钮，系统自动返回"付款单"窗口，并将参照的"采购发票"信息引用，如图 8-112 所示。

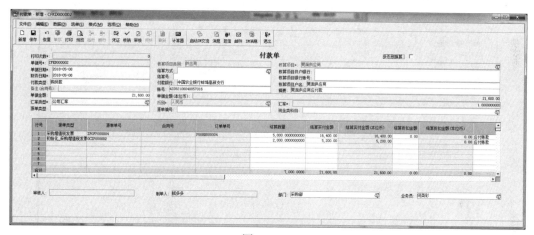

图 8-112

期初采购发票 OCZP000002 全部付清，"结算实付金额"为 5 200 元，ZPOFP000004 "结算实付金额"改为 9 800，修改日期改为 2018-5-10，如图 8-113 所示。点击"保存"按钮，保存当前付款单。

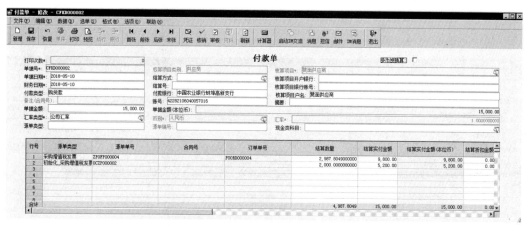

图 8-113

③付款单审核。

付款单必须经审核后才能进行核销。本账套中的"应付款参数"设置了"审核人与制单人不为同一人"的控制，所以需要更换操作员后才能进行审核。

以"崔财景"的身份重新登录账套，双击"财务会计→应付款管理→付款→付款单–维护"，弹出"过滤"窗口，选择事务类型为"付款单"，点击"确定"，进入"付款单序时簿"窗口。

选中"CFKD000002"号付款单，点击"审核"按钮，在"审核人"处显示"崔财景"，表示审核成功，如图8-114所示。如果有很多单据，可以按"编辑"选择"成批审核"。

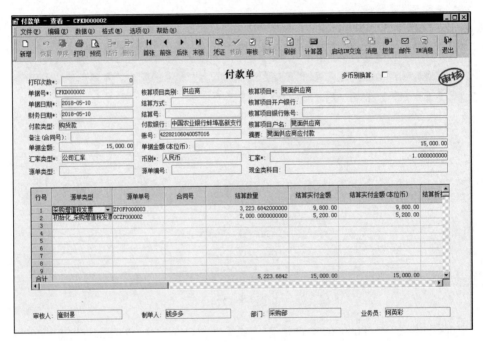

图 8-114

此时"状态"列已由"未核销"更改为"完全核销"，表示"应付款系统参数"中的"审核后自动核销"已经起作用，如图8-115所示。点击工具栏上的"核销记录"按钮，进入"核销日志"窗口，如图8-116所示。

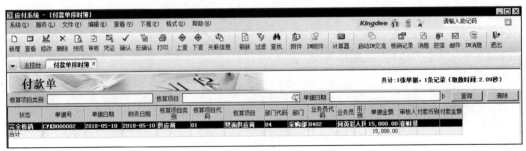

图 8-115

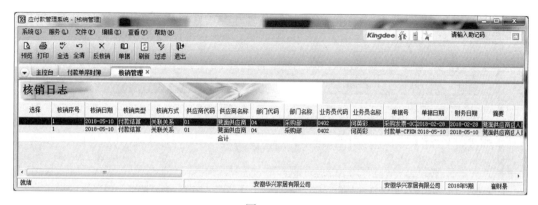

图 8-116

通过"核销日志",可以确切地查看到付款单是付哪一种发票的金额、付的是多少款。

付款单录入完成并审校和核销后,读者再自行查看一下"应付款汇总表"和"应付款明细表"下"01—凳面供应商"的数据有何变化。通过"财务会计→应付款管理→账表"查询到的"应付款汇总表"如图 8-117 所示。

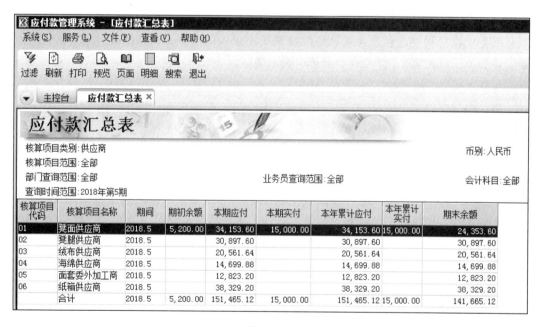

图 8-117

请注意"本期实付"数据变化。双击"01—凳面供应商"的应付款汇总记录,进入该供应商的"应付款明细表",如图 8-118 所示。

在应付明细表中,请注意各单据"本期实付"列的信息。

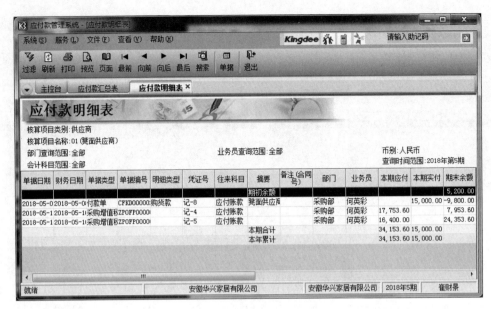

图 8-118

**（6）付款单生成凭证**

财务单据是指在应付款系统和应收款系统中录入的单据，如其他应付单、其他应收单、收款单、付款单等。本章主要处理付款单凭证。

付款单凭证，格式如下：

借：应付账款

   贷：银行存款

付款单生成凭证的操作步骤如下：

①以"钱多多"身份登录账套，选择"财务会计→应付款管理→凭证处理→凭证→生成"，如图 8-119 所示。进入"凭证处理"窗口后，单击"单据类型"选项，可以切换到不同的单据序时簿窗口，选择"付款"按钮，系统将显示满足条件的"付款单"，如图 8-120 所示。

②当系统有多个"凭证字"时，点击"凭证字"按钮可以选择当前生成凭证要使用的"凭证字"。系统默认"借方科目"为"单据上的往来科目"，贷方科目设置后，系统将引用该科目。将光标放置在"贷方科目"处按 F7 功能键，弹出"会计科目"档案窗口，选择"1002.01—农业银行蚌埠高新支行"科目，如图 8-121 所示。

注：若"贷方科目"不用预设，则在生成的凭证中手工补充"贷方科目"即可。

③点击"确定"按钮，返回"凭证处理"窗口；选中"CFKD000002"号付款单，点击"按单"按钮，稍后系统进入"记账凭证"窗口，如图 8-122 所示。

④点击"保存"按钮，保存当前凭证。点击"关闭"按钮，返回"凭证处理"窗口，系统将已经生成凭证的付款单隐藏。请读者自行选中 CFKD000003、CFKD000004 号付款单以"按单"方式生成凭证。

第 8 章 财务会计 223

图 8-119

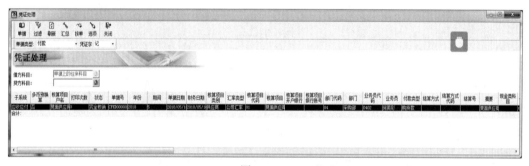

图 8-120

图 8-121

图 8-122

⑤若要查询刚才所生成的凭证，可以双击"财务会计→应付款管理→凭证处理→凭证-维护"，系统弹出过滤条件窗口，选择全部，点击"确定"按钮，进入"会计分录序时簿（应付）"窗口，如图 8-123 所示。

在该序时簿窗口中，可以进行凭证的修改、审核和删除等操作。

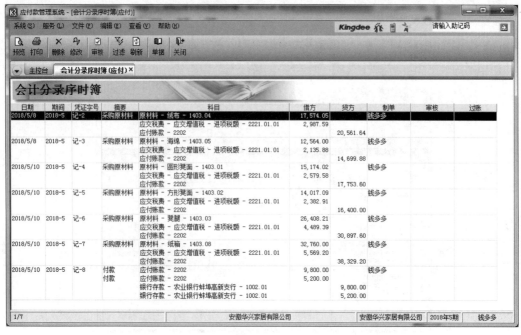

图 8-123

# 委外业务财务处理实验

## 1. 实验目的及要求

①通过本实验让学生掌握委外业务的财务流程及处理方法。

②掌握其会计处理内容,即委外发票处理、委外加工入库核销、材料出库成本核算、委外加工入库成本核算、委外发料单凭证生成和委外加工入库凭证生成。

## 2. 实验内容

①委外发票处理。

②委外加工入库核销。

③材料出库成本核算。

④委外加工入库成本核算。

⑤委外发料单凭证生成。

⑥委外加工入库凭证生成。

## 3. 实验情境

① 2018 年 5 月 10 日收到面套委外加工商家开具的发票,新增"采购普通发票",并审核、钩稽委外发票。

②对"委外加工入库单"和"委外加工出库单"进行核销。

③对委外加工出库材料进行成本核算。

④对委外加工入库材料进行成本核算。

⑤ 2018 年 5 月 8 日根据委外加工出库单生成凭证,并审核凭证。

⑥ 2018 年 5 月 10 日根据委外加工入库单生成凭证,并审核凭证。

## 4. 实验步骤

### （1）委外发票处理

①以"钱多多"的身份登录账套。双击"供应链→采购管理→采购发票→采购发票 - 新增",进入"购货发票"录入窗口,右上角选择"购货发票(普通)",如图 8-124 所示。

图 8-124

②"业务类型"选择"订单委外",如图 8-125 所示。

图 8-125

③"原单类型"选择"委外加工入库单",将光标放置在"选单号"处,点击"查看"按钮或按 F7 功能键,进入"委外加工入库序时簿"窗口,如图 8-126 所示。选中相应的委外加工入库单,按"返回"。

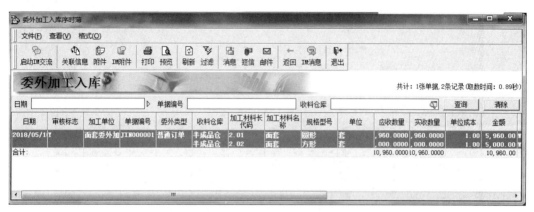

图 8-126

④进入"购货发票(普通)"录入窗口,系统将委外加工入库单的信息引用,在"单价"处录入"1.17",日期改为 2018 年 5 月 10 日,"付款日期"默认不变,保存。部门获取"采购部",业务员获取"何英彩",其他项目保持不变,点击"保存"按钮保存当前发票,如图 8-127 所示。

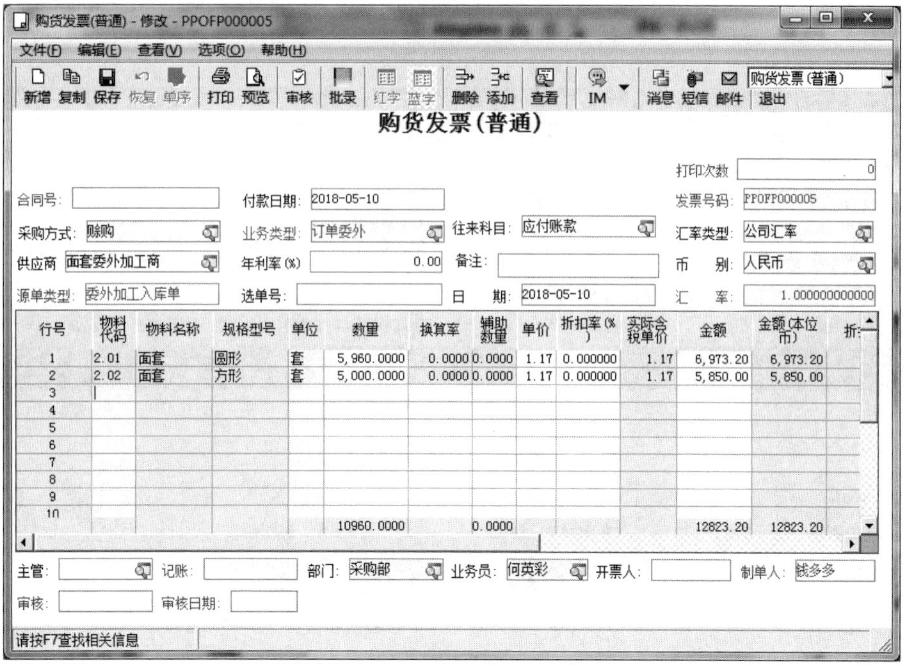

图 8-127

⑤点击"审核"按钮审核发票,如图 8-128 所示。
⑥点击"钩稽"按钮钩稽发票,如图 8-129 所示。

228　ERP 原理与实训

图 8-128

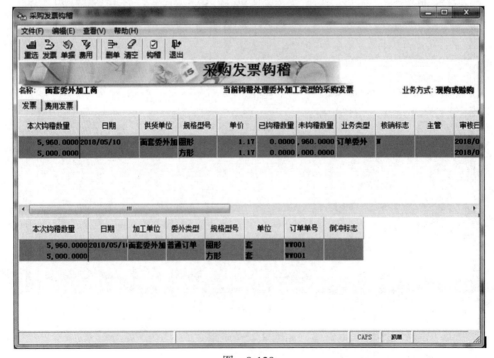

图 8-129

⑦再按"钩稽"按钮,稍后弹出"钩稽成功"窗口,点击"确定"按钮,系统将钩稽成功的记录隐藏。

读者也可在"采购发票–维护"里进行发票钩稽。双击"供应链→采购管理→采购发票→采购发票–维护",系统弹出"条件过滤"窗口时,"事务类型"选择"购货发票(普通)",其他默认,点击"确定"按钮进入"采购发票序时簿"窗口,选中相应的发票进行钩稽。

**(2)委外加工入库核销**

①以"钱多多"身份登录账套。双击"供应链→存货核算→入库核算→委外加工入库核算",弹出"条件过滤"窗口,如图 8-130 所示。

图 8-130

②保持默认条件,点击"确定"进入"委外加工入库核算"窗口,如图 8-131 所示。

③选中要进行核销的委外加工入库单。选中"JIN000001"号委外加工入库单,点击"核销"按钮,弹出"过滤"窗口,如图 8-132 所示。

④保持默认条件,点击"确定",进入"委外加工核销"窗口,在"委外加工出库单"即窗口下部,选中前两条圆形面套的出库单记录,将向右移动,在"本次核销数量"处分别录入 1 192、298,如图 8-133 所示。本次核销数量绒布和海绵分别录入 1 192、298,是

因为委外加工入库单的数量是 5 960，并且由前面的 BOM 单可知，圆形面套与绒布、海绵之间的用量关系是 1∶0.2∶0.05。在录入本次核销数量后，未核销数量处会自动减少。

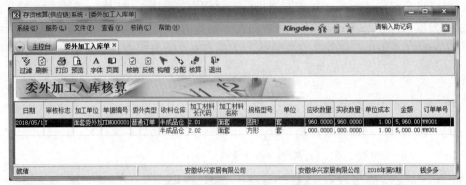

图 8-131

图 8-132

⑤点击工具栏上"核销"按钮，稍后系统弹出核销成功提示，如图 8-134 所示。
⑥用同样的方法进行方形面套的委外加工入库核销。

### （3）材料出库成本核算

材料出库成本核算主要是核算材料（物料属性为外购物料）的出库成本，一般在成本计算、委外加工入库核算、其他入库核算前必须进行材料出库核算。如果未先进行材料出库核算，而直接进行成本计算、委外加工入库核算、其他入库核算，可能会造成对应产品的成本不准确。材料出库成本核算的前提是本期的外购类物料已经进行过"入库成本核算"。

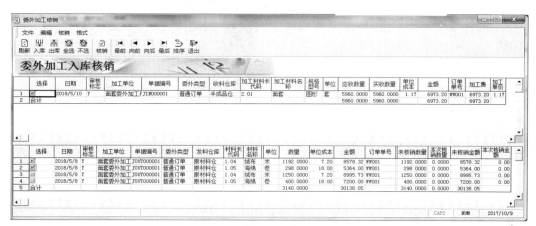

图 8-133

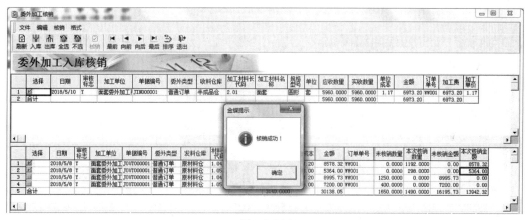

图 8-134

①以"钱多多"身份登录账套。双击"供应链→存货核算→出库核算→材料出库核算"，系统弹出"结转存货成本-介绍"窗口。点击"下一步"按钮，进入"第一步"窗口，如图8-135所示。

②结转的物料范围有4种选择，因为此处就2种物料，在此使用"结转指定物料"模式。点击"物料代码"右侧的"获取"按钮，弹出"物料"档案窗口，选择"1.04—绒布"，双击返回"第一步"窗口，如图8-136所示。

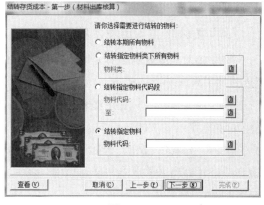

图 8-135

③点击"下一步"按钮,进入"第二步"窗口,如图 8-137 所示。

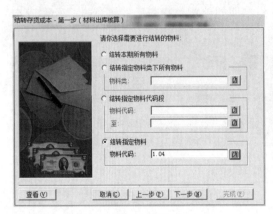
图 8-136

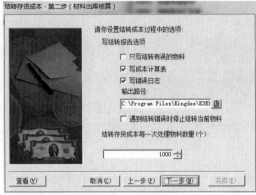
图 8-137

④点击"下一步"按钮,开始计算成本,如图 8-138 所示。

⑤稍后计算好成本后,自动进入"完成"窗口,如图 8-139 所示。点击"查看报告",可以查看计算过程。若点击"完成",结束出库成本核算。

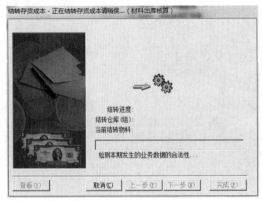
图 8-138

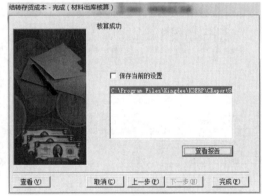
图 8-139

⑥重复前面的步骤,结转指定物料"1.05—海绵",再进行成本核算。

### (4) 委外加工入库成本核算

委外加工入库成本核算是将入库单对应的委外加工出料单成本和委外加工费用核算入"委外加工入库单"的成本。

以"钱多多"身份登录账套。双击"供应链→存货核算→入库核算→委外加工入库核算",系统弹出"过滤"窗口,点击"确定"按钮,进入委外加工入库核算窗口。点击工具栏上的"核算"按钮,开始计算成本,稍后弹出计算核算成功提示,点击"确定",系统自动将计算出来的成本写回窗口中。请注意,"单位成本"列中显示"3.51""4.41",如图 8-140 所示。

图 8-140

**（5）委外发料单凭证生成**

①新增"委外发料单"生成凭证模板。

a. 以"钱多多"身份登录账套，双击"供应链→存货核算→凭证管理→凭证模板"，进入"凭证模板"设置窗口；选择"委外加工发出"项目，如图 8-141 所示。

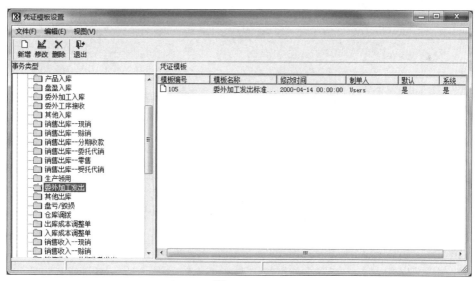

图 8-141

b. 点击"新增"按钮，进入"凭证模板"新增窗口，如图 8-142 所示。

c. 模板编号录入"WW001"，模板名称录入"委外发料凭证"，凭证字选择"记"；点击第 1 行的"科目来源"项，在弹出的列表中选择"凭证模板"，将光标放置在"科目"项，按 F7 功能键获取"1408—委托加工物资"科目，借贷方向选择"借"，金额来源选择"委外加工出库单实际出库成本"。点击"摘要"按钮，弹出"摘要定义"窗口，在"摘要公式"中录入"委外加工发料",点击"确定"返回"凭证模板"窗口;点击第 2 行的"科目来源",选择"单据上物料的存货科目",借贷方向选择"贷",金额来源选择"委外加工出库单实际成本",如图 8-143 所示。

图 8-142

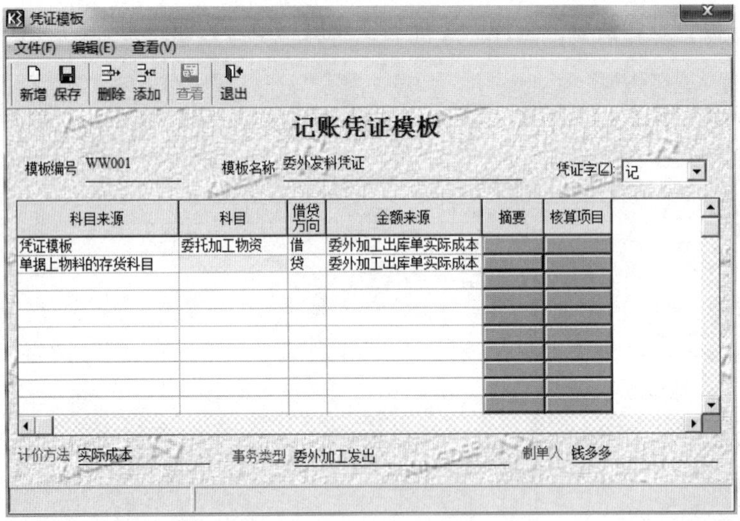

图 8-143

d.点击"保存"按钮,保存当前模板,点击"退出"按钮返回"凭证模板设置"窗口,选中"WW001"号凭证模板,点击菜单"编辑→设为默认模板"。

②生成凭证。

a.双击"供应链→存货核算→凭证管理→生成凭证",进入"生成凭证"窗口,选中左侧"委外加工发出",如图 8-144 所示。

b.再点击工具栏上的"重设"按钮,弹出"条件过滤"窗口,保持默认条件,点击"确定"按钮。系统显示满足条件的单据,选中"JOUT000001"委外加工发料单,如图 8-145

所示。点击"生成凭证"按钮，系统开始自动处理，稍后弹出提示窗口，点击"确定"按钮，完成凭证生成工作。

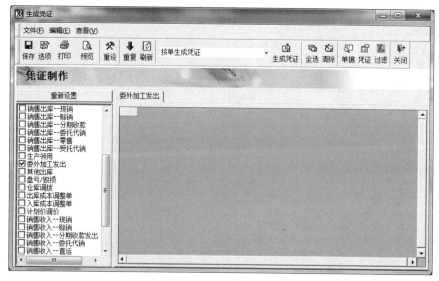

图 8-144

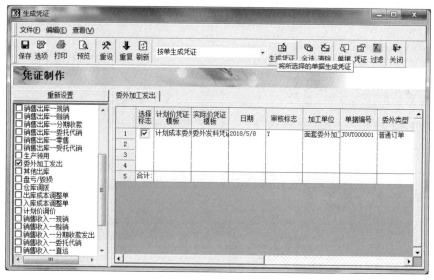

图 8-145

c. 再次选中"JOUT000001"委外加工发料单，点击"凭证"按钮，弹出生成的凭证窗口，如图 8-146 所示。

（6）委外加工入库凭证生成

①新增"委外加工入库"生成凭证模板。

a. 以"钱多多"身份登录账套。双击"供应链→存货核算→凭证管理→凭证模板"，进入"凭证模板设置"窗口；选择"委外加工入库"项目，如图 8-147 所示。

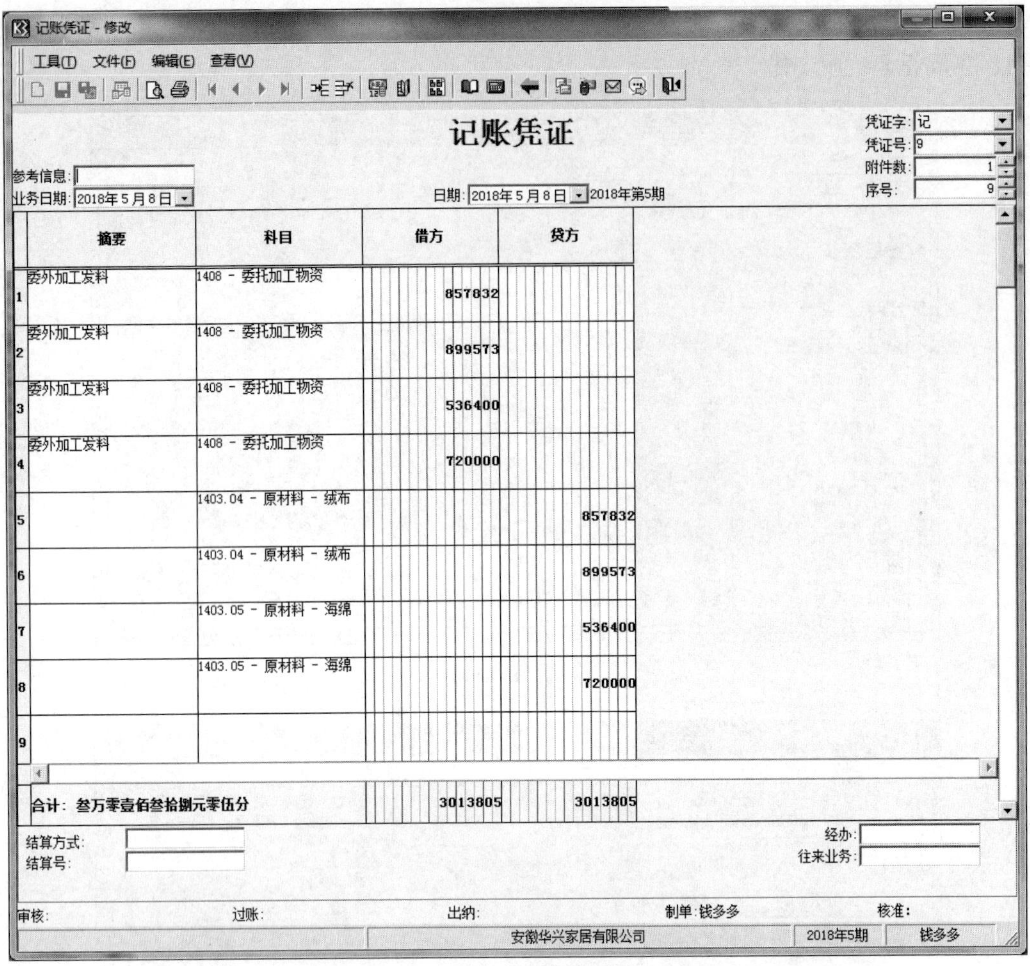

# 图 8-146

| | 摘要 | 科目 | 借方 | 贷方 |
|---|---|---|---|---|
| 1 | 委外加工发料 | 1408 - 委托加工物资 | 857832 | |
| 2 | 委外加工发料 | 1408 - 委托加工物资 | 899573 | |
| 3 | 委外加工发料 | 1408 - 委托加工物资 | 536400 | |
| 4 | 委外加工发料 | 1408 - 委托加工物资 | 720000 | |
| 5 | | 1403.04 - 原材料 - 绒布 | | 857832 |
| 6 | | 1403.04 - 原材料 - 绒布 | | 899573 |
| 7 | | 1403.05 - 原材料 - 海绵 | | 536400 |
| 8 | | 1403.05 - 原材料 - 海绵 | | 720000 |
| 9 | | | | |
| | 合计 叁万零壹佰叁拾捌元零伍分 | | 3013805 | 3013805 |

图 8-146

图 8-147

b. 点击"新增"按钮,进入"凭证模板"新增窗口,模板编号录入"WW002",模板名称录入"委外加工入库凭证",凭证字选择"记";点击第 1 行"科目来源"项,在弹出的列表中选择"单据上物料的存货科目"选项,借贷方向选择"借",金额来源选择"委外加工入库单实际成本"选项。点击"摘要"按钮,弹出"摘要定义"窗口;在"摘要公式"中录入"委外加工入库",点击"确定"按钮返回"凭证模板"窗口;第 2 行的科目来源选择"凭证模板",将光标放置在"科目"处,点击"查看"按钮,会计科目获取"1408—委托加工物资"科目,借贷方向选择"贷",金额来源选择"委外加工入库材料费",如图 8-148 所示。

图 8-148

c. 第 3 行科目来源选择"单据上的往来科目",金额来源选择"委外加工入库加工费(不含税)";点击"核算项目"按钮,弹出"核算项目取数"窗口,点击 008—供应商"对应单据上项目"中的"加工单位",如图 8-149 所示。点击"确定"按钮返回"凭证模板"窗口。

图 8-149

d. 点击"保存"按钮保存当前模板,点击"退出"按钮返回"凭证模板设置"窗口。选中"WW002"号凭证模板,点击菜单"编辑→设为默认模板"。

②生成凭证。

a. 双击"供应链→存货核算→凭证管理→生成凭证",进入"生成凭证"窗口;选中左侧"委外加工入库",如图 8-150 所示。

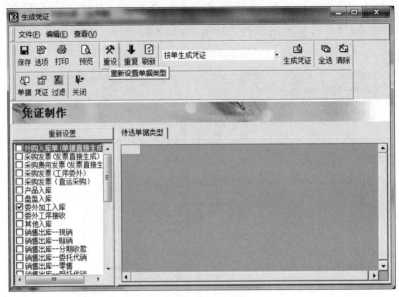

图 8-150

b. 点击工具栏上的"重设"按钮,弹出"过滤"窗口;保持默认条件,点击"确定"按钮,系统显示满足条件的单据,选中"JIN000001"委外加工入库单,如图 8-151 所示。

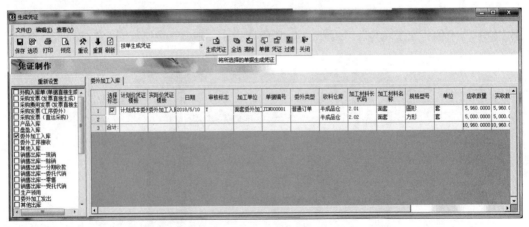

图 8-151

c. 点击"生成凭证"按钮,系统开始自动处理,稍后弹出提示窗口,点击"确定"按钮完成凭证生成工作。再次选中"JIN000001"委外加工入库单,点击"凭证"按钮,弹出生成的凭证窗口,如图 8-152 所示。

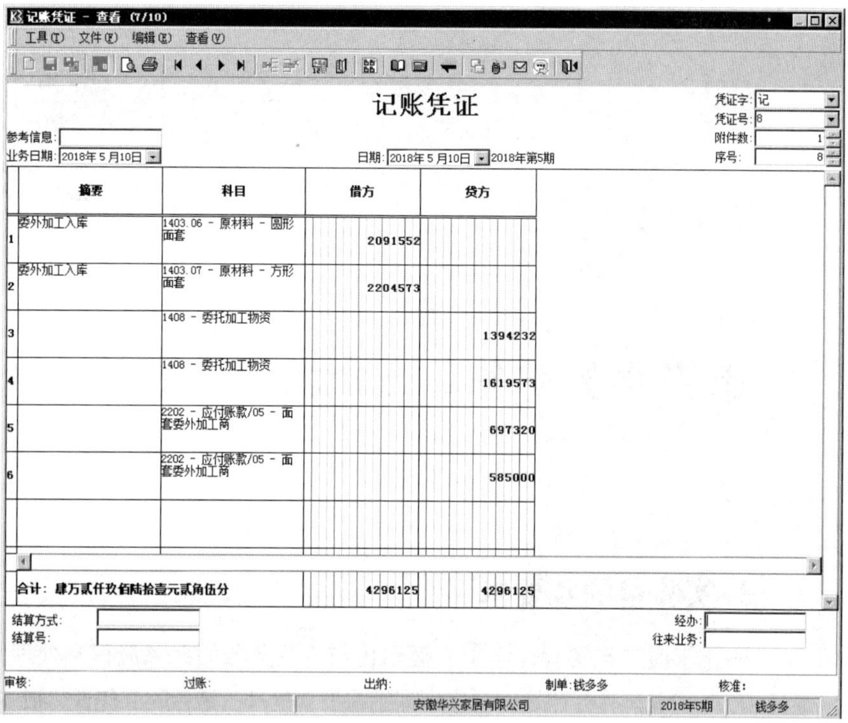

| | 摘要 | 科目 | 借方 | 贷方 |
|---|---|---|---|---|
| 1 | 委外加工入库 | 1403.06 - 原材料 - 圆形面套 | 2091552 | |
| 2 | 委外加工入库 | 1403.07 - 原材料 - 方形面套 | 2204573 | |
| 3 | | 1408 - 委托加工物资 | | 1394232 |
| 4 | | 1408 - 委托加工物资 | | 1619573 |
| 5 | | 2202 - 应付账款/05 - 面套委外加工商 | | 697320 |
| 6 | | 2202 - 应付账款/05 - 面套委外加工商 | | 585000 |
| 合计：肆万贰仟玖佰陆拾壹元贰角伍分 | | | 4296125 | 4296125 |

图 8-152

# 销售业务财务处理实验

## 1. 实验目的及要求

①通过本实验让学生掌握销售与收款业务的财务流程及处理方法。
②掌握其会计处理内容,即销售发票处理、销售收入凭证生成业务处理。

## 2. 实验内容

①销售发票处理。
②销售收入凭证生成。

## 3. 实验情境

① 2018 年 5 月 11 日,给上海宏昌贸易有限公司开出销售增值税发票。新增销售发票并审核该发票。
②将销售发票和销售出库单进行钩稽。
③ 2018 年 5 月 11 日,依据销售发票"ZSEFP000001"生成凭证。

## 4. 实验步骤

### (1) 销售发票处理

销售发票是进行应收账款处理的基本凭据,同时是销售管理系统和应收款管理系统进行数据传递的单据。

①销售发票生成与审核。

a. 修改计算机系统日期为 2018 年 5 月 31 日,以"钱多多"身份登录本实例账套。选择"供应链→销售管理→销售发票→销售发票 – 新增",进入"销售发票"录入窗口。

b. 选择"销售发票（专用）"，源单类型选择"销售出库"，将光标放置在"选单号"处，点击工具栏上"查看"按钮或按 F7 功能键，系统弹出"销售出库序时簿"，如图 8-153 所示。

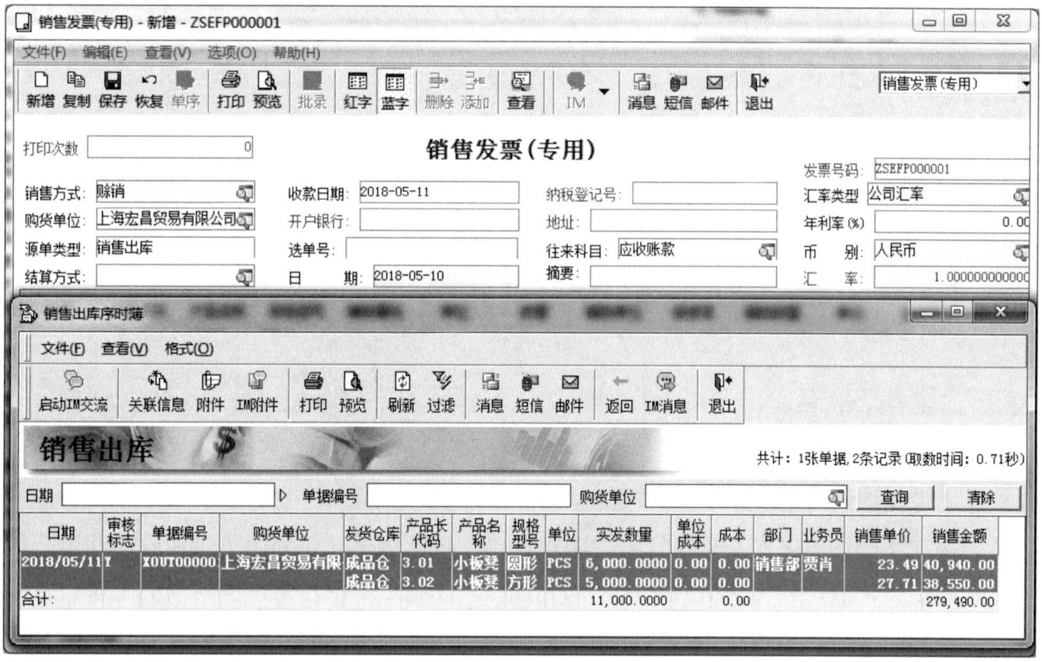

图 8-153

c. 选中"XOUT000001"号销售出库单，点击"返回"按钮，系统将自动把相关信息填充到销售发票中，日期改为 2018 年 5 月 11 日，收款时间改为 2018 年 5 月 31 日，如图 8-154 所示。

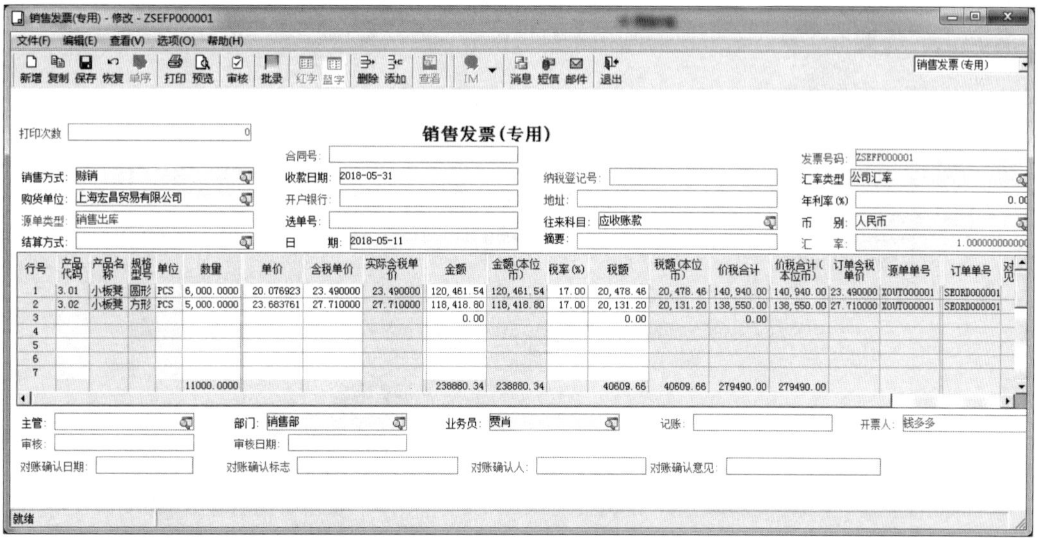

图 8-154

d. 点击"保存"并"审核"当前发票，如图 8-155 所示。

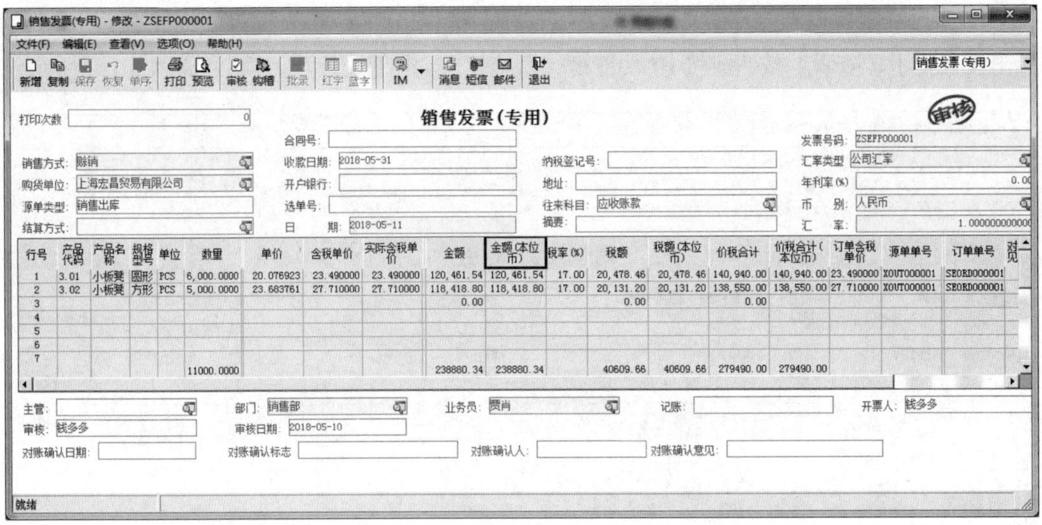

图 8-155

② 销售发票的钩稽。

销售发票的钩稽主要是指销售发票同销售出库单的钩稽。如果属于分期收款和委托代销方式的销售发票，只有钩稽后才能生成凭证，且无论是本期还是以前期间的发票，钩稽后都作为钩稽当期发票来计算收入；如果是属于现销和赊销发票，钩稽的主要作用就是进行收入和成本的匹配确认，对于记账没有影响。

在销售发票界面，点击工具栏"钩稽"按钮，如图 8-155 所示。弹出"销售发票钩稽"窗口，在该窗口上部可以进行"销售发票"与"销售费用发票"窗口的切换。选中发票信息窗口中的记录，再选择销售出库信息窗口的记录，点击工具栏上的"钩稽"按钮，稍后系统弹出钩稽成功提示，并将钩稽成功的单据隐藏，如图 8-156 所示。当发票上的数量与入库单上的数量不一致时，可以修改相应窗口中的"本次钩稽数量"后再进行钩稽。

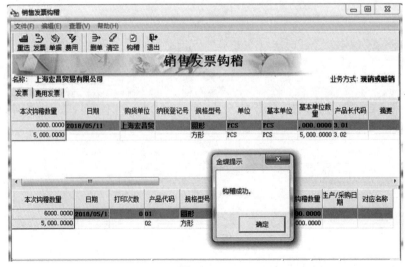

图 8-156

需要说明的是，通过"供应链→销售管理→销售发票→销售发票–维护"也可以进行销售发票钩稽。

**（2）销售收入凭证生成**

①新增凭证模板。

a. 以"钱多多"身份登录账套。双击"供应链→存货核算→凭证管理→凭证模板"，进入"凭证模板设置"窗口，选择"销售收入–赊销"项目，如图8-157所示。

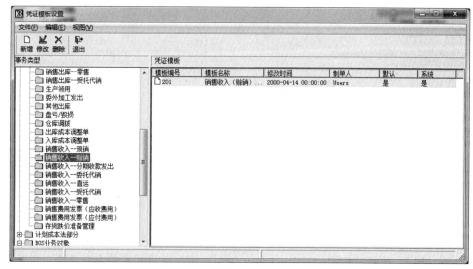

图 8-157

b. 点击"新增"按钮，进入"凭证模板"新增窗口；模板编号录入"XS001"，模板名称录入"销售发票凭证"，凭证字选择"记"，如图8-158所示。

图 8-158

c. 第1行"科目来源"项，选择"单据上的往来科目"，借贷方向选择"借"，金额来源选择"销售发票价税合计"；点击"摘要"按钮，在"摘要公式"中录入"销售收入"，如图 8-159 所示。

d. 点击"确定"按钮返回"凭证模板"窗口；点击"核算项目"按钮，弹出"核算项目取数"窗口，在"001—客户"对应单据上的项目中选择"购货单位"。点击"确定"按钮返回"凭证模板"窗口，如图 8-160 所示。

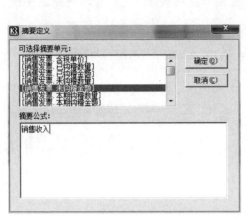

图 8-159

图 8-160

e. 第 2 行的科目来源选择"单据上物料的销售收入科目"，借贷方向选择"贷"，金额来源选择"销售发票不含税金额"。第 3 行的科目来源选择"凭证模板"，将光标放置在"科目"处，按 F7 功能键获取"2221.01.05—销项税额"科目，借贷方向选择"贷"，金额来源选择"销售发票税额"，点击"保存"按钮保存当前模板，如图 8-161 所示。

图 8-161

f. 选中"XS001"号凭证模板，点击菜单"编辑→设为默认模板"。

②生成凭证。

a. 双击"供应链→存货核算→凭证管理→生成凭证"，进入"生成凭证"窗口，选中左侧"销售收入—赊销"项目，点击工具栏上的"重设"按钮，如图 8-162 所示。

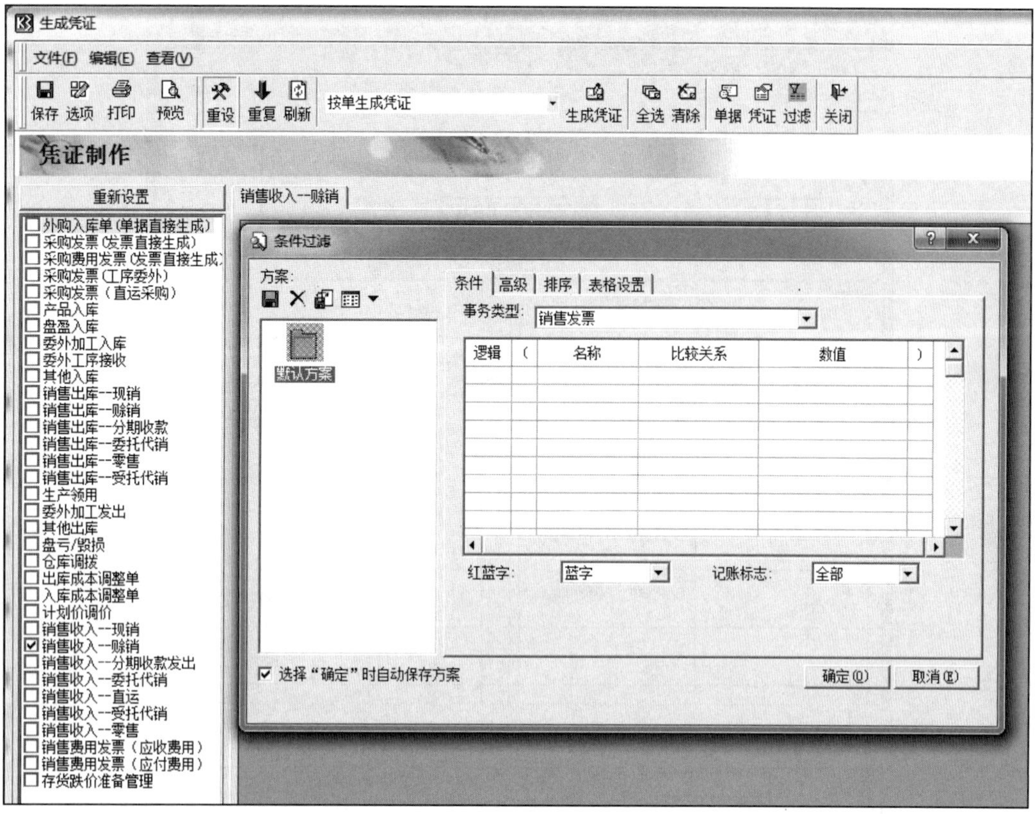

图 8-162

b. 系统弹出"过滤"窗口，保持默认条件，点击"确定"，弹出满足条件的单据，选中相应的销售发票，保持"按单生成凭证"，点击"生成凭证"按钮，系统开始自动处理，点击"确定"，完成凭证生成工作，如图 8-163 所示。

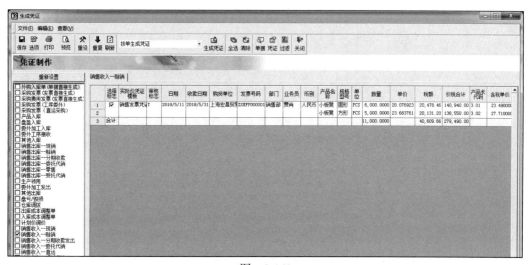

图 8-163

c. 点击工具栏上的"凭证"按钮,便可查看生成的凭证,如图 8-164 所示。

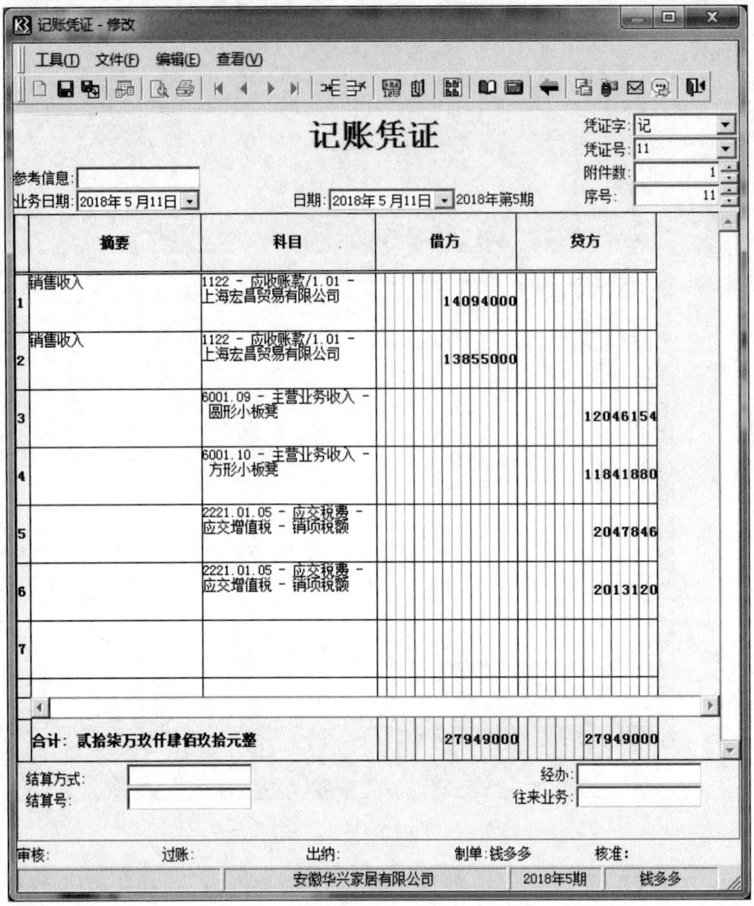

图 8-164

# 第 9 章 薪酬管理

## 9.1 薪酬管理概述

### 9.1.1 薪酬管理的含义

薪酬管理是指企业在经营战略和发展规划的指导下，综合分析内外部各种因素的影响后，确定自身的薪酬体系、薪酬水平、薪酬结构和薪酬形式，并进行薪酬调整和薪酬控制的整个过程。有效的薪酬管理有助于吸引和保留优秀的员工，实现对员工的激励，改善企业的绩效，塑造良好的企业文化。

### 9.1.2 薪酬管理的原则

**1. 合法性**

合法性是指企业的薪酬政策要符合国家法律和政策的有关规定。这是薪酬管理的最基本原则。

**2. 公平性**

公平性是进行薪酬管理应遵循的最重要的原则。它主要体现在以下三个方面。

（1）外部公平：同一行业或同一地区或同等规模的企业从事同样工作的员工的薪酬应相当。

（2）内部公平：同一个企业中不同职位的员工所获薪酬相对高低应以工作内容或所需技能为基础。

（3）员工公平：企业应根据员工的个人因素诸如业绩和学历等，对完成类似工作的员工支付大致相同的薪酬。

**3. 激励性**

激励性是指适当拉开员工之间的薪酬差距。即同一企业中，担任相同职位的员工，其所获薪酬应与其贡献相匹配，它强调个人绩效对薪酬决定的影响，并且适当拉开薪酬差距，使业绩好的员工认为得到鼓励。

#### 4. 经济性

在实现前面三个原则的基础上，企业应当充分考虑自己的财务实力和实际的支付能力，对人工成本进行必要的控制。

#### 5. 及时性

及时发放员工薪酬，除了保证员工的正常生活外，还是一种重要的激励手段。

#### 6. 动态性

企业的薪酬应该根据内外环境的变化进行调整。

## 9.2 薪酬管理的基本内容

#### 1. 薪酬体系设计

薪酬体系决策的主要任务是确定企业决定员工基本薪酬的基础是什么。国际上通行的薪酬体系主要有三种，即职位（或称岗位）薪酬体系、技能薪酬体系以及能力薪酬体系。

#### 2. 薪酬水平决策

薪酬水平是指企业中各职位、各部门以及整个企业的平均薪酬水平，薪酬水平决定了企业薪酬的外部竞争性。

#### 3. 薪酬结构决策

薪酬结构指的是同一组织内部的薪酬等级数量以及不同薪酬等级之间的薪酬差距大小。

#### 4. 薪酬管理政策决策

薪酬管理政策主要涉及企业的薪酬成本与预算控制方式，以及企业的薪酬制度、薪酬规定和员工的薪酬水平是否保密的问题。

#### 5. 日常薪资业务管理

主要处理工资的日常业务，如工资录入、工资计算及审核、工资发放、工资费用分配及相应的凭证管理工作、员工的个人所得税计算等。

在本教材中仅涉及薪资管理模块。有关薪酬体系和薪酬方案的设计等内容在金蝶人力资源管理系统中完成。

## 9.3 金蝶 K/3 工资管理系统

金蝶 K/3 工资管理系统是多类别的工资管理系统，可以帮助各类企业完成工资核算、工资发放、工资费用分配和银行代发等活动。工资管理系统能及时反映组织内员工工资的动态变化，实现完备而灵活的个人所得税计算与申报功能，并提供丰富实用的各类管理报表。工资管理系统还可以根据员工工资项目数据和比例计提基金，包括社会保险、医疗保险等社会保障基金的计提，并对公司职员的基金转入、转出进行管理。

金蝶 K/3 工资管理系统包括初始设置、日常工资业务处理和工资报表。

### 1. 初始设置

初始设置主要包括工资类别管理和基础资料设置。

（1）工资类别管理。工资类别管理是对工资核算数据的分类处理，以方便企业对不同公司、不同部门或不同类别人员进行工资核算及发放业务的处理。为方便工资管理，可以将工资分成几种类别进行管理，如外籍人员、国内人员、管理人员和计件工资人员等。类别管理的功能包括类别新增、编辑及删除等。

（2）基础资料设置。主要是对工资管理系统中的一些基础性内容，如部门信息、职员信息、工资发放的币别、工资计算所采用的工资项目、工资计算公式、所得税设置、扣零设置等进行详细分类设定。

### 2. 日常工资业务处理

主要处理工资的日常业务，如工资录入、工资计算及审核、工资发放、工资费用分配及相应的凭证管理工作、员工的个人所得税计算等操作。

### 3. 工资报表

工资报表功能包括各种工资报表的制作、查看和输出等操作。

## 9.4 工资管理系统与其他系统间的关系

（1）与总账系统的关系：接收工资管理系统生成的费用分配凭证。

（2）与报表系统的关系：利用公式向导可以从工资管理系统中提取数据。

（3）与 HR 系统的关系：金蝶人力资源管理系统与工资管理系统共享一套基础资料，并且将绩效考核、考勤记录导入工资系统中，作为工资发放的依据。

## 9.5 工资报表

金蝶 K/3 系统提供的具体的工资报表类型有工资条、工资发放表、工资汇总表、工资统计表、银行代发表、职员台账表、职员台账汇总表、个人所得税报表、工资费用分配表、工资配款表、人员结构分析表和年龄工龄分析表等。

工资报表功能的设置使企业管理人员通过 K/3 系统能便捷、全面地掌握企业工资总额、分部门水平构成、人员工龄及年龄结构等，为制定合理的薪资管理提供详细的资料。

# 实验 13

# 薪酬管理实验

## 1. 实验目的及要求

掌握工资管理系统的处理流程及日常工作的具体操作方法,能够处理不同类型的组织薪酬管理系统的日常工作,提升学生薪酬管理素养。

## 2. 实验内容

①工资系统初始化设置。
②日常业务处理。
③工资报表处理。
④期末结账。

## 3. 实验情境

①录入新建工资类别,为两类,如表 9-1 所示,单一工资类别,核算币别为人民币。

表 9-1　工资类别

| 类别 1 | 管理人员 |
|---|---|
| 类别 2 | 计件人员 |

②选择处理"管理人员"工资类别。导入系统中已录入部门、人员信息。
③录入"人民币"作为支付币别。
④录入代发银行信息"农业银行蚌埠高新支行"。
⑤工资核算项目设置。新增项目:扣零实发、应税所得额、税率、

扣除。

⑥录入扣零标准 0.5。

⑦录入"管理人员"类别下的计算公式：

$$应发合计 = 基本工资 + 奖金 + 福利费$$
$$扣款合计 = 其他扣款 + 代扣税$$
$$实发合计 = 应发合计 - 扣款合计$$
$$扣零实发 = 扣零实发 + 扣零发放$$
$$应税所得额 = 应发合计 - 3\ 500$$

如果应税所得额 <=1 500 则

税率 =0.03 扣除 =0

否则如果应税所得额 <=4 500 则

税率 =0.10 扣除 =105

否则如果应税所得额 <=9 000 则

税率 =0.20 扣除 =555

否则如果应税所得额 <=35 000 则

税率 =0.25 扣除 =1 005

否则如果应税所得额 <=55 000 则

税率 =0.30 扣除 =2 755

否则如果应税所得额 <=80 000 则

税率 =0.35 扣除 =5 505

否则

税率 =0.45 扣除 =13 505

如果完

如果应税所得额 <=0 则

代扣税 =0

否则

代扣税 =ROUNDX（应税所得额 * 税率，2）- 扣除

如果完

⑧录入相应职员工资，如表 9-2 所示。

表 9-2 职工工资数据表

| 职员代码 | 姓名 | 基本工资 | 奖金 | 福利 | 其他扣款 |
|---|---|---|---|---|---|
| 0101 | 肖明 | 6 000 | 500 | 50 | 101.35 |
| 0201 | 崔财景 | 5 000 | 400 | 50 | 45.34 |
| 0202 | 钱多多 | 4 000 | 300 | 50 | 25.00 |
| 0301 | 李啸经 | 4 500 | 400 | 50 | 20.00 |

(续)

| 职员代码 | 姓名 | 基本工资 | 奖金 | 福利 | 其他扣款 |
|---|---|---|---|---|---|
| 0302 | 贾肖 | 4 000 | 300 | 50 | 12.00 |
| 0401 | 吴采靖 | 4 500 | 450 | 50 | 25.00 |
| 0402 | 何英采 | 4 000 | 300 | 50 | 14.00 |
| 0501 | 陈妍 | 4 000 | 400 | 50 | 34.50 |
| 0601 | 何计 | 4 000 | 400 | 50 | 23.69 |
| 0701 | 刘长今 | 4 000 | 400 | 50 | 33.12 |
| 0702 | 李宏昌 | 3 500 | 300 | 50 | 11.00 |
| 0801 | 张兰生 | 4 500 | 400 | 50 | 25.00 |
| 0802 | 杨质 | 3 500 | 300 | 50 | 13.00 |

⑨将总经办、财务部、采购部、仓储部、研发部和计划部的"扣零实发",分配到"管理费用——工资"6 602.05,将销售部下的"扣零实发",分配到"销售费用——工资"6 601.04。将生产部的"扣零实发"分配到"制造费用——工资"5 101.05,并生成工资分配凭证(按工资会计期间生成凭证)。

⑩审核录入人员工资。

⑪期末结账。

### 4. 实验步骤

(1)新建工资类别

①以"钱多多"的身份登录本账套,如图9-1所示。

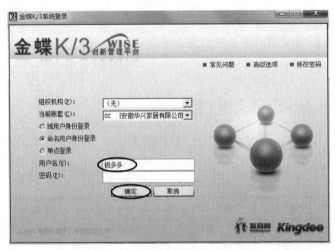

图 9-1

②在"金蝶K/3主控台"界面,选择"人力资源→工资管理→类别管理→新建类别",双击打开新建类别窗口,如图9-2和图9-3所示。

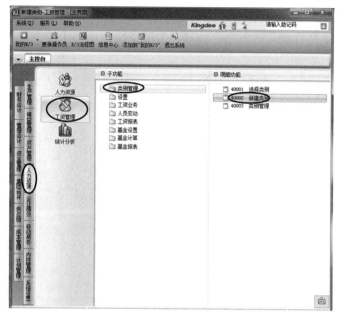

图 9-2

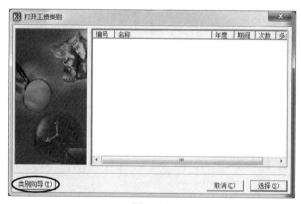

图 9-3

③根据向导进行工资类别的定义。点击窗口左下角"类别向导"按钮,系统弹出"新建工资类别"窗口,录入类别名称"管理人员",如图9-4所示。点击"下一步"按钮。

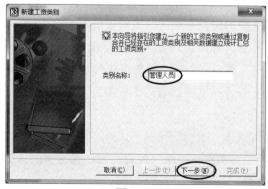

图 9-4

④系统界面进入下一窗口,选择币别"人民币",如图 9-5 所示。注意"是否多类别"选项,不勾选,即为单一工资类别。反之,当前类别为汇总工资类别。点击"下一步"按钮。

⑤系统进入下一窗口,点击"完成"按钮保存当前类别,如图 9-6 所示。系统恢复到打开工资类别界面,如图 9-7 所示。

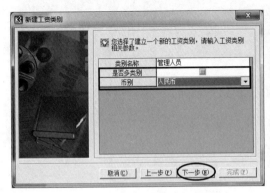

图 9-5

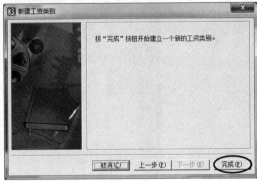

图 9-6

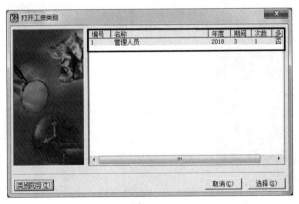

图 9-7

⑥以同样的方法新增"计件人员"类别。

**(2)类别管理**

类别管理包括对系统中的工资类别进行编辑或删除等操作。

①在"金蝶 K/3 主控台"界面,选择"人力资源→工资管理→类别管理→类别管理",双击弹出"工资类别管理"窗口,如图 9-8 和图 9-9 所示。

②"浏览"窗口用于查看系统中已有的工资类别。点击"编辑"选项卡,系统切换到"编辑"窗口,如图 9-9 所示。

在此"编辑"窗口,点击"编辑"按钮可以对当前所选中的工资类别进行修改;点击"新增"按钮,可以新增工资类别,点击"保存"按钮保存当前修改;点击"删除"按钮,删除当前选择的工资类别。

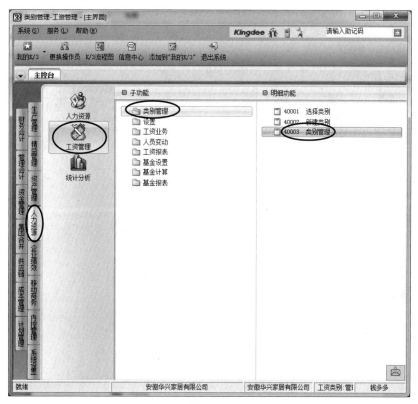

图 9-8

**（3）选择类别**

选择类别是选择当前要处理什么类别下的工资业务。具体步骤如下：

①进入金蝶 K3 系统主控台，选择"人力资源→工资管理→类别管理→选择类别"，双击弹出窗口，如图 9-10 所示。

②选择管理人员，点击选择按钮，如图 9-11 所示。注意，每次进入工资系统时，系统都要求选择类别。

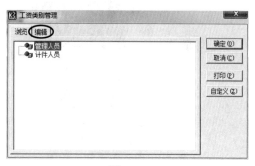

图 9-9

**（4）部门管理**

部门管理主要是用于建立企业的组织机构信息，包括了下属机构或部门的相关信息，可以建立单级平行部门，也可根据企业组织架构建立多级部门。部门信息也可作为以后工资费用分配的依据之一。

①在"金蝶 K/3 主控台"，选择选择"人力资源→工资管理→设置→部门管理"，双击打开"部门管理"窗口，如图 9-12 和图 9-13 所示。

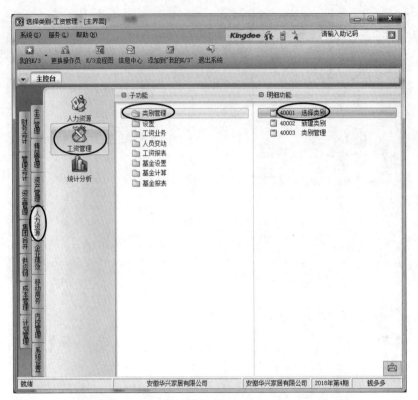

图 9-10

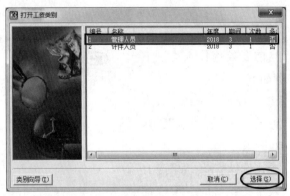

图 9-11

②在部门管理窗口，点击工具栏上的"导入"按钮，系统切换到"导入"状态窗口，如图 9-14 所示，导入数据源选择"总账数据"，系统会显示基础资料中已录入的部门信息，如图 9-15 所示。

系统中导入数据源中工资其他类别是指从其他工资类别中导入部门信息。工资单一类别是指从某一个类别下导入部门信息。

③点击全选按钮，或按键盘上的"SHIFT"键或"CTRL"键选择部门信息。点击窗口左下角"导入"按钮，如图 9-16 所示。稍后系统会将选中的部门信息隐藏，表示导入完成，如图 9-17 所示。

第 9 章 薪酬管理 257

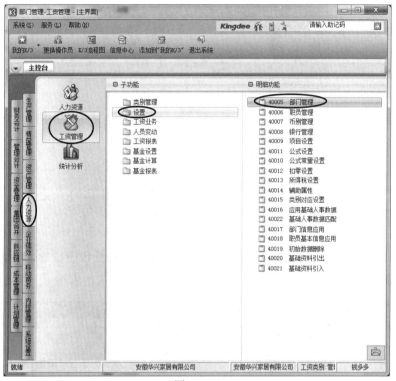

图 9-12

图 9-13

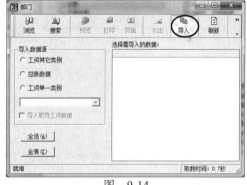

图 9-14

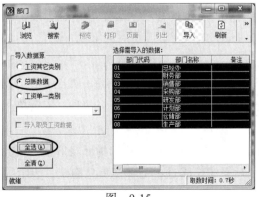

图 9-15

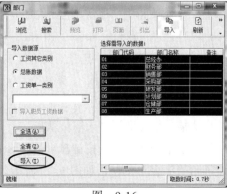

图 9-16

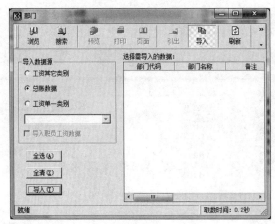

图 9-17

④点击工具栏"浏览"按钮，系统切换到部门信息查看状态，导入的部门资料如图 9-18 所示。

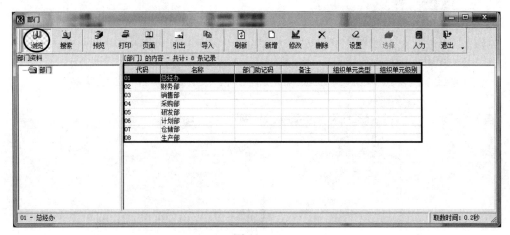

图 9-18

在此窗口中可以对部门资料进行修改和删除，选中记录后点击相应按钮即可。

### （5）职员管理

①在"金蝶 K/3 主控台"，选择选择"人力资源→工资管理→设置→职员管理"，双击打开"职员管理"窗口，如图 9-19 和图 9-20 所示。

②在职员管理窗口，点击工具栏上的"导入"按钮，系统切换到"导入"状态窗口，导入数据源选择"总账数据"，系统会显示基础资料中已录入的职员信息，如图 9-21 所示。

系统中导入数据源中工资其他类别是指从其他工资类别中导入职员信息。工资单一类别是指从某一个类别下导入职员信息。

③点击全选按钮，或按键盘上的"SHIFT"键或"CTRL"键选择部门信息。点击窗口左下角"导入"按钮，如图 9-22 所示。稍后系统会将选中的部门信息隐藏，表示导入完成，如图 9-23 所示。

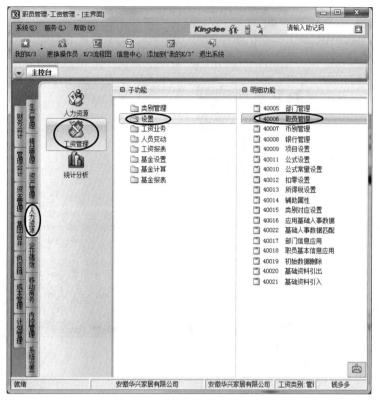

图 9-19

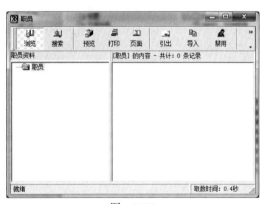

图 9-20

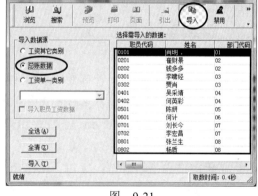

图 9-21

④点击工具栏"浏览"按钮,系统切换到部门信息查看状态,导入的部门资料如图 9-24 所示。

在此窗口中可以对职员资料进行修改和删除,选中记录后点击相应按钮即可,如图 9-25 所示。

### (6) 币别管理

币别管理用于设定工资支付时所使用的不同货币,如人民币、美元、日元、港币等,在发放工资和计提个人所得税时可以选取不同的币种。币别管理可选取不同的记账汇率及不同的折算方式。

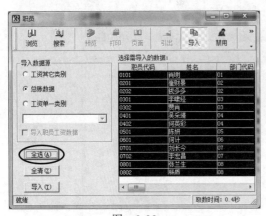

图 9-22

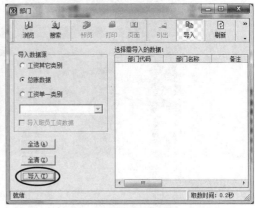

图 9-23

图 9-24

在"金蝶 K/3 主控台",选择"人力资源→工资管理→设置→币别管理",双击打开"币别管理"窗口,如图 9-26 和图 9-27 所示。系统显示基础资料中已录入的币别信息。

在此窗口点击"新增"按钮,填写币别代码、名称及记账汇率,点击"保存"即可,如图 9-28 和图 9-29 所示。

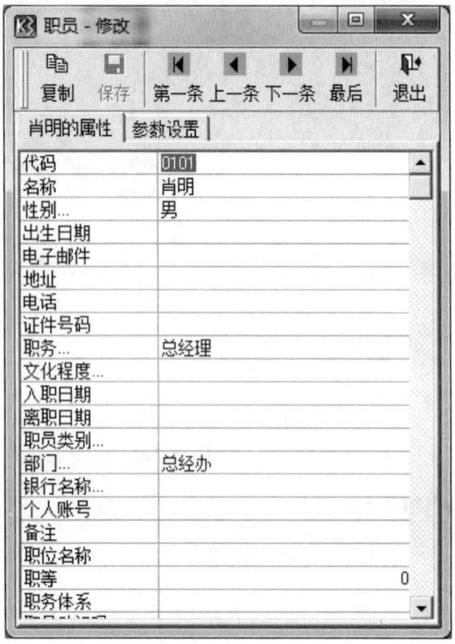

(7)银行管理

在银行管理中可定义代为发放工资的银行。主要记录用于企业发放工资时的银行名称、账号长度及其他自定义项目。

①在"金蝶 K/3 主控台",选择"人力资源→工资管理→设置→银行管理",双击打开"银行管理"

图 9-25

窗口，如图 9-30 和图 9-31 所示。

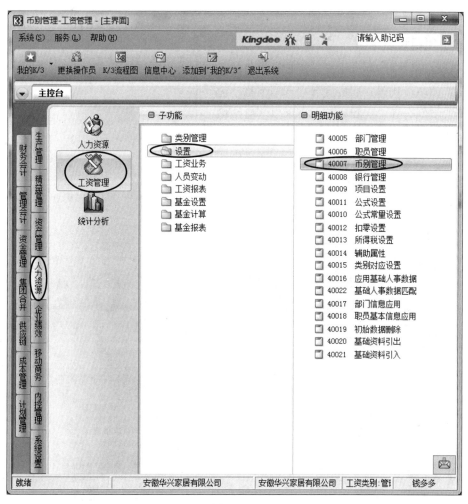

图 9-26

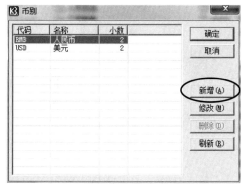

图 9-27

图 9-28

②点击"新增"按钮；填写银行代码为"1"，名称"农业银行蚌埠高新支行"，账号长度为"18"；点击"保存"按钮，如图 9-32 所示。

③点击工具栏"浏览"按钮,系统切换到银行信息查看状态,已录入的银行资料如图 9-33 所示。

**(8)项目设置**

在项目设置中按要求定义工资核算项目的全部信息,如职员代码、职员姓名、部门名称、应发合计、实发合计、代扣税等。下面以实验情境⑥为例介绍项目设置方法。

①在"金蝶 K/3 主控台",选择"人力资源→工资管理→设置→项目设置",双击打开"工资核算项目设置"窗口,如图 9-34 和图 9-35 所示。

图 9-29

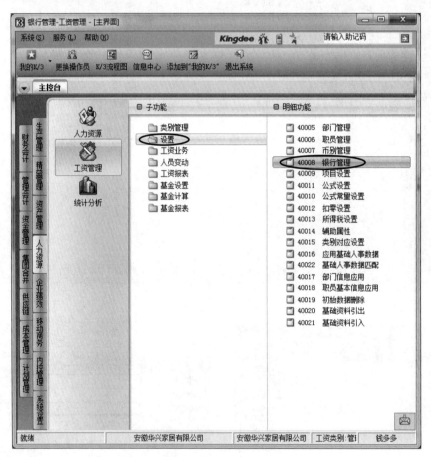

图 9-30

②在工资核算项目设置窗口,点击"新增"按钮,出现"工资项目–新增"窗口,如图 9-36 所示,录入项目名称"扣零实发",定义数据类型"实数";定义数据长度"18"、小数位数"2";选取项目属性"可变项目";点击"新增"按钮,保存新增的工资项目。

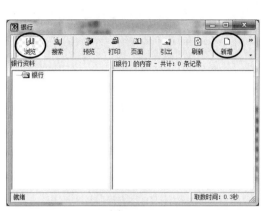

图 9-31　　　　　　　　　　　　图 9-32

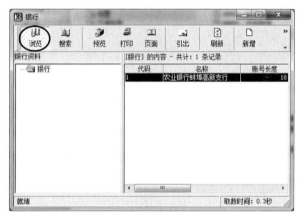

图 9-33

按相同方法设置"应税所得额""税率"和"扣除"项目，点击"新增"按钮，保存新增的工资项目。系统返回设置窗口，如图 9-37 所示。

③项目新增完成后点击"确定"按钮，返回主界面窗口。

(9) 扣零设置

扣零设置是设置扣除零钱，如实发工资为 5 775.57 元，可以设置工资发到元还是角，或者是 5 角以上的要发，5 角以下的下次发放等。

①在"金蝶 K/3 主控台"，选择"人力资源→工资管理→设置→扣零设置"，双击打开"扣零设置"窗口，如图 9-38 所示。

②在"扣零项目"下拉列表框选择需要进行扣零的工资项目——"实发合计"；手工录入扣零标准"0.5"，扣零后项目选择"扣零实发"，如图 9-39 所示。点击"确定"按钮，保存当前设置，如图 9-40 所示。

不同组织扣零的标准不同，常用的有 5、1、0.5、0.1 等数。

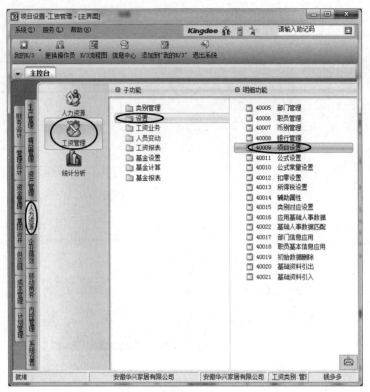

图 9-34

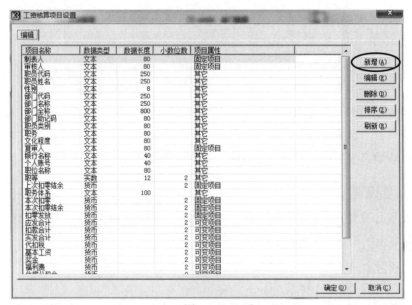

图 9-35

## （10）工资计算公式设置

公式设置是指建立当前工资类别下的工资计算公式。下面以实验情境⑧为例介绍工资计算公式设置的操作方法。具体步骤如下：

①在"金蝶 K/3 主控台",选择"人力资源→工资管理→设置→公式设置",双击打开"工资公式设置"窗口,如图 9-41 和图 9-42 所示。

②在设置窗口,点击"新增",录入公式名称"管理人员工资",在计算方法下空白处录入公式 1。双击项目下的"应发合计",点击运算符下的"=",然后双击项目下的"基本工资",点击运算符下的"+",最后双击项目下的"奖金",点击运算符下的"+",双击项目下的"福利费"即可,如图 9-43 所示。

图 9-36

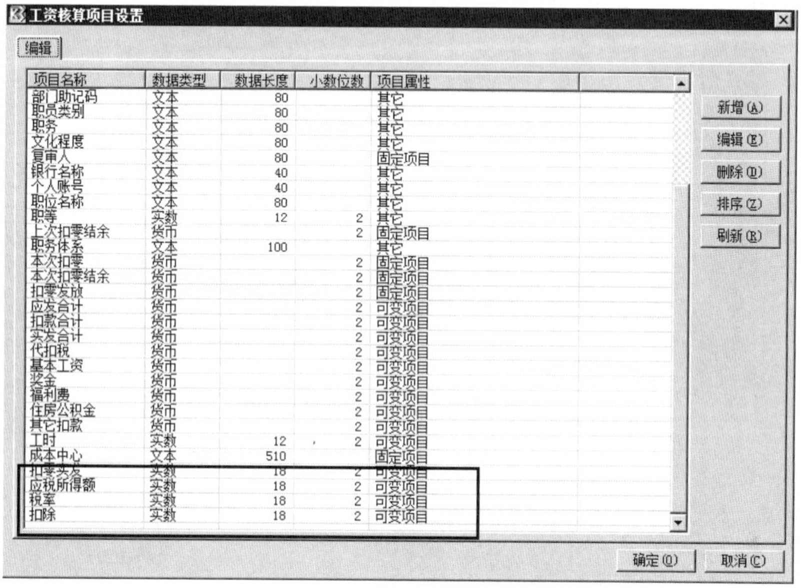

图 9-37

③录入公式 2。光标在第一条公式最末,按下键盘上的回车键,光标移动到第二行。首先双击项目下"扣款合计",点击运算符下"=",然后双击项目下"其他扣款",点击运算符下的"+",最后双击项目下"代扣税"即可。

④按照前面的设置方法将公式 3～公式 5 录入窗口,录入完毕后,点击"公式检查"正确后,点击保存,如图 9-44 所示。

在此窗口可修改公式,要先选中要修改的"公式名称",然后点击"编辑"按钮,在"计算方法"窗口下修改,最后点击"保存"按钮。

(11) 工资录入

因教学需要,本教材只模拟企业发放一个月工资。下面以实验情境⑨中的数据为例介绍工资录入的方法。具体步骤如下:

①在"金蝶 K/3 主控台",选择"人力资源→工资管理→工资业务→工资录入",双击打开"过滤器"窗口,如图 9-45 和图 9-46 所示。

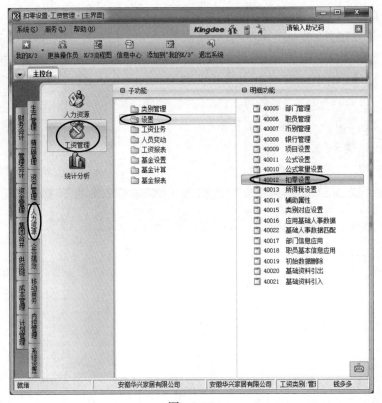

图 9-38

图 9-39

图 9-40

在此窗口中可以新增、编辑、删除和导入工资发放过滤方案。第一次使用该功能时首先要新增一个"过滤方案"。

②输入过滤方案名称为"1";选择计算公式"管理人员工资";确定工资发放表中需用的工资项目,如职员代码、职员姓名、部门名称、职务、上次扣零结余、本次扣零、本次扣零结余、扣零发放、应发合计扣款合计、实发合计、代扣税、基本工资、奖金、福利费、其他扣款、扣零实发、应税所得额、税率、扣除等,如图9-47所示。

③点击"公式检查",在当前所选择的工资项目下检查公式是否正确有效;点击"确定"按钮,系统弹出提示对话框,如图9-48所示,系统返回"过滤器"窗口,并显示刚才所增加的方案,如图9-49所示。

④选中"1"方案,点击"确定"按钮,系统弹出"工资数据录入"窗口,如图9-50所示。

窗口上的项目有两种颜色,黄色表示是由系统自动生成的,如职员代码、实发合计等,白色是可修改选项。

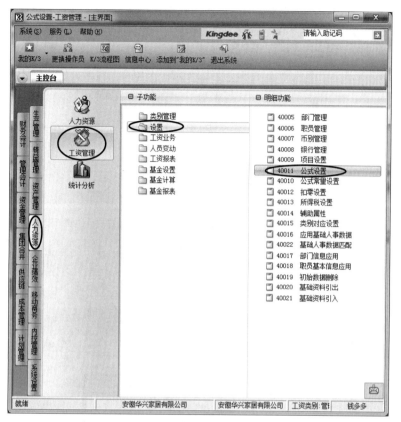

图 9-41

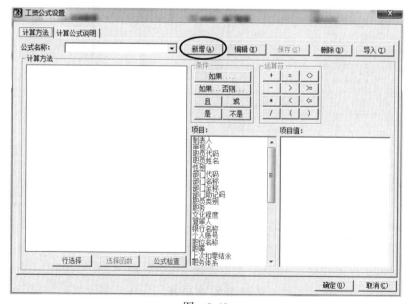

图 9-42

⑤录入表中数据。移动窗口下部的"滚动条",移到相关项目,并录入数据,录入完成的窗口如图 9-51 所示。点击"保存"按钮,保存工资。

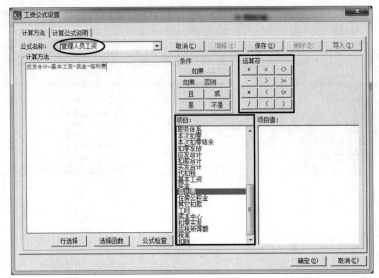

图 9-43

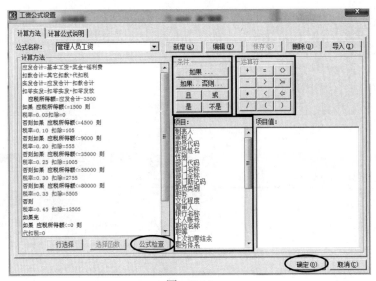

图 9-44

### （12）工资计算

为提高工作效率，系统可以建立不同的计算方案，利用计算机进行高速运算。它与工资录入表中的"工资计算"不同之处在于，工资录入表中只能计算当前表中的数据，而该"工资计算"可以根据企业实际需要同时计算多个"工资方案"下的数据。

①在"金蝶 K/3 主控台"，选择"人力资源→工资管理→工资业务→工资计算"，双击打开"工资计算向导"窗口，如图 9-52 和图 9-53 所示。

②选中要计算的方案"1"，点击"下一步"按钮，系统进入下一窗口，点击"计算"按钮，系统开始计算当前工资方案下的数据，如图 9-54 和图 9-55 所示。点击"完成"按钮，结束计算。

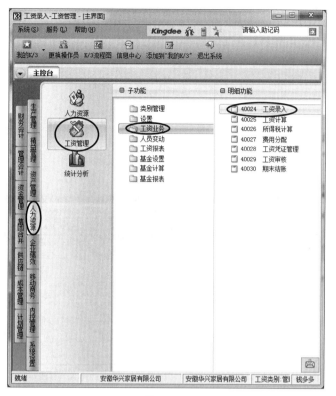

图 9-45

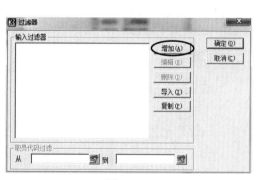

图 9-46

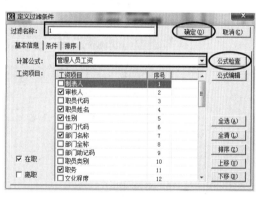

图 9-47

图 9-48

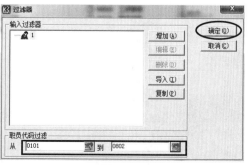

图 9-49

图 9-50

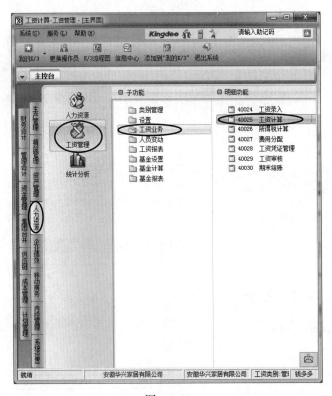

图 9-51

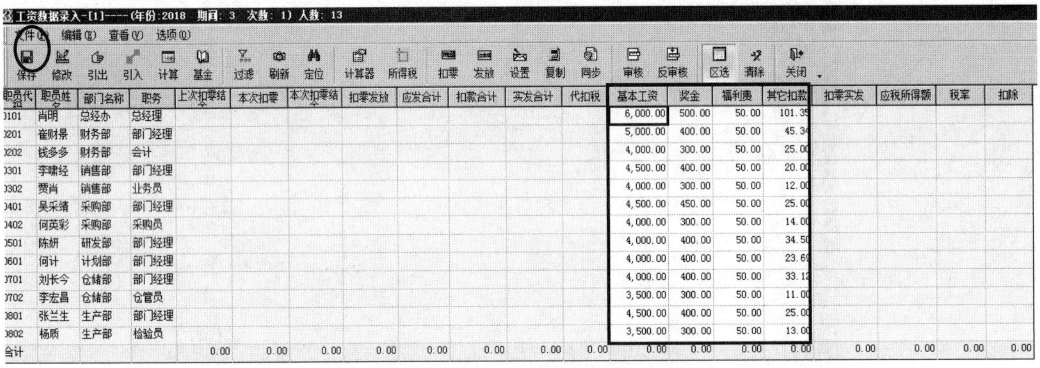

图 9-52

图 9-53

图 9-54

工资计算后会自动将计算结果反映到各方案的工资录入。

③回到工资录入界面。选择"人力资源→工资管理→工资业务→工资录入",查看结果,如图9-56所示。

④查看信息确定无误后,点击"扣零"按钮进行扣零处理,为了确保数据正确性,可再次对工资进行重新计算,点击菜单"编辑→重新计算"。点击工具栏上的"扣零"

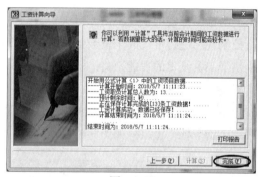

图 9-55

按钮,系统进入扣零处理,然后点击"发放"按钮进行工资发放(如图9-57所示)。点击"保存"按钮保存修改,如图9-58所示。

| 职员代 | 职员姓 | 部门名称 | 职务 | 上次扣零结 | 本次扣零 | 本次扣零结 | 扣零发放 | 应发合计 | 扣款合计 | 实发合计 | 代扣税 | 基本工资 | 奖金 | 福利费 | 其它扣款 | 扣零实发 | 应税所得额 | 税率 | 扣除 |
|---|---|---|---|---|---|---|---|---|---|---|---|---|---|---|---|---|---|---|---|
| 0101 | 尚明 | 总经办 | 总经理 | | | | | 6,550.00 | 101.35 | 6,448.65 | 200.00 | 6,000.00 | 500.00 | 50.00 | 101.35 | | 3050.00 | 0.10 | 105.00 |
| 0201 | 崔柏景 | 财务部 | 部门经理 | | | | | 5,450.00 | 45.34 | 5,404.66 | 90.00 | 5,000.00 | 400.00 | 50.00 | 45.34 | | 1950.00 | 0.10 | 105.00 |
| 0202 | 钱多多 | 财务部 | 会计 | | | | | 4,350.00 | 25.00 | 4,325.00 | 25.50 | 4,000.00 | 300.00 | 50.00 | 25.00 | | 850.00 | 0.03 | |
| 0301 | 李建经 | 销售部 | 部门经理 | | | | | 4,950.00 | 20.00 | 4,930.00 | 43.50 | 4,500.00 | 400.00 | 50.00 | 20.00 | | 1450.00 | 0.03 | |
| 0302 | 贾肖 | 销售部 | 业务员 | | | | | 4,350.00 | 12.00 | 4,338.00 | 25.50 | 4,000.00 | 300.00 | 50.00 | 12.00 | | 850.00 | 0.03 | |
| 0401 | 吴采清 | 采购部 | 部门经理 | | | | | 5,000.00 | 25.00 | 4,975.00 | 45.00 | 4,500.00 | 450.00 | 50.00 | 25.00 | | 1500.00 | 0.03 | |
| 0402 | 何英彩 | 采购部 | 采购员 | | | | | 4,350.00 | 14.00 | 4,336.00 | 25.50 | 4,000.00 | 300.00 | 50.00 | 14.00 | | 850.00 | 0.03 | |
| 0501 | 陈妍 | 研发部 | | | | | | 4,450.00 | 34.50 | 4,415.50 | 28.50 | 4,000.00 | 400.00 | 50.00 | 34.50 | | 950.00 | 0.03 | |
| 0601 | 何计 | 计划部 | | | | | | 4,450.00 | 23.69 | 4,426.31 | 28.50 | 4,000.00 | 400.00 | 50.00 | 23.69 | | 950.00 | 0.03 | |
| 0701 | 刘长令 | 仓储部 | 部门经理 | | | | | 4,450.00 | 33.12 | 4,416.88 | 28.50 | 4,000.00 | 400.00 | 50.00 | 33.12 | | 950.00 | 0.03 | |
| 0702 | 李宏昌 | 仓储部 | 仓管员 | | | | | 3,850.00 | 11.00 | 3,839.00 | 10.50 | 3,500.00 | 300.00 | 50.00 | 11.00 | | 350.00 | 0.03 | |
| 0801 | 张兰生 | 生产部 | | | | | | 4,950.00 | 25.00 | 4,925.00 | 43.50 | 4,500.00 | 400.00 | 50.00 | 25.00 | | 1450.00 | 0.03 | |
| 0802 | 杨侨 | 生产部 | 检验员 | | | | | 3,850.00 | 13.00 | 3,837.00 | 10.50 | 3,500.00 | 300.00 | 50.00 | 13.00 | | 350.00 | 0.03 | |
| 合计 | | | | | | | 0.00 | 61,000.00 | 383.00 | 60,617.00 | 605.00 | 55,500.00 | 1,850.00 | 650.00 | 383.00 | 0.00 | 15500.00 | 0.53 | 210.00 |

图 9-56

| 职员代 | 职员姓 | 部门名称 | 职务 | 上次扣零结 | 本次扣零 | 本次扣零结 | 扣零发放 | 应发合计 | 扣款合计 | 实发合计 | 代扣税 | 基本工资 | 奖金 | 福利费 | 其它扣款 | 扣零实发 | 应税所得额 | 税率 | 扣除 |
|---|---|---|---|---|---|---|---|---|---|---|---|---|---|---|---|---|---|---|---|
| 0101 | 尚明 | 总经办 | 总经理 | | 0.15 | 0.15 | 0.00 | 6,550.00 | 101.35 | 6,448.65 | 200.00 | 6,000.00 | 500.00 | 50.00 | 101.35 | 6448.50 | 3050.00 | 0.10 | 105.00 |
| 0201 | 崔柏景 | 财务部 | 部门经理 | | 0.16 | 0.16 | 0.00 | 5,450.00 | 45.34 | 5,404.66 | 90.00 | 5,000.00 | 400.00 | 50.00 | 45.34 | 5404.50 | 1950.00 | 0.10 | 105.00 |
| 0202 | 钱多多 | 财务部 | 会计 | | 0.00 | 0.00 | 0.00 | 4,350.00 | 25.00 | 4,325.00 | 25.50 | 4,000.00 | 300.00 | 50.00 | 25.00 | 4325.00 | 850.00 | 0.03 | |
| 0301 | 李建经 | 销售部 | 部门经理 | | 0.00 | 0.00 | 0.00 | 4,950.00 | 20.00 | 4,930.00 | 43.50 | 4,500.00 | 400.00 | 50.00 | 20.00 | 4930.00 | 1450.00 | 0.03 | |
| 0302 | 贾肖 | 销售部 | 业务员 | | 0.00 | 0.00 | 0.00 | 4,350.00 | 12.00 | 4,338.00 | 25.50 | 4,000.00 | 300.00 | 50.00 | 12.00 | 4338.00 | 850.00 | 0.03 | |
| 0401 | 吴采清 | 采购部 | 部门经理 | | 0.00 | 0.00 | 0.00 | 5,000.00 | 25.00 | 4,975.00 | 45.00 | 4,500.00 | 450.00 | 50.00 | 25.00 | 4975.00 | 1500.00 | 0.03 | |
| 0402 | 何英彩 | 采购部 | 采购员 | | 0.00 | 0.00 | 0.00 | 4,350.00 | 14.00 | 4,336.00 | 25.50 | 4,000.00 | 300.00 | 50.00 | 14.00 | 4336.00 | 850.00 | 0.03 | |
| 0501 | 陈妍 | 研发部 | | | 0.00 | 0.00 | 0.00 | 4,450.00 | 34.50 | 4,415.50 | 28.50 | 4,000.00 | 400.00 | 50.00 | 34.50 | 4415.50 | 950.00 | 0.03 | |
| 0601 | 何计 | 计划部 | | | 0.31 | 0.31 | 0.00 | 4,450.00 | 23.69 | 4,426.31 | 28.50 | 4,000.00 | 400.00 | 50.00 | 23.69 | 4426.00 | 950.00 | 0.03 | |
| 0701 | 刘长令 | 仓储部 | 部门经理 | | 0.38 | 0.38 | 0.00 | 4,450.00 | 33.12 | 4,416.88 | 28.50 | 4,000.00 | 400.00 | 50.00 | 33.12 | 4416.50 | 950.00 | 0.03 | |
| 0702 | 李宏昌 | 仓储部 | 仓管员 | | 0.00 | 0.00 | 0.00 | 3,850.00 | 11.00 | 3,839.00 | 10.50 | 3,500.00 | 300.00 | 50.00 | 11.00 | 3839.00 | 350.00 | 0.03 | |
| 0801 | 张兰生 | 生产部 | | | 0.00 | 0.00 | 0.00 | 4,950.00 | 25.00 | 4,925.00 | 43.50 | 4,500.00 | 400.00 | 50.00 | 25.00 | 4925.00 | 1450.00 | 0.03 | |
| 0802 | 杨侨 | 生产部 | 检验员 | | 0.00 | 0.00 | 0.00 | 3,850.00 | 13.00 | 3,837.00 | 10.50 | 3,500.00 | 300.00 | 50.00 | 13.00 | 3837.00 | 350.00 | 0.03 | |
| 合计 | | | | | | | 0.00 | 61,000.00 | 383.00 | 60,617.00 | 605.00 | 55,500.00 | 1,850.00 | 650.00 | 383.00 | 0.00 | 15500.00 | 0.53 | 210.00 |

图 9-57

图 9-58

**（13）工资审核**

为确保工资的正确，需要对工资数据进行审核。工资审核可对工资数据修改的权限进行控制，已进行审核的工资数据则不能进行修改，保证了工资数据的保密性。同时系统还提供了工资复审的功能，将工资系统数据的审核控制加多了一层，可以通过人为控制保证工资数据的严密性。

①在金蝶 K/3 主控台，选择"人力资源→工资管理→工资业务→工资审核"，双击打开"工资审核"窗口，如图 9-59 和图 9-60 所示。

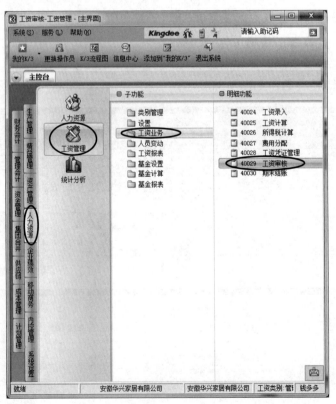

图 9-59

主控台→人力资源→工资管理；选择工资业务→工资审核，系统弹出"工资审核"界面；在工资审核的页面中，默认按照职员信息显示需要审核工资的职员，你也可以通过选择"按部门处理"选项控制显示内容为工资系统的部门，审核选定的部门所在职员的工资。点击"审核"按钮，显示每个部门下未审核的职员；选择需进行工资审核的职员，若审核全部职员则可通过点击"全选"按钮进行选择；点击"确定"按钮，系统将对你选中的部门或职员，自动进行审核。

②窗口左侧显示系统中已有的部门信息，点击"全选"。点击"确定"，系统将对你选中的部门或职员，自动进行审核，如图 9-61 所示。

图 9-60

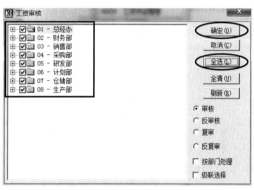
图 9-61

在此窗口点击"+"，层层展开该部门下的职员信息，职员前面方框中打√表示选中审核。也可在此进行工资反审核和复审等操作。但反审核人和审核人、反复审人和复审人都应是同一个人。

③返回工资录入界面，查看已审核后的工资信息，如图 9-62 所示。审核后的工资数据不能修改，只有反审核后才能修改。

| 职员代号 | 职员姓名 | 部门名称 | 职务 | 上期余扣 | 本次扣 | 扣零发 | 应发合计 | 计算器 | 所得税 | 实发合计 | 代扣税 | 基本工资 | 奖金 | 设置 | 福利费 | 其它扣款 | 扣零实发 | 应税所得额 | 税率 | 扣除 |
|---|---|---|---|---|---|---|---|---|---|---|---|---|---|---|---|---|---|---|---|---|
| 0101 | 肖明 | 总经办 | 总经理 | | 0.15 | 0.15 | 6,550.00 | | 301.35 | 6,248.65 | 200.00 | 6,000.00 | 500.00 | | 50.00 | 101.35 | 6248.50 | 3050.00 | 0.10 | 105.00 |
| 0201 | 崔财景 | 财务部 | 部门经理 | | 0.16 | 0.16 | 5,450.00 | | 135.34 | 5,314.66 | 90.00 | 5,000.00 | 400.00 | | 50.00 | 45.34 | 5314.50 | 1950.00 | 0.10 | 105.00 |
| 0202 | 钱多多 | 财务部 | 会计 | | | | 4,350.00 | | 50.50 | 4,299.50 | 25.50 | 4,000.00 | 300.00 | | 50.00 | 25.00 | 4299.50 | 850.00 | 0.03 | |
| 0301 | 李肆经 | 销售部 | 部门经理 | | | | 4,950.00 | | 63.50 | 4,886.50 | 43.50 | 4,000.00 | 400.00 | | 50.00 | 20.00 | 4886.50 | 1450.00 | 0.03 | |
| 0302 | 费内 | 销售部 | 业务员 | | | | 4,350.00 | | 37.50 | 4,312.50 | 25.50 | 4,000.00 | 300.00 | | 50.00 | 12.00 | 4312.50 | 850.00 | 0.03 | |
| 0401 | 吴采清 | 采购部 | 部门经理 | | | | 5,000.00 | | 70.00 | 4,930.00 | 45.00 | 4,500.00 | 450.00 | | 50.00 | 25.00 | 4930.00 | 1500.00 | 0.03 | |
| 0402 | 何英彩 | 采购部 | | | | | 4,350.00 | | 39.50 | 4,310.50 | 25.50 | 4,000.00 | 300.00 | | 50.00 | 14.00 | 4310.50 | 850.00 | 0.03 | |
| 0501 | 陈妍 | 研发部 | 部门经理 | | | | 4,450.00 | | 63.00 | 4,387.00 | 28.50 | 4,000.00 | 400.00 | | 50.00 | 34.50 | 4387.00 | 950.00 | 0.03 | |
| 0601 | 何计 | 计划部 | | | 0.31 | 0.31 | 4,450.00 | | 52.19 | 4,397.81 | 28.50 | 4,000.00 | 400.00 | | 50.00 | 23.69 | 4397.50 | 950.00 | 0.03 | |
| 0701 | 刘长令 | 仓储部 | 部门经理 | | 0.38 | 0.38 | 4,450.00 | | 61.62 | 4,388.38 | 28.50 | 4,000.00 | 400.00 | | 50.00 | 33.12 | 4388.00 | 950.00 | 0.03 | |
| 0702 | 李宏禹 | 仓储部 | 仓管员 | | | | 3,850.00 | | 21.50 | 3,828.50 | 10.50 | 3,500.00 | 300.00 | | 50.00 | 11.00 | 3828.50 | 350.00 | 0.03 | |
| 0801 | 张兰生 | 生产部 | | | | | 4,950.00 | | 68.50 | 4,881.50 | 43.50 | 4,000.00 | 500.00 | | 50.00 | 25.00 | 4881.50 | 1450.00 | 0.03 | |
| 0802 | 杨质 | 生产部 | 检验员 | | | | 3,850.00 | | 23.50 | 3,826.50 | 10.50 | 3,500.00 | 300.00 | | 50.00 | 13.00 | 3826.50 | 350.00 | 0.03 | |
| 合计 | | | | 1.00 | 1.00 | 1.00 | 0.00 | 61,000.00 | 988.00 | 60,012.00 | 605.00 | 55,500.00 | 4,850.00 | 650.00 | 383.00 | | 60011.00 | 15500.00 | 0.53 | 210.00 |

图 9-62

**（14）费用分配**

工资管理系统提供了与总账系统的接口，即工资费用分配并生成凭证传到总账系统，而且提供了跨账套生成凭证的功能，即可在一个账套中进行工资核算及发放，而进行费用分配生成凭证时，可生成凭证至其他 K/3 账套中。系统提供了强大、灵活的工资费用分配功能，可计提各种费用，如计提福利费、计提工会经费、自定义计提等业务。

①在"金蝶 K/3 主控台",选择"人力资源→工资管理→工资业务→费用分配",双击打开"费用分配"窗口,如图 9-63 和图 9-64 所示。

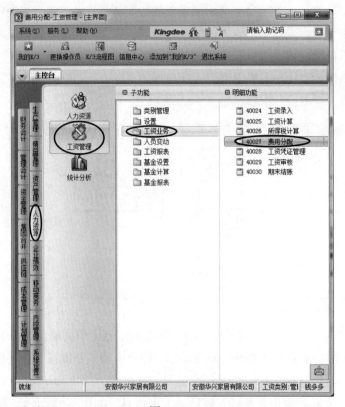

图 9-63

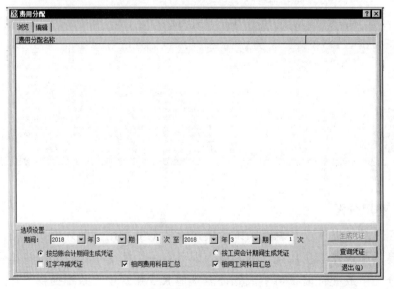

图 9-64

②点击"编辑"选项卡,窗口切换到"编辑"窗口,如图 9-65 所示。

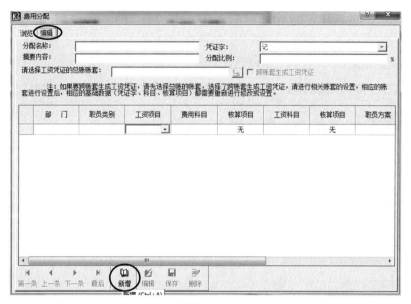

图 9-65

③点击窗口下部的"新增"按钮,系统切换到编辑状态,录入分配名称"工资分配"、摘要内容"工资分配",点击第1行部门项,下拉获取"总经办",工资项目处选择"扣零实发"项目,费用科目获取"6602.05—管理费用—工资"科目,工资科目获取"2211—应付职工薪酬"科目;在第2行部门处获取"财务部",其他同第1行;第3~6行除部门外同第1行,第7行部门获取销售部,费用科目获取"6601.04—销售费用—工资",其他同第1行;第8行部门获取生产部,费用科目获取"5101.05—制造费用—工资",其他同第1行设置完成的窗口。点击"保存"按钮保存当前设置,如图9-66所示。

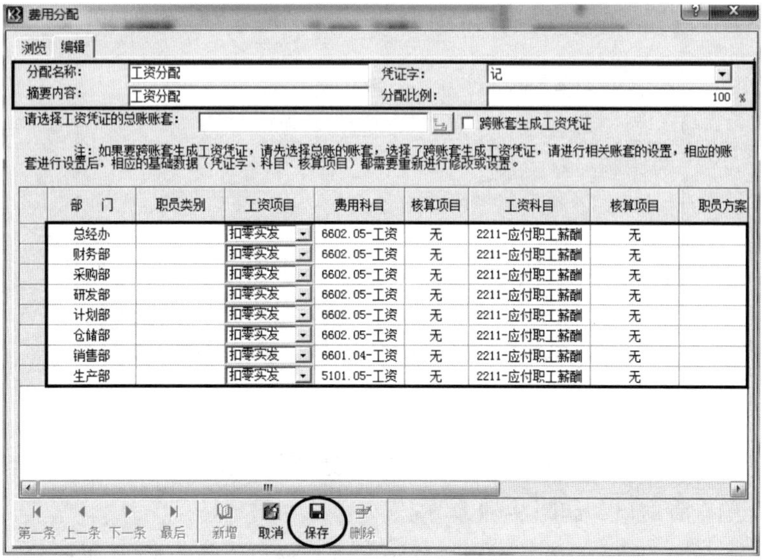

图 9-66

若需修改、删除该方案，点击工具栏上"编辑"或"删除"按钮即可。

④生成凭证。点击"浏览"选项卡，切换到浏览窗口，勾选"工资分配"，选中"按总账会计期间生成凭证"，点击"生成凭证"按钮，如图 9-67 所示。

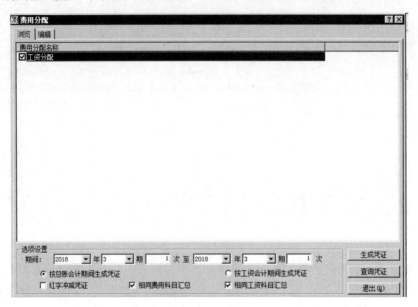

图 9-67

系统弹出提示对话框，点击"确定"按钮。稍后系统弹出"信息"窗口，点击"关闭"按钮，如图 9-68 所示。系统返回费用分配窗口。

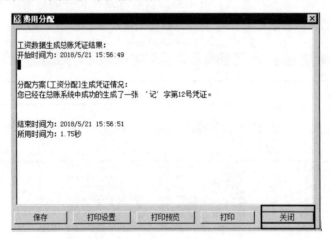

图 9-68

⑤点击"查询凭证"按钮，系统进入"凭证处理"窗口，选中该记录后双击鼠标，系统弹出该凭证的查看窗口，如图 9-69 所示。

选中凭证 1，双击鼠标，系统弹出该凭证的查看窗口，如图 9-70 所示。

因教学安排需要，记账凭证日期设置为 2018 年 5 月 31 日。

（15）期末结账

期末结账主要是企业在月末对相应的工资数据进行结账处理，以便进入到下一期或下一次工资发放时处理新的工资业务。

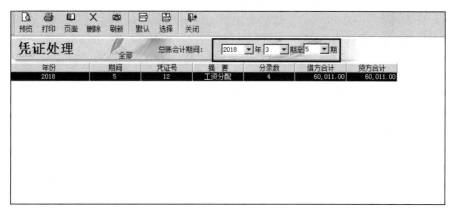

图 9-69

图 9-70

① 在"金蝶 K/3 主控台"，选择"人力资源→工资管理→工资业务→期末结账"，双击打开"期末结账"窗口，如图 9-71 和图 9-72 所示。

② 在此选中"本期"，点击"开始"按钮，系统弹出结账成功窗口，即可完成第 4 期工资部分结账工作，如图 9-73 所示。

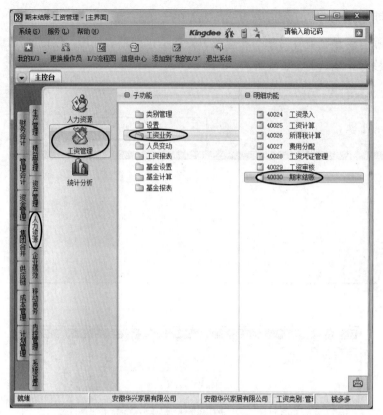

图 9-71

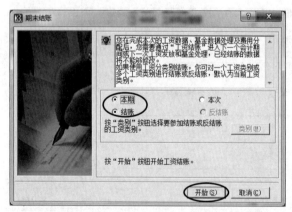

图 9-72

图 9-73

③按同样方法进行第 5 期工资部分期末结账工作，如图 9-74 和图 9-75 所示。

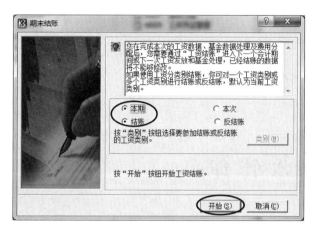

图　9-74

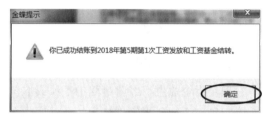

图　9-75

系统同时提供了反结账功能，在"期末结账"窗口，选中"反结账"，点击"开始"即可。

# 第 10 章

## 成本管理

## 10.1 成本管理概述

### 10.1.1 成本管理的概念

成本管理是指企业生产经营过程中各项成本核算、成本分析、成本决策和成本控制等一系列科学管理行为的总称。成本管理由成本规划、成本计算、成本控制和业绩评价四项内容组成。在本章中主要介绍成本计算。

### 10.1.2 成本管理的作用

在市场经济条件下，成本管理在经济管理中具有极其重要的作用，主要体现在以下几个方面。

#### 1. 获取生产耗费补偿尺度的信息

为了保证企业生产经营的不断进行，企业生产中的耗费必须从商品销售收入中得到补偿。而成本就是衡量这一补偿份额大小的尺度。另外，企业除了用收入补偿耗费外，还必须有盈余，这样才能满足企业简单再生产和扩大再生产的需要。企业盈余的多少主要取决于成本的高低。在一定的销售收入中，成本越低，企业利润就越多。因此，进行成本管理可以获取经营耗费尺度的信息，从而加强对企业经营损益的核算。

#### 2. 了解企业工作质量

成本是综合反映企业工作质量的重要指标，企业经营管理中各方面工作的业绩，都可以直接或间接地在成本上反映出来。例如，产品设计的好坏、生产工艺的合理程度、原材料消耗的节约与浪费、产品质量的高低等，都可以通过成本直接或间接地反映出来。因此，企业需要进行成本管理，了解企业工作质量，促使企业以及企业内各单位加强经济核算，努力改进管理，降低成本，提高经济效益。

### 3. 获取制定产品价格的重要依据

产品价格的制定固然要考虑价格政策和市场供求关系等因素，但也必须考虑企业实际承受能力，即产品实际成本水平。成本是产品价格制定的最低经济界限。进行成本管理，可以获取相对准确的产品成本数据，从而制定较为合理的产品价格。

### 4. 进行经营预测、决策和分析

企业要提高在市场上的竞争能力和经济效益，就要采用现代化的管理科学手段进行经营预测，从而做出正确的决策。进行生产经营决策，需要考虑的因素很多，成本是主要因素之一。企业的很多决策都需要用到不同的成本数据，因此进行成本管理，及时提供准确的成本资料，才能使预测、决策和分析等活动建立在可靠的基础上。

## 10.2 成本核算

### 10.2.1 成本核算的要求

成本核算是成本管理的重要组成部分，为了充分发挥成本核算的作用，在成本核算工作中，应贯彻执行以下要求。

#### 1. 实际成本计价

实际成本计价又称历史成本计价，它要求在进行成本核算时对生产所耗用的原材料、燃料和动力等费用都要按实际成本计价。具体来说，原材料、燃料和动力在数量方面要按其实际耗用数量计算，其价格方面不一定必须采用实际价格，也可采用计划价格计价。但是在计入产品成本时，对计划价格同实际价格之间的差异要做调整，将其调整为实际成本。按实际成本计价，能正确地计算企业当期的盈利水平。

#### 2. 成本分期

企业生产经营活动是连续不断进行的，为了计算一定期间所生产产品的成本，企业就必须将其生产经营活动划分为若干个相等的成本核算期间，分别计算各期产品的成本。成本核算的分期与产成品（完工产品）成本的计算期不一定一致，不论生产类型如何，成本核算中的费用归集、汇总和分配，都必须按月进行。至于完工产品的成本计算与生产类型有关，可以是定期的，也可以是不定期的。

#### 3. 成本计算方法一贯性

企业进行成本核算时，一般应根据企业生产特点和管理要求，选择不同的成本计算方法进行成本计算。产品成本计算方法一经确定，没有特殊情况，一般不应经常变动，以使计算出来的成本资料便于进行比较。

## 10.2.2 成本核算的一般程序

成本核算的一般程序是指对企业生产经营过程中发生的各项费用，按照成本核算的要求，逐步进行归集和分配，最后计算出各产品的成本和各项期间费用的基本程序。成本核算的一般程序如下。

（1）确定产品成本计算对象和成本计算期。

产品成本计算对象，就是生产费用归集的具体对象，通俗地讲，就是计算什么的成本。进行产品成本计算，必须首先确定成本计算对象。

成本计算期，是指每间隔多长时间计算一次成本。从理论上来讲，成本计算期应当与产品的生产周期一致，但在实际工作中，成本计算期还必须考虑企业生产的特点和分期考核的要求。

（2）确定成本项目和费用项目。

进行成本核算不仅要提供成本计算对象的总成本和单位成本以及各种期间费用的总体发生情况，而且要按照成本项目、费用项目反映它们发生的详细、具体的情况，以满足成本管理的需要。因此，确定成本项目和费用项目是成本核算的重要环节。

（3）按成本计算对象及成本项目开设产品成本明细账，按照期间费用的种类及费用项目开设期间费用明细账。

产品成本和期间费用的核算，是通过对企业生产经营过程中所发生的各种劳动耗费的明细核算来完成的。为此，必须按照成本计算对象及成本项目设置各种产品成本明细账，按照期间费用的种类及费用项目设置各种期间费用明细账。

（4）正确地归集和分配各种费用，登记产品成本明细账和期间费用明细账。

成本的核算过程，实际上就是费用的归集和分配过程。一方面，企业需要将应计入本月产品成本的各项生产费用，在各种产品之间按照成本项目进行分配和归集，计算出按成本项目反映的各种产品的成本。另一方面，如果企业月末既有完工产品又有在产品，将该种产品的生产费用在完工产品和月末在产品之间进行分配，计算出该种产品的完工产品和月末在产品成本。具体参见图10-1。

## 10.2.3 成本核算方法

产品成本是在生产过程中形成的，因此生产的特点在很大程度上影响着成本核算方法的特点；另外，成本核算是为成果管理提供资料的，因此，采用什么方法，提供哪些资料，必须考虑成本管理的要求。当然，成本管理的要求也脱离不开生产的特点。以上两个方面的关系说明，企业在确定产品成本计算方法时，必须从具体情况出发，同时考虑企业的生产特点和进行成本管理的要求。

为了适应不同类型生产特点和成本管理的要求，在产品成本计算工作中有三种不同的成本计算对象：产品品种、产品批别和产品的生产步骤。因而，以成本计算对象为主要标志的产品成本计算的基本方法也有三种：

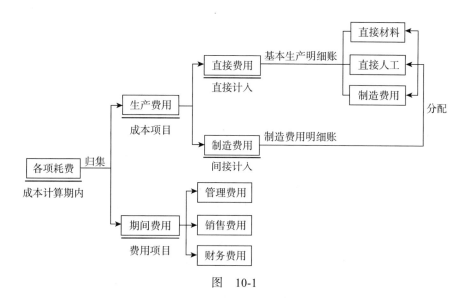

图 10-1

（1）以产品品种为成本计算对象的产品成本计算方法，称为品种法。适用于单步骤的大量生产，也可以用于不需要分步骤计算成本的多步骤的大量、大批生产。

（2）以产品批别为成本计算对象的产品成本计算方法，称为分批法。适用于单件、小批的单步骤生产或管理上不要求分步骤计算成本的多步骤生产。

（3）以产品生产步骤为成本计算对象的产品成本计算方法，称为分步法。适用于大量、大批的多步骤生产。

这三种方法是成本核算的基本方法，与不同类型的生产特点有直接联系，而且涉及成本计算对象的确定，因而是计算产品实际成本必不可少的方法。

# 实验 14

# 材料成本核算处理实验

## 1. 实验目的及要求

①通过本实验让学生掌握材料成本的核算。

②重点掌握其会计处理内容,即材料出库核算、自制入库核算、产成品出库核算、材料领用凭证生成和产品入库凭证生成。

## 2. 实验内容

①材料出库核算。

②自制入库核算。

③产成品出库核算。

④材料领用凭证生成。

⑤产品入库凭证生成。

## 3. 实验情境

①以"钱多多"身份登录账套,核算所有材料出库成本。

②以"钱多多"身份登录账套,进行自制入库成本核算。

③以"钱多多"身份登录账套,核算所有产成品出库成本。

④2018年5月31日,参照生产领料单"SOUT000001"生成凭证。

⑤2018年5月31日,参照产品入库单"CIN000001"生成凭证。

## 4. 实验步骤

(1)材料出库核算

①把系统时间调到2018年5月31日,以"钱多多"身份登录账套。

双击"供应链→存货核算→出库核算→材料出库核算",弹出"结转存货成本 – 介绍"窗口。点击"下一步",进入"第一步"窗口,选中"结转本期所有物料",如图 10-2 所示。

图 10-2

②点击"下一步",进入"第二步"窗口,点击"下一步"按钮,开始计算材料成本,结束后显示"核算成功"的提示,如图 10-3 所示。

③点击"完成"结束,或者点击"查看报告",进入"结转存货成本报告"界面,如图 10-4 所示。

④点击"成本计算表",查看 6 种物料的详细成本计算过程,如图 10-5～图 10-10 所示。

（2）自制入库核算

①以"钱多多"身份登录账套。双击"供应链→存货核算→入库核算→自制入库核算",弹出"过滤"窗口,保持默认条件,点击"确定"按钮,进入"自制入库核算"窗口,如图 10-11 所示。

图 10-3

图 10-4

图 10-5

图 10-6

图 10-7

图 10-8

图 10-9

图 10-10

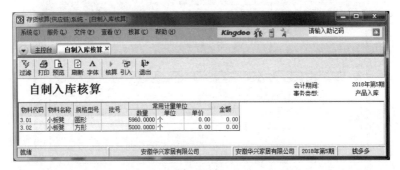

图 10-11

②在"自制入库核算"窗口，若"财务人员"不熟悉该款产品的"BOM 结构"，请记住"3.01 圆形小板凳"信息，向"研发组"协调要求提供该产品的 BOM 档案。即由"陈妍"查询"01 小板凳组"的 BOM 档案，并告知"材料会计"。具体步骤如下：

a. 以"陈妍"身份重新登录账套，双击"计划管理→生产数据管理→BOM 查询→BOM 单级展开"，弹出"过滤"窗口，"BOM 组别"获取小板凳组，其他条件默认，如图 10-12 所示。

b. 点击"确定"按钮，进入"BOM 单级展开"窗口，选择左侧展开至"BOM000002"号，窗口显示"3.01"物料的 BOM 情况，如图 10-13 所示。

c. 选择左侧展开至"BOM000004"号，窗口显示"3.02"物料的 BOM 情况，如图 10-14 所示。

d. 研发组将该档案信息打印或引出后，告知"材料会计"。

③财务人员接到研发组的 BOM 档案，查询 BOM 结构中各子件的成本，然后汇总得出该产品的入库成本。以"钱多多"身份重新登录账套。双击"供应链→存货核算→报表分析→材料明细账"，弹出过滤窗口，条件默认，如图 10-15 所示。

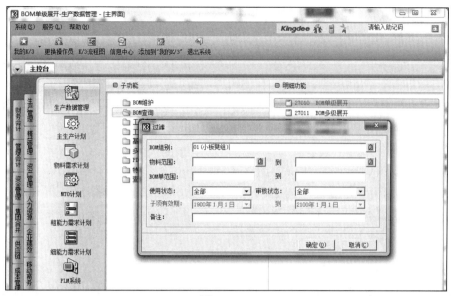

图 10-12

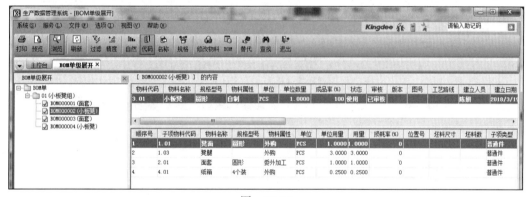

图 10-13

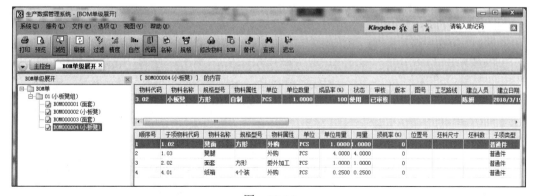

图 10-14

④点击"确定"按钮,进入"材料明细账"窗口。点击"向前"或"后退",查询到"1.01—凳面"的发出成本为 2.6 元(如图 10-16 所示),"1.02—凳面"的发出成本为 2.8 元

(如图10-17所示),"1.03—凳腿"的发出成本为0.7元(如图10-18所示),"4.01—纸箱"的发出成本为12元(如图10-19所示)。

⑤查询"2.01"和"2.02"的成本,因该类物料为"委外加工"材料,所以要在"产成品明细账"中查询。双击"供应链→存货核算→报表分析→产成品明细账",系统弹出过滤窗口,默认,点击"确定"按钮,进入"产成品明细账"窗口,得到"2.01—面套"的成本价为3.51元(如图10-20所示)。点击"向后",得到"2.01—面套"的成本价为4.41元(如图10-21所示)。

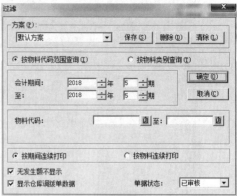

图 10-15

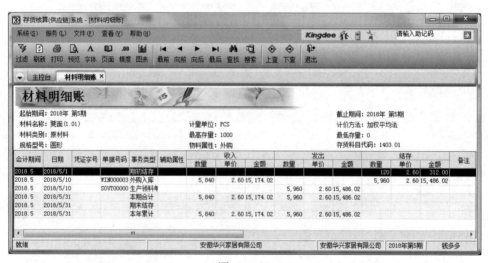

图 10-16

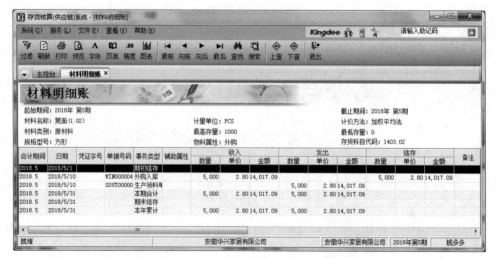

图 10-17

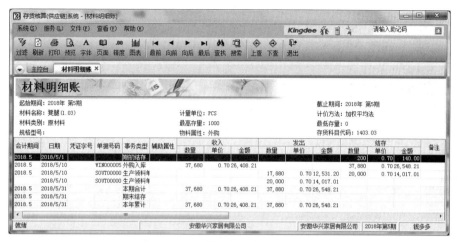

图 10-18

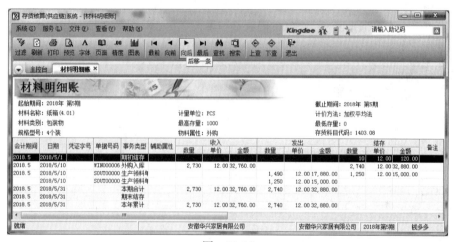

图 10-19

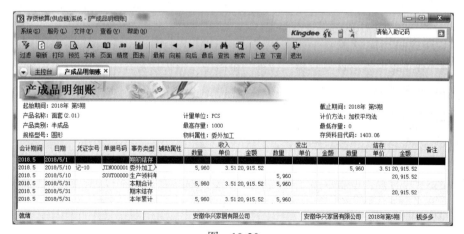

图 10-20

⑥根据 BOM 档案计算 3.01 入库成本为：2.6×1+0.7×3+3.51×1+12×0.25=11.21，3.02 入库成本为：2.8×1+0.7×4+4.41×1+12×0.25=13.01。

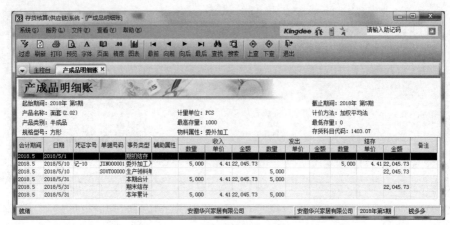

图 10-21

⑦双击"供应链→存货核算→入库核算→自制入库核算",弹出过滤窗口,点击"确定"按钮进入"自制入库核算"窗口,"单价"录入"11.21""13.01",如图 10-22 所示。

图 10-22

⑧点击"核算"按钮,开始计算自制入库核算,稍后弹出提示,表示核算成功。

(3)产成品出库核算

①以"钱多多"身份登录账套。双击"供应链→存货核算→出库核算→产成品出库核算",弹出"介绍"窗口,点击"下一步"按钮,进入"第一步(产成品出库核算)"窗口,选中"结转本期所有物料"。

②点击"下一步"按钮,进入"第二步"窗口。

③点击"下一步"按钮,开始计算出库成本;稍后进入"完成"窗口,点击"完成"结束产成品出库核算。或者点击"查看报告",进入结转存货成本报告,如图 10-23 所示。

④点击"成本计算表",查看产品成本,如图 10-24 ～图 10-27 所示。

(4)材料领用凭证生成

①新增凭证模板。

a. 以"钱多多"身份登录账套。双击"供应链→存货核算→凭证管理→凭证模板",

进入“凭证模板设置”窗口；选择“生产领用”项目，如图 10-28 所示。

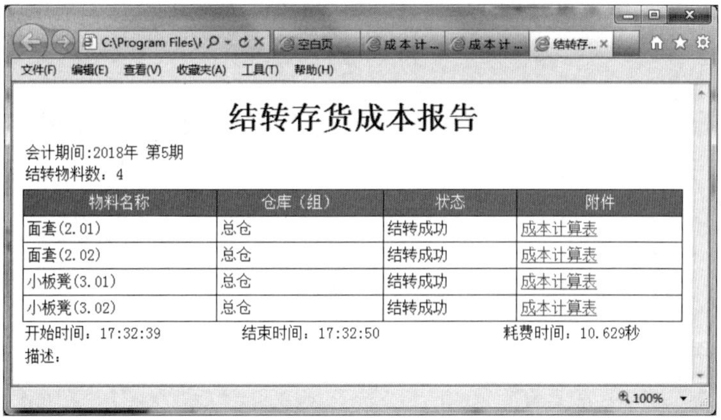

结转存货成本报告

会计期间:2018年 第5期
结转物料数：4

| 物料名称 | 仓库（组） | 状态 | 附件 |
|---|---|---|---|
| 面套(2.01) | 总仓 | 结转成功 | 成本计算表 |
| 面套(2.02) | 总仓 | 结转成功 | 成本计算表 |
| 小板凳(3.01) | 总仓 | 结转成功 | 成本计算表 |
| 小板凳(3.02) | 总仓 | 结转成功 | 成本计算表 |

开始时间：17:32:39　结束时间：17:32:50　耗费时间：10.629秒
描述：

图 10-23

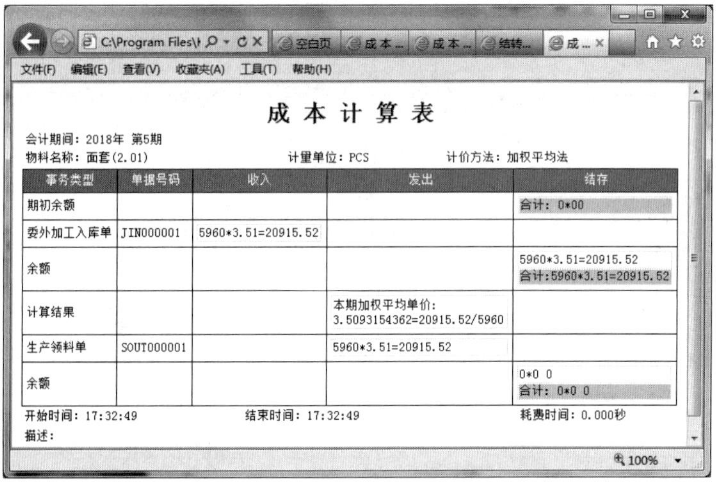

成 本 计 算 表

会计期间：2018年 第5期
物料名称：面套(2.01)　计量单位：PCS　计价方法：加权平均法

| 事务类型 | 单据号码 | 收入 | 发出 | 结存 |
|---|---|---|---|---|
| 期初余额 | | | | 合计：0*00 |
| 委外加工入库单 | JIN000001 | 5960*3.51=20915.52 | | |
| 余额 | | | | 5960*3.51=20915.52<br>合计:5960*3.51=20915.52 |
| 计算结果 | | | 本期加权平均单价:<br>3.5093154362=20915.52/5960 | |
| 生产领料单 | SOUT000001 | | 5960*3.51=20915.52 | |
| 余额 | | | | 0*0 0<br>合计：0*0 0 |

开始时间：17:32:49　结束时间：17:32:49　耗费时间：0.000秒
描述：

图 10-24

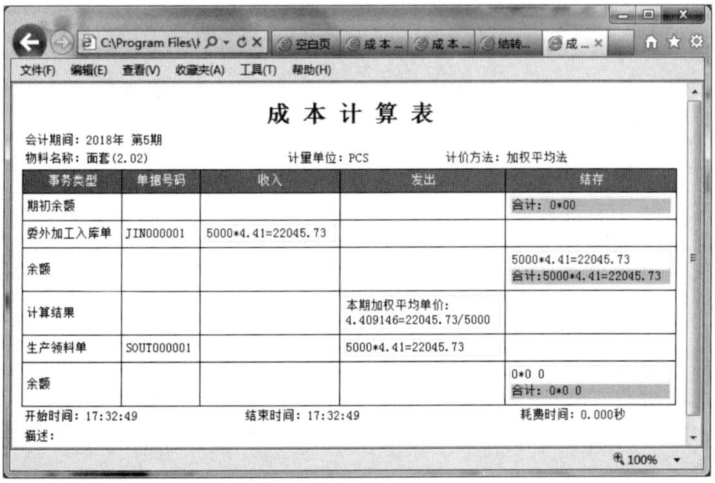

成 本 计 算 表

会计期间：2018年 第5期
物料名称：面套(2.02)　计量单位：PCS　计价方法：加权平均法

| 事务类型 | 单据号码 | 收入 | 发出 | 结存 |
|---|---|---|---|---|
| 期初余额 | | | | 合计：0*00 |
| 委外加工入库单 | JIN000001 | 5000*4.41=22045.73 | | |
| 余额 | | | | 5000*4.41=22045.73<br>合计:5000*4.41=22045.73 |
| 计算结果 | | | 本期加权平均单价:<br>4.409146=22045.73/5000 | |
| 生产领料单 | SOUT000001 | | 5000*4.41=22045.73 | |
| 余额 | | | | 0*0 0<br>合计：0*0 0 |

开始时间：17:32:49　结束时间：17:32:49　耗费时间：0.000秒
描述：

图 10-25

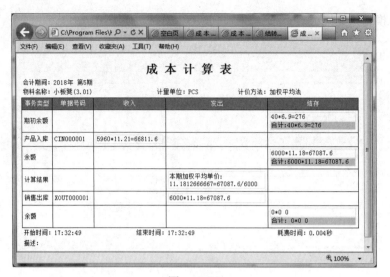

成本计算表

会计期间：2018年 第5期

物料名称：小板凳(3.01)　计量单位：PCS　计价方法：加权平均法

| 事务类型 | 单据号码 | 收入 | 发出 | 结存 |
| --- | --- | --- | --- | --- |
| 期初余额 | | | | 40*6.9=276<br>合计:40*6.9=276 |
| 产品入库 | CIN000001 | 5960*11.21=66811.6 | | |
| 余额 | | | | 6000*11.18=67087.6<br>合计:6000*11.18=67087.6 |
| 计算结果 | | | 本期加权平均单价:<br>11.1812666667=67087.6/6000 | |
| 销售出库 | XOUT000001 | | 6000*11.18=67087.6 | |
| 余额 | | | | 0*0 0<br>合计: 0*0 0 |

开始时间：17:32:49　结束时间：17:32:49　耗费时间：0.004秒

描述：

图 10-26

成本计算表

会计期间：2018年 第5期

物料名称：小板凳(3.02)　计量单位：PCS　计价方法：加权平均法

| 事务类型 | 单据号码 | 收入 | 发出 | 结存 |
| --- | --- | --- | --- | --- |
| 期初余额 | | | | 合计: 0*00 |
| 产品入库 | CIN000001 | 5000*13.01=65050 | | |
| 余额 | | | | 5000*13.01=65050<br>合计:5000*13.01=65050 |
| 计算结果 | | | 本期加权平均单价:<br>13.01=65050/5000 | |
| 销售出库 | XOUT000001 | | 5000*13.01=65050 | |
| 余额 | | | | 0*0 0<br>合计: 0*0 0 |

开始时间：17:32:49　结束时间：17:32:49　耗费时间：0.004秒

描述：

图 10-27

b. 点击“新增”按钮，进入“凭证模板”新增窗口，模板编号录入“LL001”，模板名称录入“生产领料凭证”，凭证字选择“记”。

点击第1行“科目来源”项，选择“凭证模板”，在科目处按F7功能键获取“5001.01—直接材料”科目，借贷方向选择“借”，金额来源选择“生产领料单实际成本”。

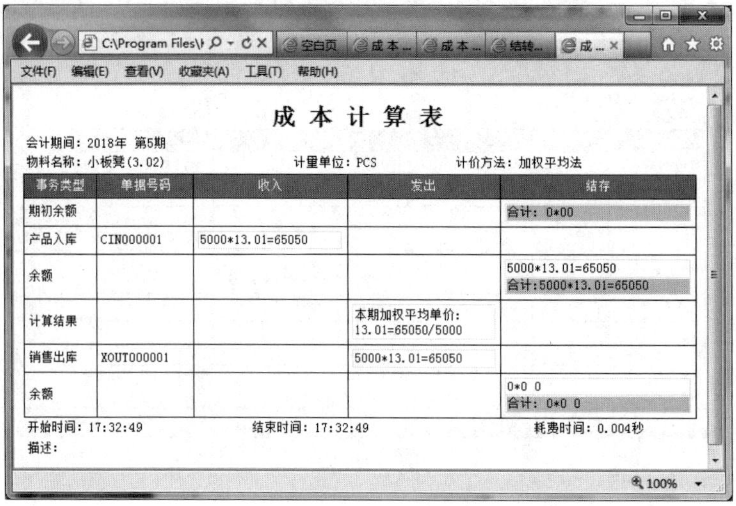

点击“摘要”按钮，弹出“摘要定义”窗口，录入“生产领料”，点击“确定”按钮返回“凭证模板”窗口。

第2行的科目来源选择“单据上物料的存货科目”选项，借贷方向选择“贷”，金额来源选择“生产领料单实际成本”选项，完成后如图10-29所示。

c. 点击“保存”按钮保存当前模板，点击“退出”按钮返回“凭证模板设置”窗口。选中“LL001”号凭证模板，点击菜单“编辑→设为默认模板”。

图 10-28

图 10-29

② 生成凭证。

a. 双击 "供应链→存货核算→凭证管理→生成凭证",进入"生成凭证"窗口;选中左侧"生产领用",点击工具栏上的"重设"按钮,弹出"过滤"窗口,保持默认条件;点击"确定"按钮,系统弹出满足条件的单据显示,选中"SOUT000001"生产领料单,如图 10-30 所示。

b. 点击"生成凭证"按钮,系统开始自动处理,稍后弹出提示窗口,点击"确定"完成凭证生成工作。再次选中"SOUT000001"生产领料单,点击"凭证"按钮,弹出生成的凭证窗口,如图 10-31 所示。

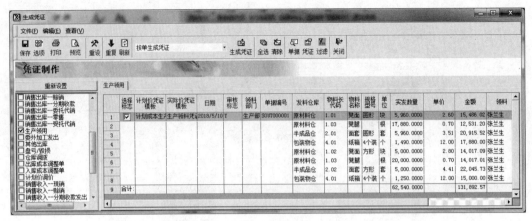

图 10-30

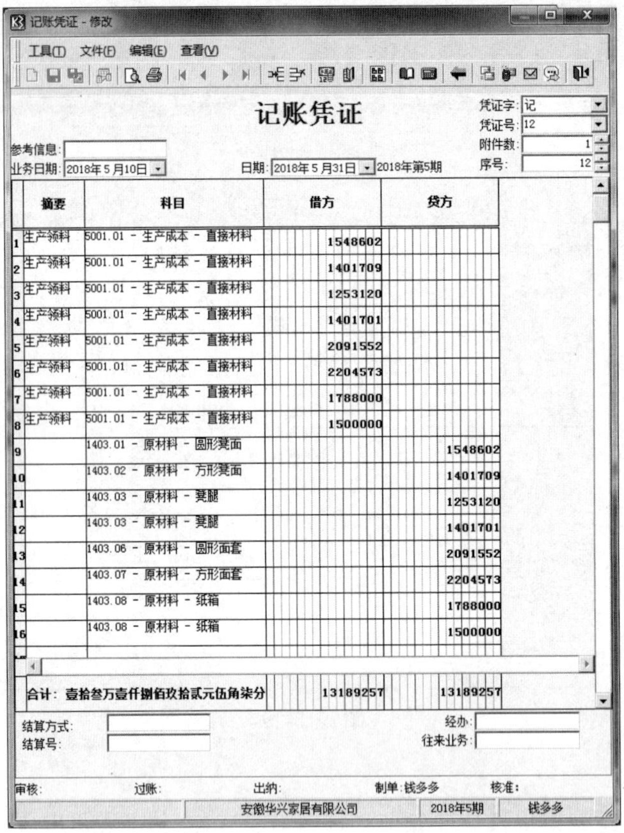

图 10-31

**（5）产品入库单生成凭证**

①新增凭证模板。

a. 以"钱多多"身份登录账套，双击"供应链→存货核算→凭证管理→凭证模板"，进入"凭证模板设置"窗口；选择"产品入库"项目，点击"新增"按钮，进入"凭证模板"新增窗口，如图10-32所示。

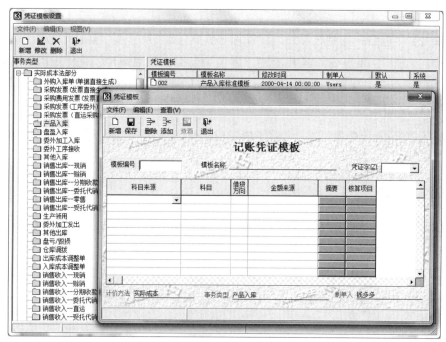

图　10-32

b. 模板编号录入"RK001",模板名称录入"产品入库凭证",凭证字选择"记"。

点击第 1 行"科目来源"项,选择"单据上物料的存货科",借贷方向选择"借",金额来源选择"产品入库单实际成本"。

点击"摘要"按钮,弹出"摘要定义"窗口,在"摘要"中录入"产品入库单",点击"确定"按钮返回"凭证模板"窗口。

第 2 行的科目来源选择"凭证模板",在科目处按 F7 功能键获取"5001.01—直接材料"科目,借贷方向选择"贷",金额来源选择"产品入库单实际成本",如图 10-33 所示。

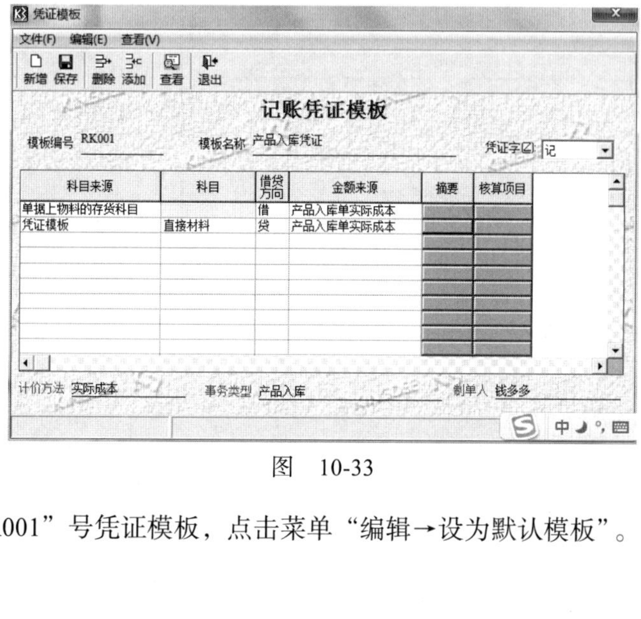

图　10-33

c. 选中"RK001"号凭证模板,点击菜单"编辑→设为默认模板"。

②生成凭证。

a. 双击"供应链→存货核算→凭证管理→生成凭证",进入"生成凭证"窗口,选中左侧"产品入库",再点击工具栏上的"重设"按钮,系统弹出"条件过滤"窗口,保持默认条件,点击"确定"按钮,显示满足条件的单据,选择"按单生成凭证",选中"CIN000001"产品入库单,如图10-34所示。

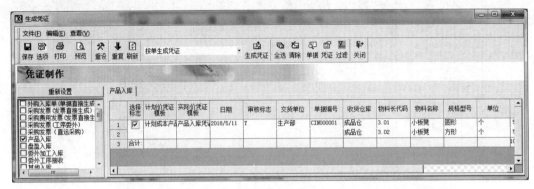

图 10-34

b. 点击"生产凭证",系统开始自动处理,稍后弹出提示窗口,点击"确定",完成凭证生成。再次选中ZPOFP000001采购发票,点击"凭证"按钮,弹出生成的凭证窗口,如图10-35所示。

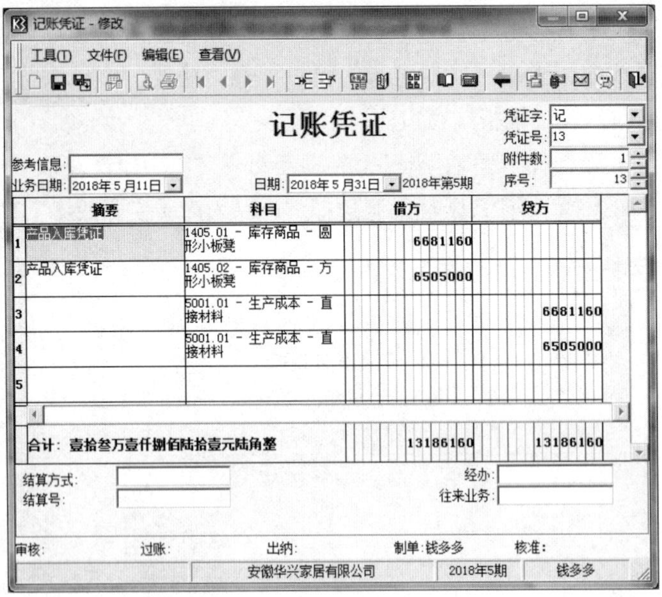

图 10-35

# 第 11 章

# 账簿及财务报表

## 11.1 账簿

### 11.1.1 账簿的含义

账簿是有专门格式而又联结在一起的若干账页所组成,按照会计科目开设账户,以会计凭证为依据用来序时地、分类地记录和反映单位经济活动全部过程的簿籍。会计账簿是会计资料的主要载体之一。

根据会计凭证在有关账户中进行登记,就是指把会计凭证所反映的经济业务内容记入设立在账簿中的账户,即通常所说的登记账簿,也称记账。

### 11.1.2 账簿的作用

设置账簿是会计工作的一个重要环节,登记账簿则是会计核算的一种专门方法。科学地设置账簿和正确地登记账簿对于全面完成会计核算工作具有重要意义。

#### 1. 会计账簿是对凭证资料的系统总结

在会计核算中,一张会计凭证只能反映一项或几项经济业务,所提供的信息是零星的、片断的、不连续的,不能把某一时期的全部经济活动完整地反映出来。账簿既能够提供总括的核算资料,又能够提供详细的资料;既能够提供分类核算资料,又能够提供序时核算资料,进而反映经济活动的轨迹。这对于企业、单位加强经济核算、提高管理水平、探索资金运动规律具有重要作用。

#### 2. 会计账簿是考核企业经营情况的重要依据

通过登记账簿,可以发现整个经济活动的运行情况,完整地反映企业经营成果和财务状况，评价企业的总体经营情况；同时，可以监督和促进各企业、单位遵纪守法、依法经营。

**3. 会计账簿是财务报表资料的主要来源**

企业定期编制财务报表的各项数据均来源于账簿的记录。企业在编制财务报表和披露相关附注时，对于生产经营状况、利润实现和分配情况、税金缴纳情况、各种财产物资变动情况等需要说明的，也主要以账簿记录的数据为依据。从这个意义上说，账簿的设置和登记是否准确、真实、齐全，直接影响到财务报告的质量。

### 11.1.3 账簿的分类

账簿的种类繁多，不同的账簿，其用途、形式、内容和登记方法都各不相同，因此反映会计信息载体之一的账簿形式多样化。为了更好地了解和使用各种账簿，有必要对账簿进行分类。在实际工作中，人们使用最多的有两种分类方式。

**1. 按照账簿的用途分为序时账簿、分类账簿和备查账簿**

（1）序时账簿，也称日记账，是按照经济业务发生时间的先后顺序逐日、逐笔登记的账簿。序时账簿包括普通日记账和特种日记账。其中，普通日记账是对全部经济业务都按其发生时间的先后顺序逐日、逐笔登记的账簿；特种日记账是只对某一特定种类经济业务按其发生时间的先后顺序逐日、逐笔登记的账簿，例如库存现金日记账和银行存款日记账等属于此类账簿。

（2）分类账簿是对全部经济业务按总分类账和明细分类账进行分类登记的账簿。总分类账簿，简称总账，是根据总账科目开设账户，用来分类登记全部经济业务，提供总括核算资料的账簿。明细分类账簿，简称明细账，是根据总账科目所属明细科目开设账户，用以分类登记某一类经济业务，提供明细核算资料的账簿。

（3）备查账簿，是对某些在日记账和分类账等主要账簿中未能记载或记载不全的事项进行补充登记的账簿。备查账簿只是对其他账簿记录的一种补充，与其他账簿之间不存在严密的依存和钩稽关系，例如，租入固定资产备查簿、应付票据备查簿等。

**2. 纸质账簿按照形式的不同可以分为订本式账簿、活页式账簿和卡片式账簿**

（1）订本式账簿，简称订本账，是把具有一定格式的账页加以编号并订成固定本册的账簿。一般对于比较重要的内容采用订本式账簿，如库存现金日记账、银行存款日记账以及总分类账必须采用订本账。

（2）活页式账簿，简称活页账，是把零散的账页装在账夹内，可以随时增添账页的账簿。通常情况下，明细分类账可根据需要采用活页账。

（3）卡片式账簿，简称卡片账，是将硬卡片作为账页，存放在卡片箱内保管的账簿。它实际上是一种活页账。卡片账主要用于不经常变动的内容的登记，如固定资产明细账。

## 11.1.4 总分类账簿和明细分类账簿

### 1. 总账和明细账之间的关系

总分类账户是所属明细分类账户资料的综合，对所属明细分类账户起统驭作用；明细分类账户是有关总分类账户的具体化，对有关总分类账户起辅助作用。

### 2. 总分类账户与明细分类账户的平行登记

总分类账户和明细分类账户所反映的对象是相同的，登记时的原始依据也是相同的，它们所提供的资料是相互补充的，既总括又详细地说明了同一事物。因此就有必要应用平行登记的方法来登记总分类账户和明细分类账户。

平行登记是对同一经济业务，在记入有关总分类账户的同时，还要按照相同的方向、相同的数额记入其所属的一个或几个明细分类账户。

### 3. 平行登记的要点

（1）同内容，即总账与明细账登记的是同一项经济业务内容（内容相同）。

（2）同方向，即总账与明细账登记的方向一般是一致的（方向相同）。

（3）同金额，即总账与明细账登记的金额是相等的（金额相等）。

### 4. 平行登记的结果

总分类账户的期初余额、本期发生额、期末余额和它所属的各分类账户的期初余额、本期发生额、期末余额之和分别相等。

## 11.2 财务报表

### 11.2.1 财务报表的定义

财务报表是根据公认会计准则，以表格形式概括反映企业财务状况、经营成果、现金流量等会计信息的书面文件。按《企业会计准则第 30 号——财务报表列报》的规定，财务报表是对企业财务状况、经营成果和现金流量的结构性表述。财务报表至少应当包括资产负债表、利润表、现金流量表、所有者权益（或股东权益）变动表和附注。其中，资产负债表、利润表、现金流量表、所有者权益（或股东权益）变动表属于基本财务报表，附注是对基本财务报表的信息进行进一步的说明、补充或解释，以便帮助使用者理解和使用报表信息。

### 11.2.2 财务报表的种类

企业的财务报表分为年度、半年度、季度和月度财务报表。月度、季度财务报表是指月度和季度终了提供的财务报表，半年度财务报表是指每个会计年度的前 6 个月结束后对外提供的财务报表，年度财务报表是指年度终了对外提供的财务报表。其中，将半年度、季度和月度财务报表统称为中期财务报表。

通常情况下,企业年度财务报表的会计期间是指公历每年的 1 月 1 日至 12 月 31 日,半年度财务报表的会计期间是指公历每年的 1 月 1 日至 6 月 30 日或 7 月 1 日至 12 月 31 日,季度财务报表的会计期间是指公历每一季度,月度财务报表的会计期间则是指公历每月 1 日至最后一日。

### 11.2.3 财务报表的编制

本小节简单地介绍资产负债表和利润表的编制。

**1. 资产负债表**

(1)资产负债表的内容。

企业编制资产负债表的目的是如实反映企业在资产负债表日所拥有的资源、所承担的债务和所有者所拥有的权益金额及其结构情况,从而有助于使用者评价企业资产的质量以及短期偿债能力、长期偿债能力和利润分配能力等。资产负债表遵循了"资产=负债+所有者权益"这一会计恒等式,全面地揭示企业在某一特定日期所拥有或控制的经济资源、所承担的债务以及偿债以后属于所有者的剩余权益。

(2)资产负债表的格式。

资产负债表一般有表首、正表两部分。其中,表首概括地说明报表名称、编制单位、报表日期、报表编号、货币名称、计量单位等。正表则列示了用以说明企业财务状况的各个项目。在我国,资产负债表正表的格式采用账户式,账户式资产负债表是左右结构,左边列示资产,右边列示负债和所有者权益,资产负债表左右双方平衡,即资产总计等于负债和所有者权益总计。

在资产负债表中,资产按照流动性分类分项列示,包括流动资产和非流动资产;负债按照其流动性分类分项列示,包括流动负债和非流动负债;所有者权益按照实收资本(股本)、资本公积、盈余公积、未分配利润等项目分项列示。

(3)资产负债表的编制方法。

企业会计准则规定:会计报表至少应当反映相关两个期间的比较数据。也就是说,企业需要提供比较资产负债表,因此,资产负债表各项目需要分为"年初数"和"期末数"两栏分别填列。表中"年初数"栏内各项目数字,应根据上年年末资产负债表"期末数"栏内所列数字填列。

① "货币资金"项目,应根据"库存现金""银行存款""其他货币资金"账户的期末余额合计填列。

② "应收票据"项目,应根据"应收票据"账户的期末余额填列。

③ "应收账款"项目,应根据"应收账款"账户和"预收账款"账户所属各明细账的期末借方余额合计,减去"坏账准备"账户中有关应收账款计提的坏账准备期末余额后的金额填列。

④"预付款项"项目，应根据"预付账款"账户所属各明细账户的期末余额合计填列。"预付账款"账户所属有关明细账期末有贷方余额的，应在本表"应付账款"项目内填列。"应付账款"账户所属明细账有借方余额的，也应包括在本项目内。

⑤"存货"项目，应根据"在途物资""原材料""库存商品""生产成本"等账户的期末余额合计，减去"存货跌价准备"账户期末余额后的金额填列。

⑥"固定资产"项目，应根据"固定资产"账户余额减去"累计折旧"账户和"固定资产减值准备"账户余额后的金额填列。

⑦"无形资产"项目，应根据"无形资产"账户余额减去"累计摊销"账户和"无形资产减值准备"账户余额后的金额填列。

⑧"短期借款"项目，应根据"短期借款"账户的期末余额填列。

⑨"应付票据"项目，应根据"应付票据"账户的期末余额填列。

⑩"应付账款"项目，应根据"应付账款"账户和"预付账款"账户所属各有关明细账的期末贷方余额合计填列。

⑪"预收款项"项目，应根据"预收账款"和"应收账款"账户所属各有关明细账户的期末贷方余额合计填列。如"预收账款"账户所属有关明细账户有借方余额，应在本表"应收账款"项目内填列。

⑫"应付职工薪酬"项目，应根据"应付职工薪酬"账户期末余额填列。

⑬"应交税费"项目，应根据"应交税费"账户的期末贷方余额填列。

⑭"实收资本（或股本）"项目，应根据"实收资本（或股本）"账户的期末余额填列。

⑮"资本公积"项目，应根据"资本公积"账户的期末余额填列。

⑯"盈余公积"项目，应根据"盈余公积"账户的期末余额填列。

⑰"未分配利润"项目，应根据"本年利润"账户和"利润分配"账户的余额计算填列。

**2. 利润表**

（1）利润表的内容。

利润表是反映企业在某一会计期间经营成果情况的报表，反映了企业经营业绩的主要来源和构成。企业编制利润表的目的是通过如实反映企业实现的收入、发生的费用以及应当计入当期利润的利得和损失等金额及其结构情况，判断企业在该期间内的投入与产出的比例关系，从而有助于使用者分析评价企业的盈利能力及其构成与质量，预测企业盈利趋势。

（2）利润表的格式。

利润表一般有表首、正表两部分。其中，表首概括地说明报表名称、编制单位、报表所属期间、报表编号、货币名称、计量单位等，正表反映形成经营成果的各个项目和计算过程。在我国，利润表的正表一般采用多步式，即通过对当期的收入、费用、支出项目按性质或功能加以归类，按利润形成的主要环节列示一些中间性利润指标，如营业利润、利润总额、净利润，分步计算当期净利润。

（3）利润表的编制方法。

企业会计准则规定：会计报表至少应当反映相关两个期间的比较数据。也就是说，企业需要提供比较利润表，因此，利润表各项目需要分为"本期数"和"上期数"两栏分别填列。利润表中"本期数"栏反映各项目的本期实际发生数；在编报某月、某季度、某半年利润表时，填列上年同期实际发生数，在编报年度利润表时，填列上年全年实际发生数。

利润表中的各项目金额，一般是根据有关账户的本期发生额来填列的。

①"营业收入"项目，应根据"主营业务收入"账户和"其他业务收入"账户的发生额合计分析填列。

②"营业成本"项目，应根据"主营业务成本"账户和"其他业务成本"账户的发生额合计分析填列。

③"税金及附加"项目，应根据"税金及附加"账户的发生额分析填列。

④"销售费用"项目，应根据"销售费用"账户的发生额分析填列。

⑤"管理费用"项目，应根据"管理费用"账户的发生额分析填列。

⑥"财务费用"项目，应根据"财务费用"账户的发生额分析填列。

⑦"营业外收入"项目，应根据"营业外收入"账户的发生额分析填列。

⑧"营业外支出"项目，应根据"营业外支出"账户的发生额分析填列。

⑨"所得税费用"项目，应根据"所得税费用"账户的发生额分析填列。

⑩"净利润"项目，反映企业实现的净利润。如为净亏损，以"－"填列。

实验 15

# 总账凭证处理实验

## 1. 实验目的及要求

①通过本实验让学生掌握总账系统日常账务处理工作,包括凭证录入与审核、凭证查询与修改、凭证过账。

②掌握期末账务处理工作,包括期末调汇、自动转账和结转损益。

## 2. 实验内容

①凭证处理。

②期末业务处理。

## 3. 实验情境

① 2018 年 5 月 31 日,收到张华投资款 20 000 美元,处理汇率为 6.65,已经汇入"人民银行蚌埠高新支行"账户。录入并保存凭证。

② 2018 年 5 月 31 日,李啸经因市场业务出差报销出差费 3 000 元,以现金支付。录入并保存凭证。

③ 2018 年 5 月 31 日,计提固定资产折旧费用。生产部折旧费用为 4 200 元,市场部折旧费用为 500 元,办公室所有固定资产折旧为 1 800 元。录入并保存凭证。

④ 2018 年 5 月 31 日,以"崔财景"身份审核所有凭证。

⑤ 2018 年 5 月 31 日,以"崔财景"身份过账所有凭证。

⑥ 2018 年 5 月 31 日,以"钱多多"身份进行期末调汇处理。美元的期末汇率为 6.60,调汇后生成凭证;再以"崔财景"身份审核和过账该凭证。

⑦ 2018 年 5 月 31 日，以"钱多多"身份设置"制造费用转生产成本"模板，再生成凭证；再以"崔财景"身份审核和过账该凭证。

⑧ 2018 年 5 月 31 日，以"钱多多"身份设置"生产成本转库存商品"模板，再生成凭证；再以"崔财景"身份审核和过账该凭证。

⑨ 2018 年 5 月 31 日，以"钱多多"身份设置"库存商品转主营业务成本"模板，再生成凭证；再以"崔财景"身份审核和过账该凭证。

⑩ 2018 年 5 月 31 日，以"钱多多"身份进行期末"结转损益"操作，再生成凭证；再以"崔财景"身份审核和过账该凭证。

## 4. 实验步骤

### （1）凭证录入

① 2018 年 5 月 31 日，收到张华投资款 20 000 美元，处理汇率为 6.65，已经汇入"人民银行蚌埠高新支行"账户，录入并保存凭证，业务处理步骤如下：

a. 以"钱多多"身份登录账套。双击"财务会计→总账→凭证处理→凭证录入"，进入"记账凭证"处理窗口，如图 11-1 所示。

图 11-1

b. 摘要录入"实收投资款",将光标放置"科目"项,获取"1002.02——人民银行蚌埠高新支行"科目。请注意窗口的变化:因系统检测到该科目的属性为核算"美元",系统自动切换到外币处理状态,并弹出"现在是否维护汇率表"的提示信息,如图 11-2 所示。

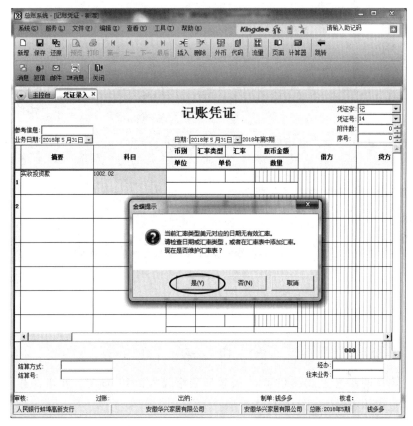

图 11-2

c. 点击"是",弹出汇率体系窗口,如图 11-3 所示。

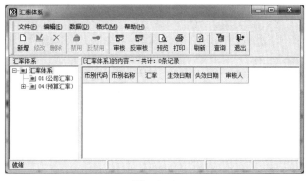

图 11-3

d. 点击工具栏上的"查询"按钮,选择"币别名称",录入"美元",按回车键或点击查询条件上方的"查询"按钮开始查询,如图 11-4 所示。

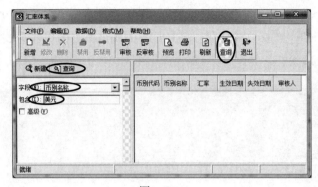

图 11-4

e. 选中美元汇率记录，点击修改，如图 11-5 所示。

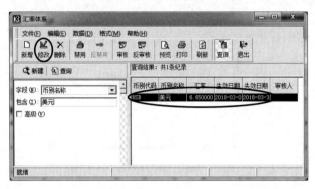

图 11-5

f. 将生效日期修改为 2018-03-01，失效日期修改为 2018-05-31，点击保存，如图 11-6 所示。返回汇率体系界面，如图 11-7 所示。

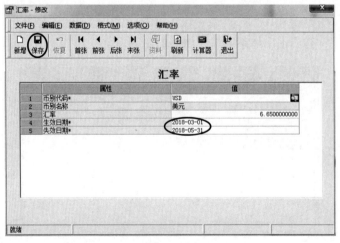

图 11-6

g. 双击选中修改后的美元记录，返回凭证录入窗口。在"原币金额"录入 20 000，系统自动计算出本位币金额；第 2 条分录，摘要录入"实收投资款"，科目获取"4001.02—

实收资本—张华",贷方录入 133 000,或按 CTRL+F7 自动找平。点击"保存"按钮,保存当前凭证,具体如图 11-8 所示。

图 11-7

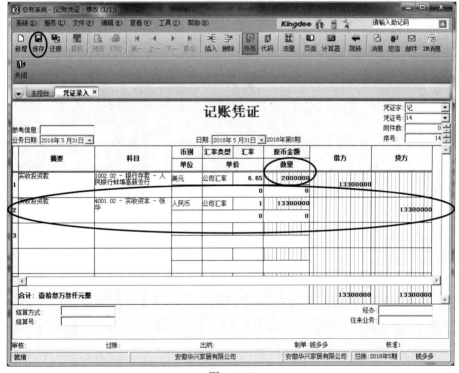

图 11-8

② 2018 年 5 月 31 日,李啸经因市场业务出差报销出差费 3 000 元,以现金支付,录入并保存凭证,业务处理步骤如下:

a. 继前一张凭证操作,点击"新增"按钮,进入一张空白"记账凭证"处理窗口。

b. 摘要录入"李啸经报销费用",将光标放置在"科目"项,获取"6601.01—差旅费"科目,借方金额为 3 000;第 2 条分录,摘要录入"李啸经报销费用",科目获取

"1001.01—人民币",贷方录入 3 000,或 CTRL+F7 自动找平。点击"保存"按钮,保存当前凭证。具体如图 11-9 所示。

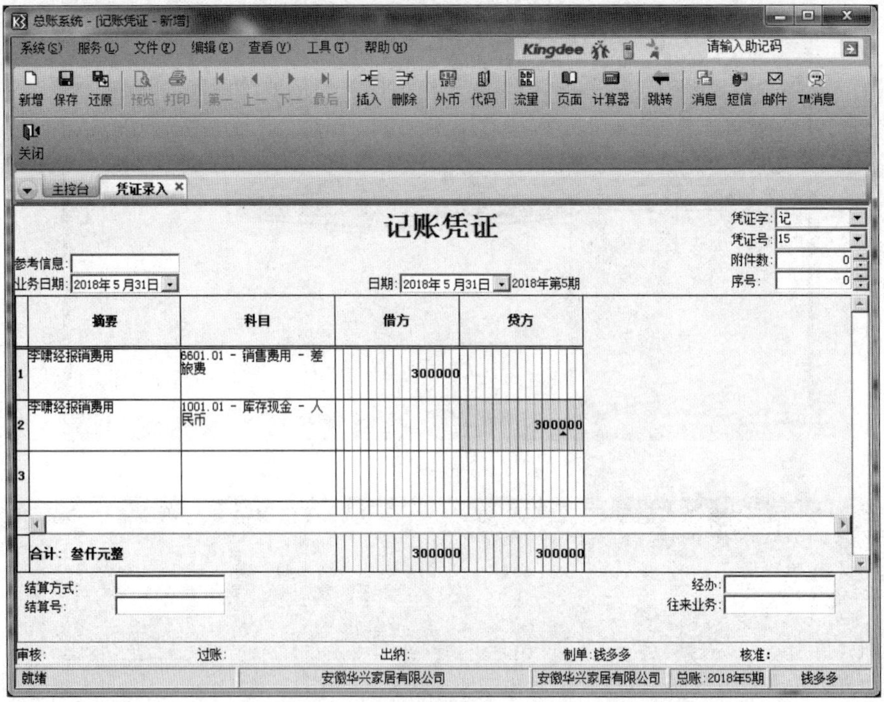

图 11-9

③ 2018 年 5 月 31 日计提固定资产折旧费用:生产部折旧费用为 4 200 元,市场部折旧费用为 500 元,办公室所有固定资产折旧为 1 800 元,录入并保存凭证,业务处理步骤如下:

  a.继前一张凭证操作,点击"新增"按钮,进入一张空白"记账凭证"处理窗口。

  b.摘要录入"计提固定资产折旧费",将光标放置在"科目"项,获取"5101.03—折旧费"科目,借方金额为 4 200;第 2 条分录,摘要录入"计提固定资产折旧费",科目获取"6601.03—折旧费",借方金额录入 500;第 3 条分录,摘要录入"计提固定资产折旧费",科目获取"6602.06—折旧费",借方金额录入 1 800;第 4 条分录,摘要录入"计提固定资产折旧费",科目获取"1602—累计折旧",将光标放置在"贷方"金额处,按 CTRL+F7 组合键,系统自动找平该凭证。点击"保存"按钮,保存当前凭证。具体如图 11-10 所示。

(2)凭证查询

凭证录入完成,可以进行查询操作,通过查询可以发现凭证正确与否,并进行相关操作,如凭证修改、删除和审核等。凭证查询时可以根据自定义条件查询满足条件的凭证,如查询某日、某个会计科目等条件的所有凭证。凭证查询操作步骤如下:

  以"钱多多"身份登录账套。双击"财务会计→总账→凭证处理→凭证查询",弹出"会计分录序时簿过滤"窗口,查询条件下选中"全部",点击"确定"按钮(如图 11-11

所示），进入"会计分录序时簿"窗口，如图11-12所示。

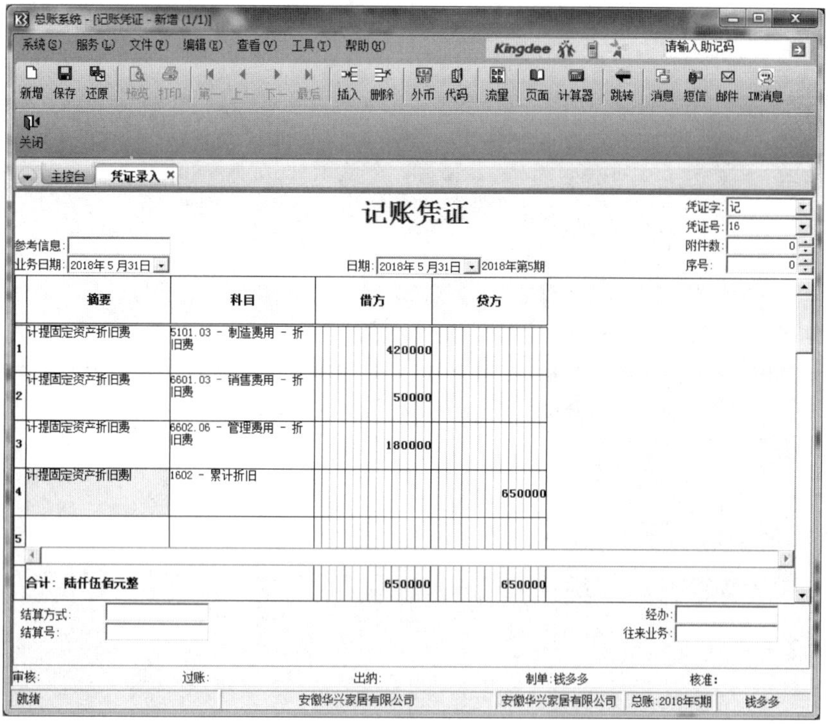

图 11-10

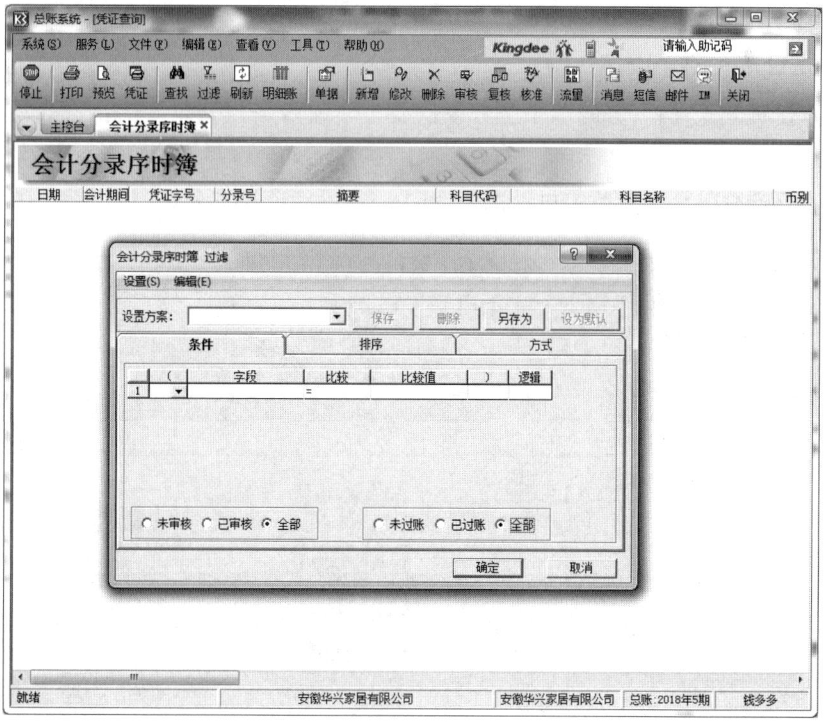

图 11-11

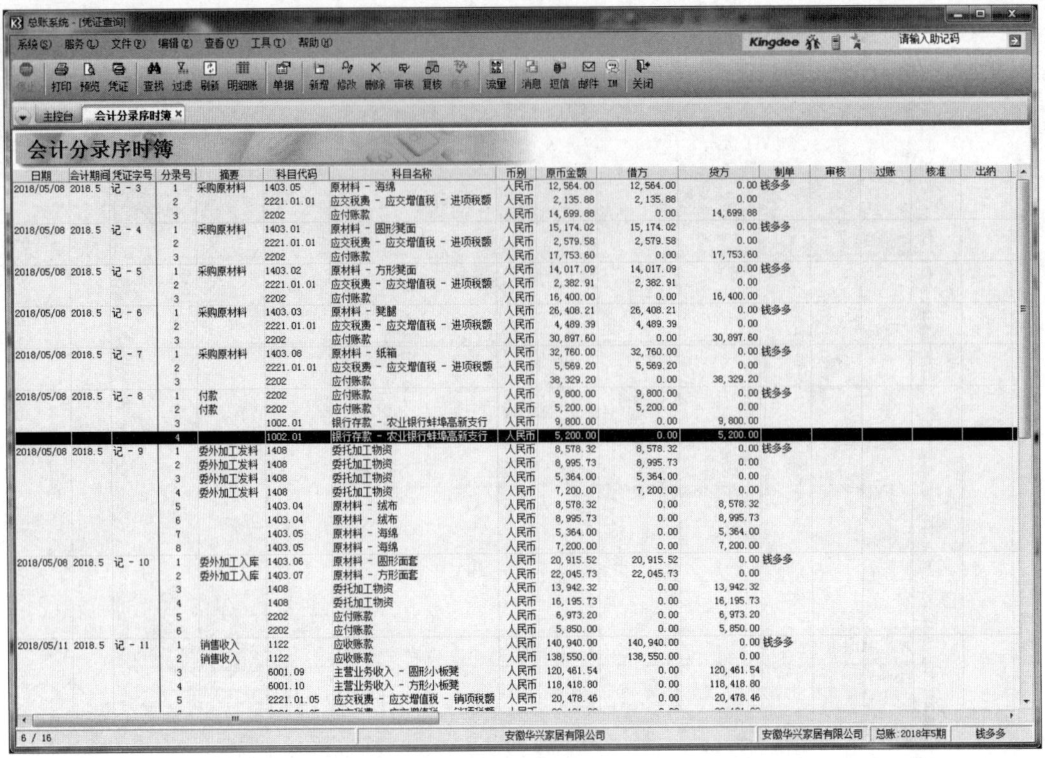

图 11-12

在"会计分录序时簿"窗口可以进行凭证的查找、新增、修改和审核等操作。

**(3) 凭证的修改和删除**

下面以修改"记 14"号的第 1 条分录摘要"实收张华投资款"为例,介绍凭证修改操作方法,具体步骤如下。

①在"会计分录序时簿"窗口,选中"记 14"号凭证任意分录,如图 11-13 所示。

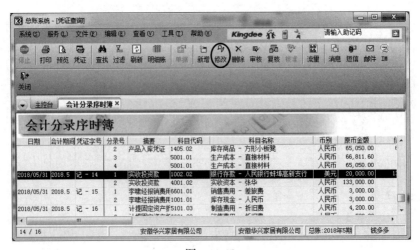

图 11-13

②点击工具栏上的"修改"按钮，进入"记账凭证/修改"窗口，将第 1 行分录摘要直接修改为"实收张华投资款"，点击"保存"按钮保存修改操作。修改成功后的凭证如图 11-14 所示。

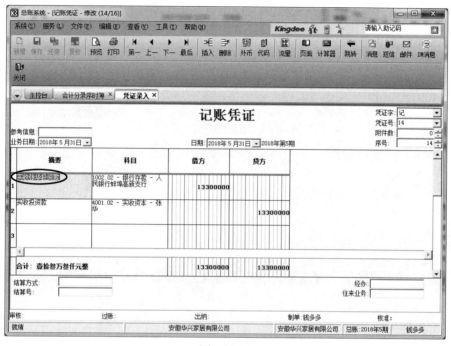

图　11-14

（4）凭证审核

注意，审核人不能与制单人为同一人，更换操作员，以"崔财景"身份登录账套。双击"财务会计→总账→凭证处理→凭证查询"。

单张审核：选中要审核的凭证，如选中"记 2"号凭证，点击工具栏上的"审核"按钮。

成批审核：为提高工作效率，系统提供"成批审核"功能，方法如下。

①在"会计分录序时簿"窗口，选择菜单"编辑→成批审核"，系统弹出"成批审核凭证"窗口，如图 11-15 所示。

②选中"审核未审核的凭证"项，点击"确定"按钮，稍后系统弹出提示窗口，点击"确定"按钮完成审核操作，如图 11-16 所示。

③凭证审核完成后，"会计分录序时簿"界面的"审核"栏会显示审核人姓名，如图 11-17 所示。

取消审核：已经审核的凭证不能随意修改，必须由审核人取消审核后才能进行修改。取消审核又称为反审核。下面以取消"记 2"凭证的审核为例，讲解取消审核方法：首先，在"会计分录序时簿"中选中要取消审核的凭证"记 2"；其次，点击工具栏上的"审核"按钮，进入"记账凭证/审核"窗口。最后，点击工具栏上的"审核"按钮，这时凭证左下角"审核"处审核人消失，表示取消审核成功。系统也可以进行成批取消审核功能，在成批审核操作基础上，系统弹出"成批审核凭证"窗口，选择"对已审核的凭证取消审核"项即可。

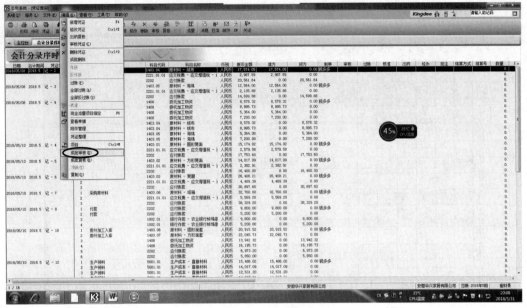

图 11-15

**（5）凭证过账**

凭证过账是指系统根据已录入的凭证的会计科目将其登记到相关的明细账簿。只有本期的凭证过账后才能期末结账。

①以"崔财景"身份登录账套。双击"财务会计→总账→凭证处理→凭证过账"，弹出"凭证过账"窗口，在窗口中根据需要设置相应选项，在此采用默认值，如图 11-18 所示。

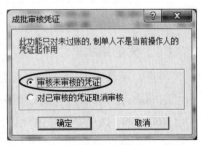

图 11-16

②点击"开始过账"按钮，稍后系统弹出过账情况信息，如图 11-19 所示。

③点击"关闭"按钮。

④双击"财务会计→总账→凭证处理→凭证查询"，查看凭证是否过账完成，过账成功的凭证会在过账项目下显示过账人的用户名，如图 11-20 所示。

**（6）期末调汇**

①把当前电脑时间调整为 2018 年 5 月 31 日，以"钱多多"身份登录账套。双击"系统设置→基础资料→公共资料→汇率体系"，系统进入汇率体系设置窗口。选择左侧"公司汇率"，此时右侧窗口会显示汇率体系记录，如图 11-21 所示。

②选中右侧窗口中汇率记录，点击"修改"按钮，进入"汇率"修改窗口。将失效日期设置为"2018-05-30"，保存设置并退出，如图 11-22 所示。

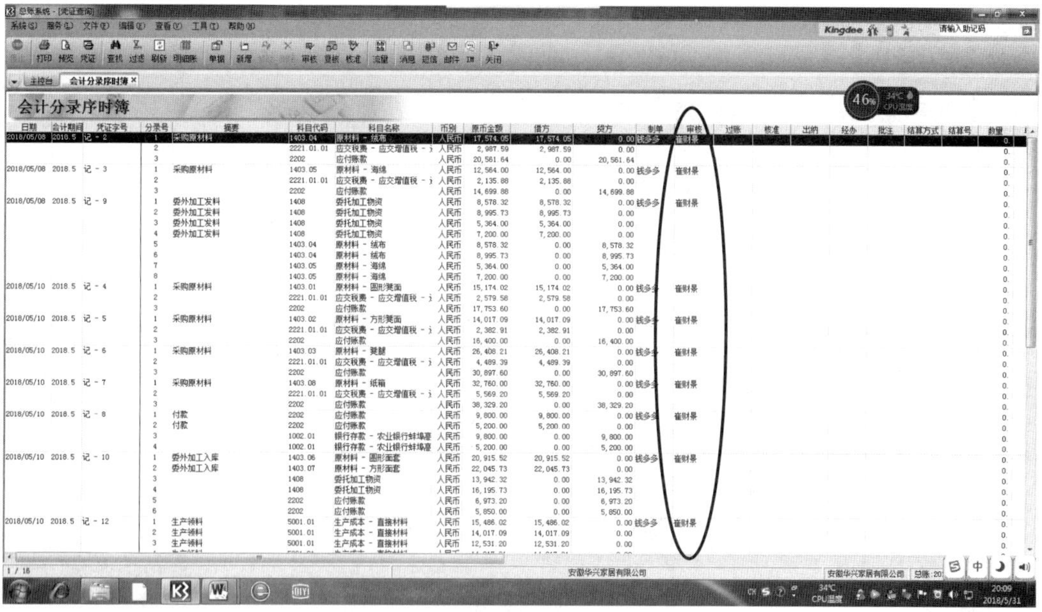

第 11 章 账簿及财务报表 315

图 11-17

图 11-18

图 11-19

图 11-20

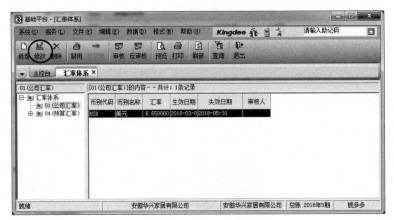

图 11-21

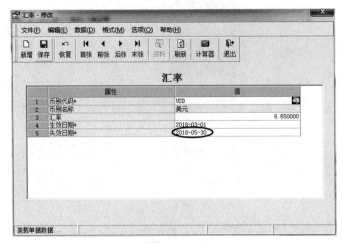

图 11-22

③新增一条汇率记录，以供调汇使用。币别代码选择"USD"，汇率录入"6.60"，生效日期设置为"2018-05-31"，失效日期设置为"2018-06-30"，如图11-23所示。

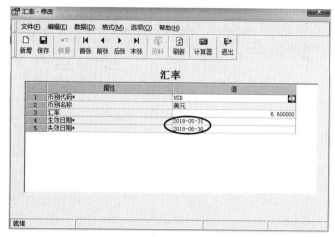

图 11-23

④保存设置并退出汇率体系窗口，如图11-24所示。

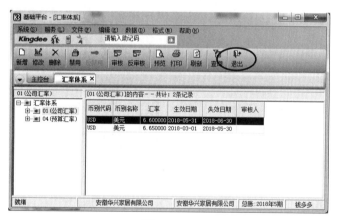

图 11-24

⑤进行期末调汇。双击"财务会计→总账→结账→期末调汇"，如图11-25所示。

⑥系统弹出"期末调汇"窗口，注意调整汇率处显示的是6.60，这是因为调汇日期为"2018-05-31"，系统会自动根据设置的汇率体系档案获取数据，如图11-26所示。

⑦点击"下一步"按钮，进入凭证设置窗口，在"汇兑损益科目"按F7功能键获取"6603.03—调汇"科目，其他保持默认值，点击"完成"（如图11-27所示），弹出生成凭证的提示，如图11-28所示。

⑧以"崔财景"身份登录账套，对刚才生成的凭证进行审核和过账。双击"财务会计→总账→凭证处理→凭证查询"，弹出"会计分录序时簿过滤"窗口，查询条件为空，选择"未审核""未过账"选项，进入"会计分录序时簿"窗口，如图11-29所示。

⑨点击审核，打开凭证后再点击审核，如图11-30和图11-31所示。

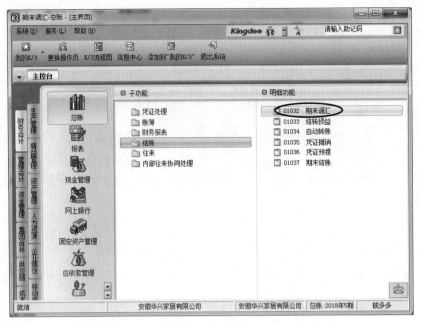

图 11-25

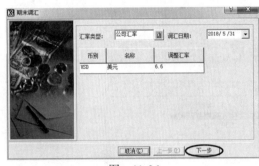

图 11-26                                图 11-27

## （7）自动转账

在进行期末自动转账之前，一定要把"总账"系统中的所有凭证审核、过账。

①制造费用转生产成本（先审核、过账"总账"系统中的所有凭证）。

制造费用科目余额转生产成本下的"制造费用转入"科目是一个比较固定的结转操作，可以将其保存为一个自动转账方案，然后生成凭证。

a. 以"钱多多"身份登录账套，双击"财务会计→总账→结账→自动转账"，弹出"自动转账凭证"窗口，切换到"编辑"窗口，如图 11-32 所示。

b. 点击"新增"按钮，在名称项录入"制造费用转生产成本"，选择机制凭证为"自动转账"；点击转账期间右边的编辑按钮，弹出"转账期间"设定窗口，点击"全选"按钮，点击"确定"按钮，返回"自动转账凭证"窗口。

图 11-28

图 11-29

图 11-30

图 11-31

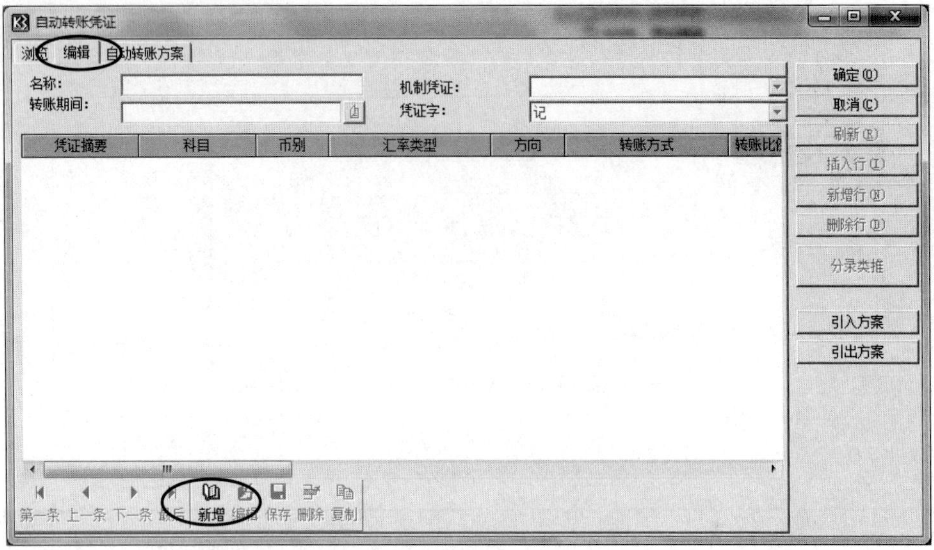

图 11-32

c. 在第 1 条分录中录入凭证摘要"制造费用转生产成本",科目获取"5001.03—制造费用转入",选择方向"自动判定",选择转账方式"转入";在第 2 条分录中录入凭证摘要"制造费用转生产成本",科目获取"5101.01—房租",方向"贷方",转账方式为"按公式转入"。如图 11-33 所示。

图 11-33

d. 公式方法为"公式取数",公式定义点击"下设"按钮,弹出"公式定义"窗口,点击窗口右侧的"公式向导"按钮,弹出"报表函数"窗口,如图 11-34 所示。

e. 选择"常用函数"下的"ACCT"函数,点击"确定"按钮(如图 11-35 所示),进入"函数公式"设置窗口,如图 11-36 所示。

第 11 章 账簿及财务报表 321

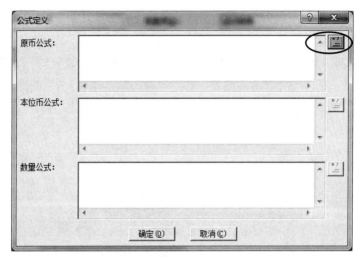

图 11-34

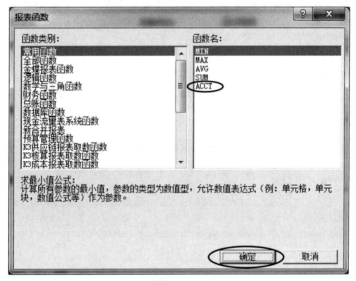

图 11-35

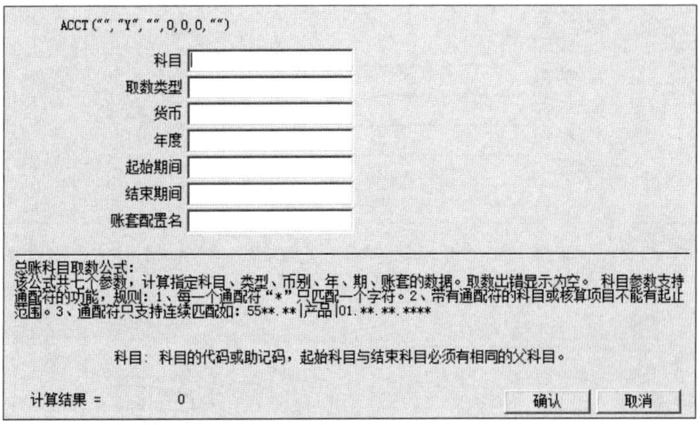

图 11-36

f. 将光标放置在"科目"处，按 F7 功能键进入"取数科目向导"窗口，如图 11-37 所示，科目代码范围设置为 5101.01～5101.01，点击"填入公式"按钮。科目参数处显示该科目范围，如图 11-38 所示。点击"确定"按钮返回"函数公式"设置窗口，如图 11-39 所示，注意"科目"处显示的内容，在"取数类型"处按 F7 功能键，选择"期末余额"类型，点击"确认"按钮，返回"公式定义"窗口。然后点击"确定"按钮，返回"自动转账凭证"窗口。

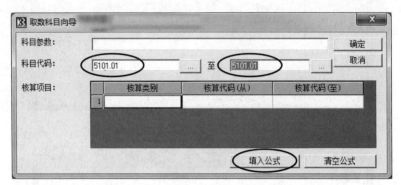

图 11-37

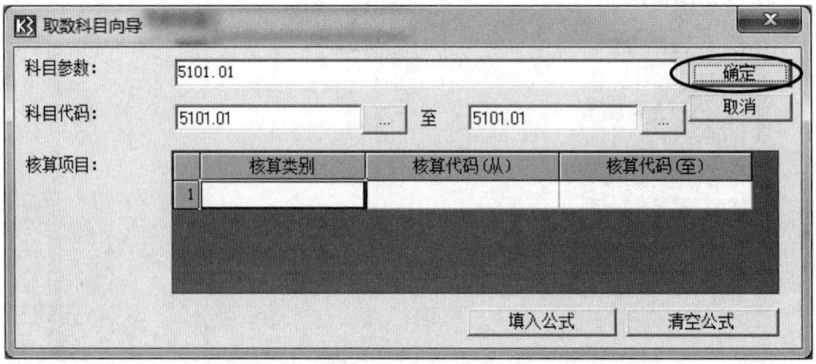

图 11-38

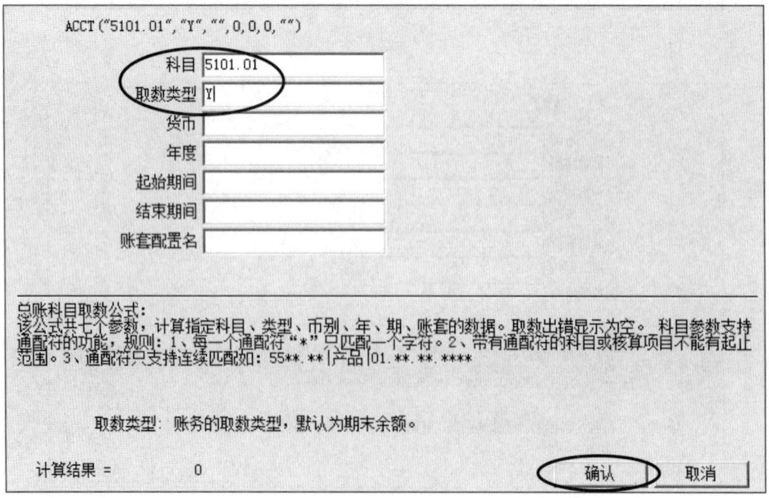

图 11-39

g. 选中第 2 条分录,点击分录类推,提取其他科目,过程依次如图 11-40~图 11-43 所示。

图 11-40

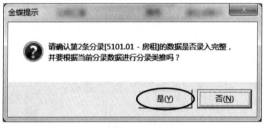

图 11-41

图 11-42

图 11-43

h. 点击每行公式定义的"下设"按钮,分别修改各分录公式中的科目代码,把"5101.01"分别修改为"5101.02""5101.03""5101.04""5101.05",如图 11-44 所示。

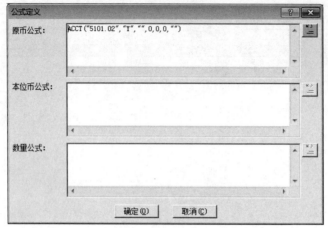

图 11-44

i. 方案设置完成,点击"保存"按钮,保存当前自动转账方案,如图 11-45 所示。

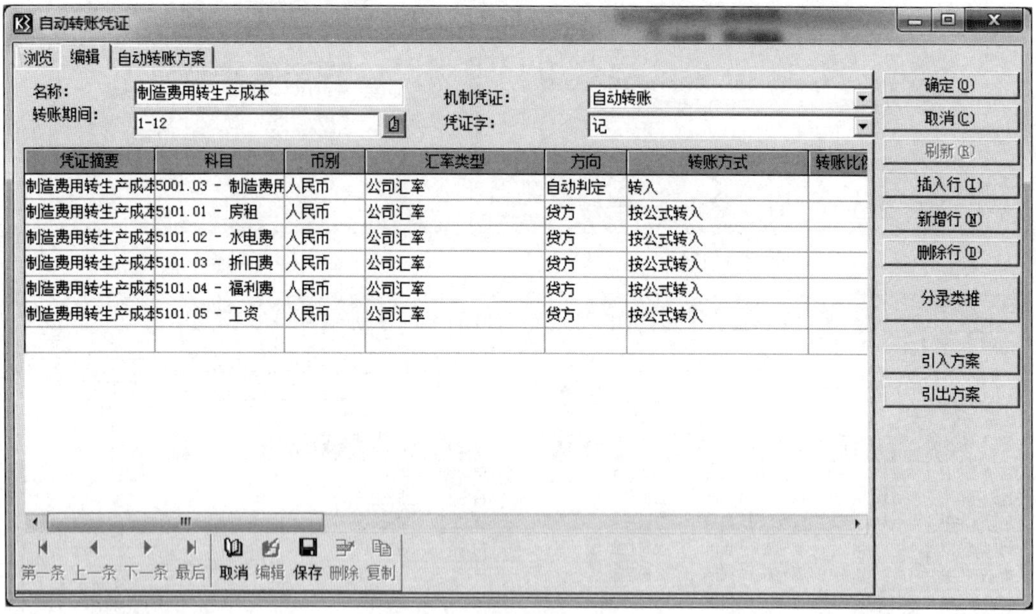

图 11-45

j. 切换至浏览选项卡,选中刚才所建立的转账凭证方案,如图 11-46 所示。点击"生成凭证"按钮,稍后系统弹出提示窗口,如图 11-47 所示。

k. 双击"财务会计→总账→凭证处理→凭证查询",设定过滤条件后进入"会计分录序时簿"窗口,查看生成的凭证如图 11-48 所示。

l. 以"崔财景"身份登录账套,双击"财务会计→总账→凭证处理→凭证查询",对刚才生成的凭证进行审核和过账。

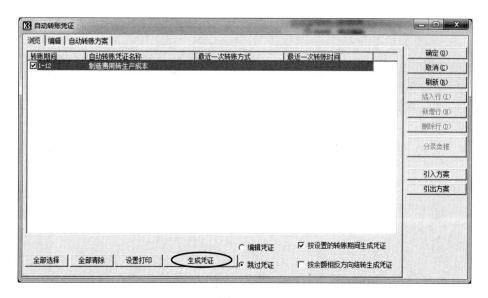

图 11-46

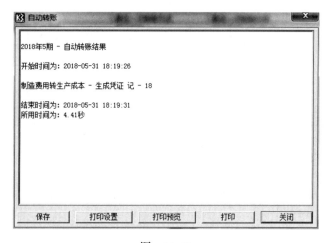

图 11-47

②生产成本结转库存商品。

由于本期生产的圆形和方形小板凳分别为 5 960 件和 5 000 件，制造费用主要依据数量关系进行分配，即圆形小板凳分配 54.38% 的制造费用，方形小板凳分配 45.62% 的制造费用。前面由于税率换算原因四舍五入导致的结余直接材料，简单起见，在此也一起按照此比例进行分配。

a. 以"钱多多"身份登录账套，双击"财务会计→总账→结账→自动转账"，弹出"自动转账凭证"窗口，切换到"编辑"窗口，如图 11-49 所示。

b. 单击"新增"按钮，进入"自动转账凭证"窗口，名称录入"生产成本结转库存商品"，选择机制凭证"自动转账"；单击转账期间右边的编辑按钮，弹出"转账期间"设定窗口，单击"全选"按钮；单击"确定"按钮，返回"自动转账凭证"窗口。

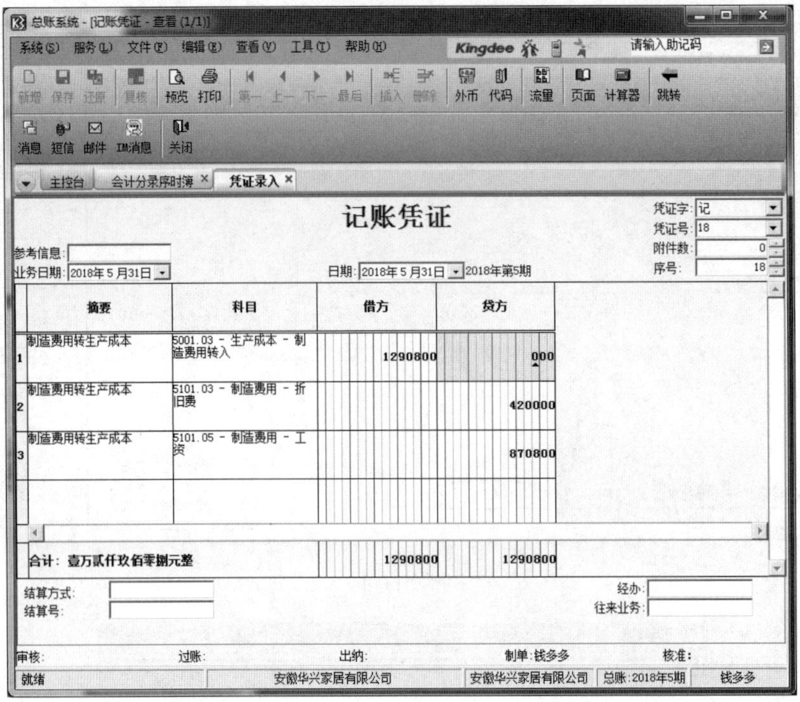

图 11-48

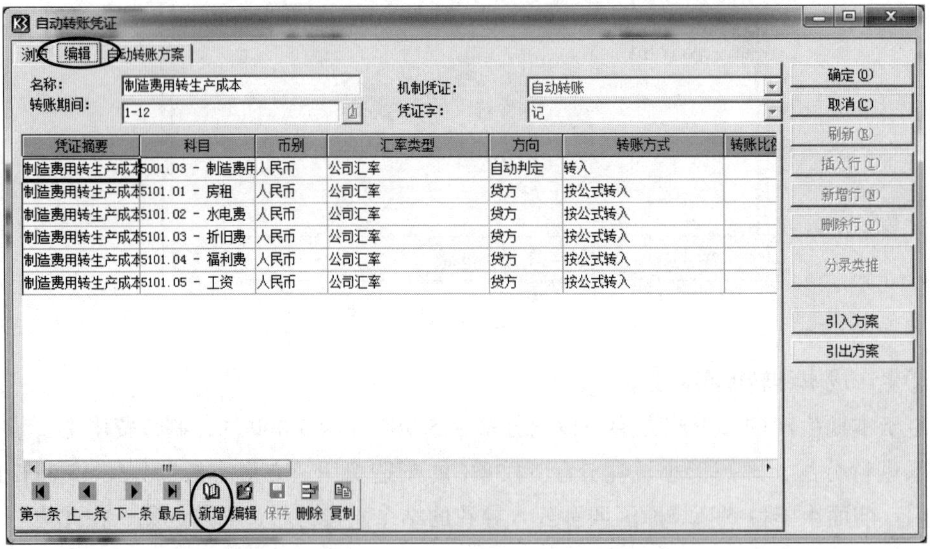

图 11-49

在第 1 条分录中双击录入凭证摘要"生产成本结转库存商品",科目获取"1405.01—圆形小板凳",选择方向"自动判定",选择转账方式"转入",转账比例处双击填写"54.38";在第 2 条分录中双击录入凭证摘要"生产成本结转库存商品",科目获取"1405.02—方形小板凳",选择方向"自动断定",选择转账方式"转入",转账比例处双击填写"45.62";在第 3 条分录中录入凭证摘要"生产成本结转库存商品",科目获取

"5001.01—直接材料",方向选择"贷方",转账方式为"按公式转入",如图 11-50 所示。

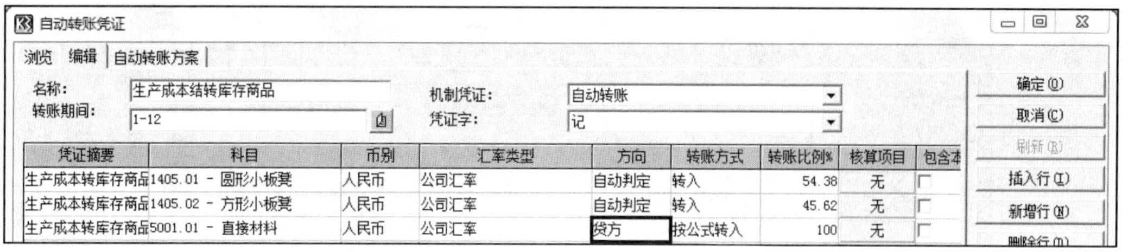

图　11-50

c. 公式方法为"公式取数";公式定义点击"下设"按钮(如图 11-51 所示),弹出"公式定义"窗口,如图 11-52 所示。

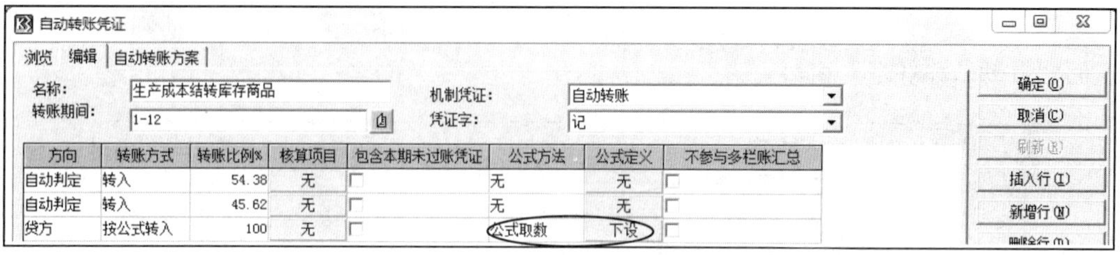

图　11-51

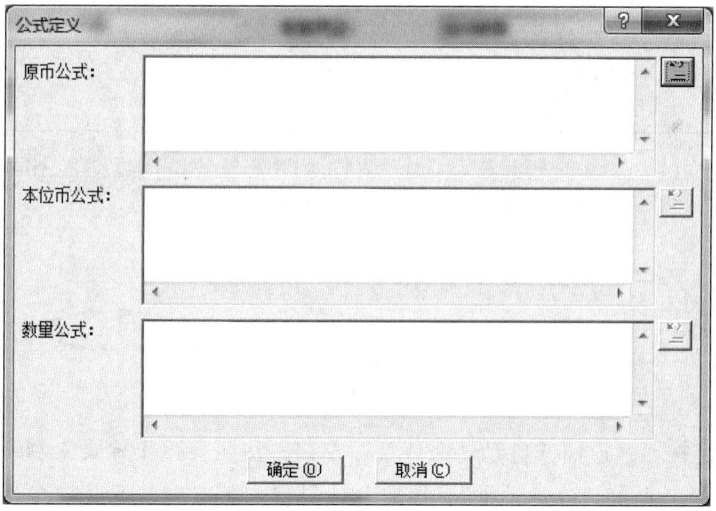

图　11-52

d. 点击窗口右侧的"公式向导"按钮,弹出"报表函数"窗口,选择"常用函数"下的"ACCT"函数;点击"确定"按钮,进入"函数公式"设置窗口,将光标放置"科目"处,按 F7 功能键,进入"取数科目向导"窗口,科目代码范围设置为 5001.01 至 5001.01,点击"填入公式"按钮,如图 11-53 所示。点击"确定"按钮,返回"函数公式"设置窗口。

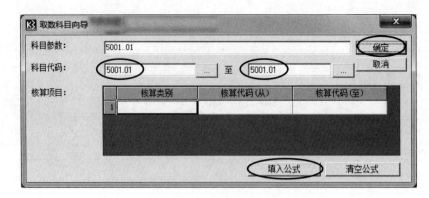

图 11-53

e. 请注意"科目"处显示的内容;"取数类型"处按 F7 功能键,选择"期末余额"类型,如图 11-54 所示。点击"确认"按钮,返回"公式定义"窗口;点击"确定"按钮,返回"自动转账凭证"窗口。

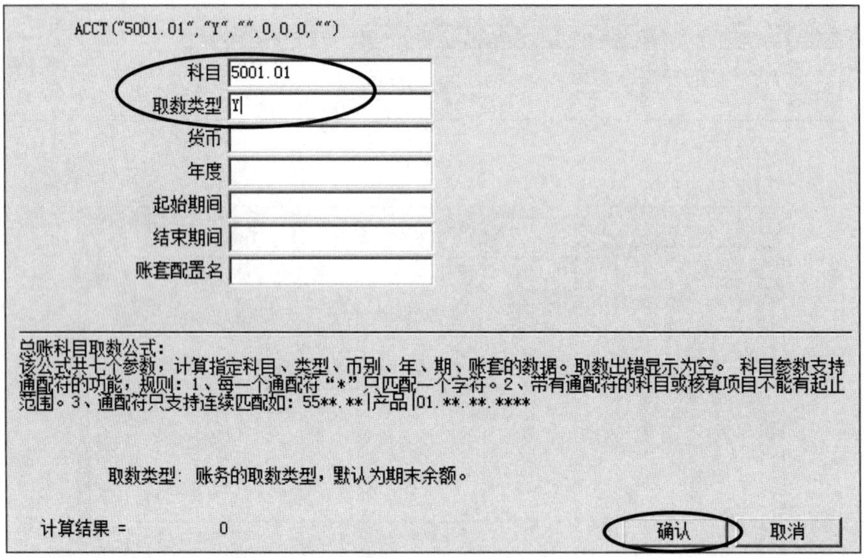

图 11-54

f. 点击确定按钮,返回"自动转账凭证"窗口,按照上述步骤录入剩余的科目,或者选中第 2 条分录,点击"分录类推",提取其他科目,再点击"下设"修改公式中的科目代码,如图 11-55 所示。

g. 设置完成后点击"保存"按钮,如图 11-56 所示。

h. 切换到"浏览"窗口,选中刚才所建立的"生产成本结转库存商品"转账凭证方案(如图 11-57 所示),点击"生成凭证"按钮,稍后系统弹出提示窗口(如图 11-58 所示)。

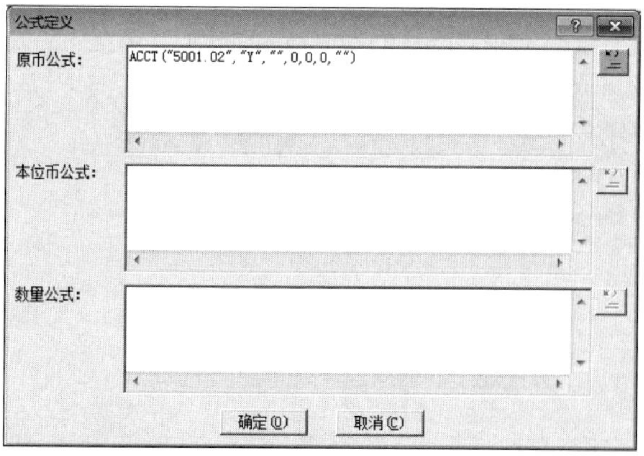

图 11-55

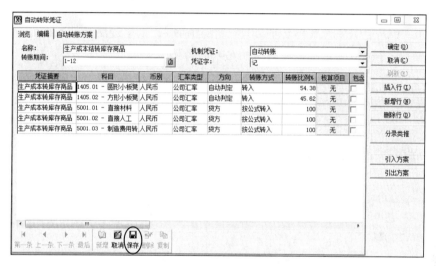

图 11-56

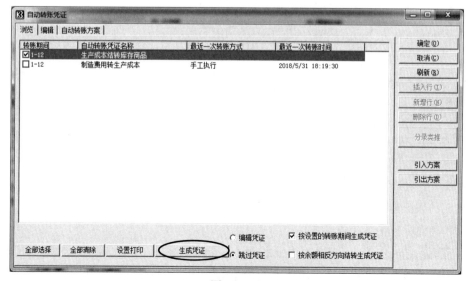

图 11-57

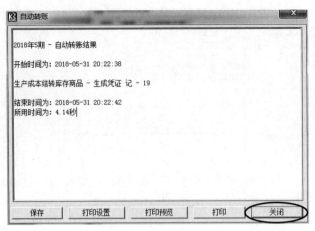

图 11-58

i. 双击"财务会计→总账→凭证处理→凭证查询",设定过滤条件后进入"会计分录序时簿"窗口,查看生成的凭证,如图 11-59 所示。

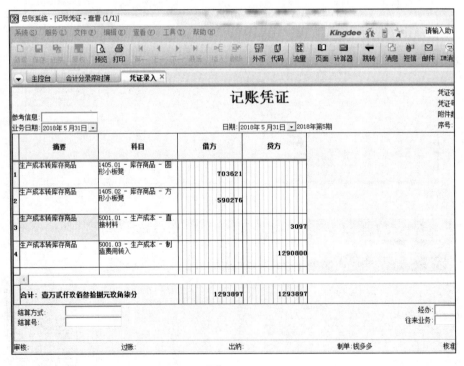

图 11-59

j. 以"崔财景"身份登录账套,双击"财务会计→总账→凭证处理→凭证查询",对刚才生成的凭证进行审核和过账。

③库存商品转主营业务成本。

库存商品结转主营业务成本的凭证设置与"制造费用转生产成本"大体相同。

a. 双击"财务会计→总账→结账→自动转账"。在"编辑"窗口,点击"新增";名称:

录入"库存商品转主营业务成本";机制凭证:"自动转账";转账期间:"全选",点击"确定",返回"自动转账凭证"窗口。

b. 在第 1 条分录中录入凭证摘要"库存商品转主营业务成本",科目获取"6401.09—圆形小板凳",方向选择"自动判定",转账方式为"转入";在第 2 条分录中录入凭证摘要"库存商品转主营业务成本",科目获取"6401.10—方形小板凳",方向选择"自动判定",转账方式为"转入"。

c. 在第 3 条分录中录入凭证摘要"库存商品转主营业务成本",科目获取"1405.01—圆形小板凳",方向选择"贷方",转账方式为"按公式转入",公式方法选择"公式取数",公式定义下单击"下设"按钮,弹出"公式定义"窗口,设置方法与前面相同 [ 或者可以直接在"原币公式"中输入 ACCT("1405.01","Y","",0,0,0,"")];在第 4 条分录中录入凭证摘要"库存商品转主营业务成本",科目获取"1405.02—方形小板凳",方向选择"贷方",转账方式为"按公式转入",公式方法选择"公式取数",公式定义下单击"下设"按钮,弹出"公式定义"窗口,设置方法与前面相同 [ 或者可以直接在"原币公式"中输入 ACCT("1405.02","Y","",0,0,0,"")]。需要说明的是,第 4 条的分录录入可通过选中第三条分录,选择"分录类推"的方式录入,再点击"下设"修改公式中的科目代码即可。

d. 点击"确定"按钮,返回"自动转账凭证"窗口。设置好的方案如图 11-60 所示。单击"保存"按钮,切换到"浏览"窗口,选中刚才所建立的"库存商品转主营业务成本"转账凭证方案,单击"生成凭证"按钮,稍后系统会生成凭证如图 11-61 所示。最后以"崔财景"身份登录账套,对刚才生成的凭证进行审核和过账。

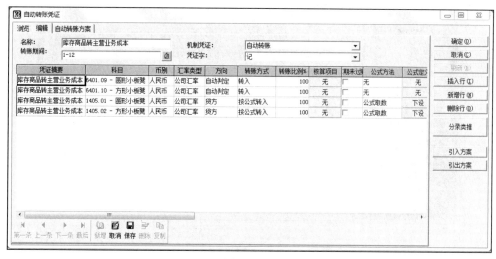

图 11-60

（8）结转损益

结转损益是将损益类科目下的所有余额结转到"本年利润"科目,并生成一张结转损益的凭证,在结转损益前,一定要将本期的凭证都过账,包括自动转账生成的凭证。

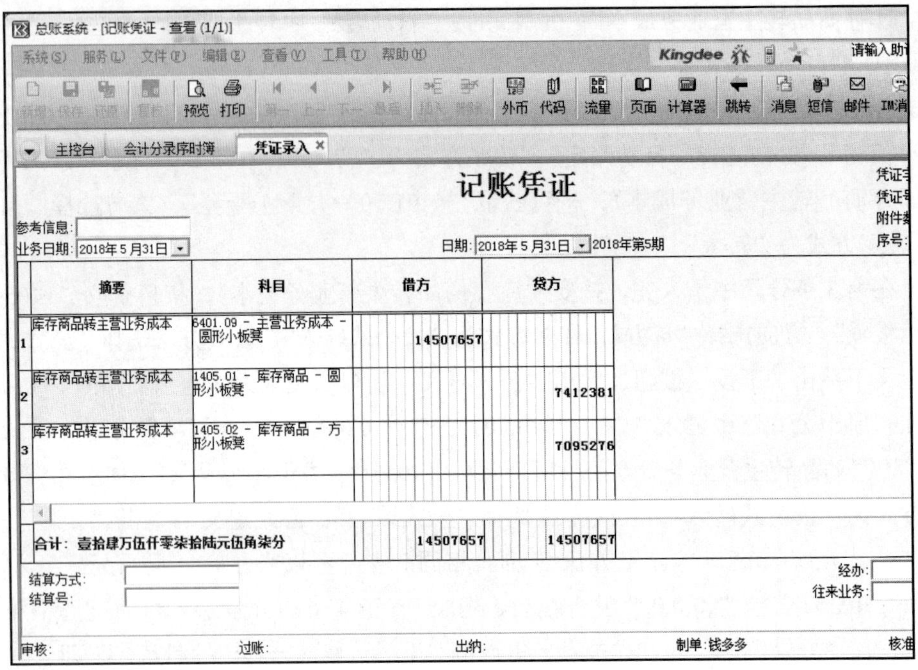

图 11-61

①以"钱多多"身份登录账套,双击"财务会计→总账→结账→结转损益",弹出"结转损益"窗口,如图 11-62 所示。

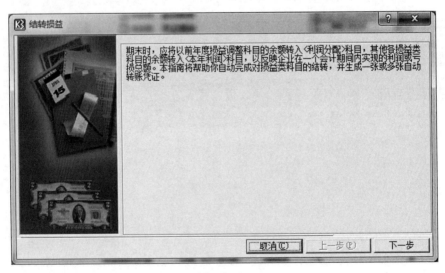

图 11-62

②点击"下一步"按钮,进入"结转损益"窗口,如图 11-63 所示。

③点击"下一步"按钮,进入凭证生成模式设置窗口,凭证生成方式选择"按普通方式结转",其他保持默认值,点击"完成"按钮,如图 11-64 所示。稍后系统弹出提示(如图 11-65 所示),表示结转成功。

图 11-63

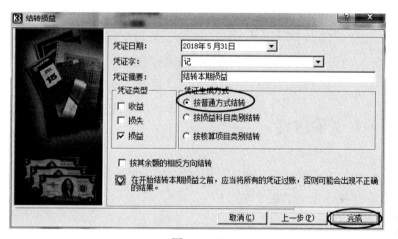

图 11-64

图 11-65

④通过"凭证查询"查询刚才的结转损益凭证。

⑤以"崔财景"身份登录账套,对刚才生成的凭证进行审核和过账。

实验 16

# 账簿和报表处理实验

## 1. 实验目的及要求

①通过本实验让学生掌握账簿查询。

②掌握系统报表生成和自定义报表生成。

## 2. 实验内容

①账簿处理。

②报表处理。

③期末结账处理。

## 3. 实验情境

①练习查询账簿。

② 2018 年 5 月 31 日,模板生成资产负债表。

③ 2018 年 5 月 31 日,在报表中自定义应付账款情况表。

④ 2018 年 5 月 31 日,期末结账到第 6 期。

## 4. 实验步骤

(1)账簿查询

①总分类账。

"总分类账"用于查询科目总账数据,查询科目的本期借方发生额、本期贷方发生额和期末余额等项目数据,查询总分类账的步骤如下:

以"崔财景"的身份登录账套⊖,双击"财务会计→总账→账簿→总

---

⊖ 也可以"钱多多"身份登录账套。

分类账",弹出"过滤条件"窗口,过滤条件保持默认,点击"确定"按钮,进入"总分类账"窗口,如图 11-66 所示。

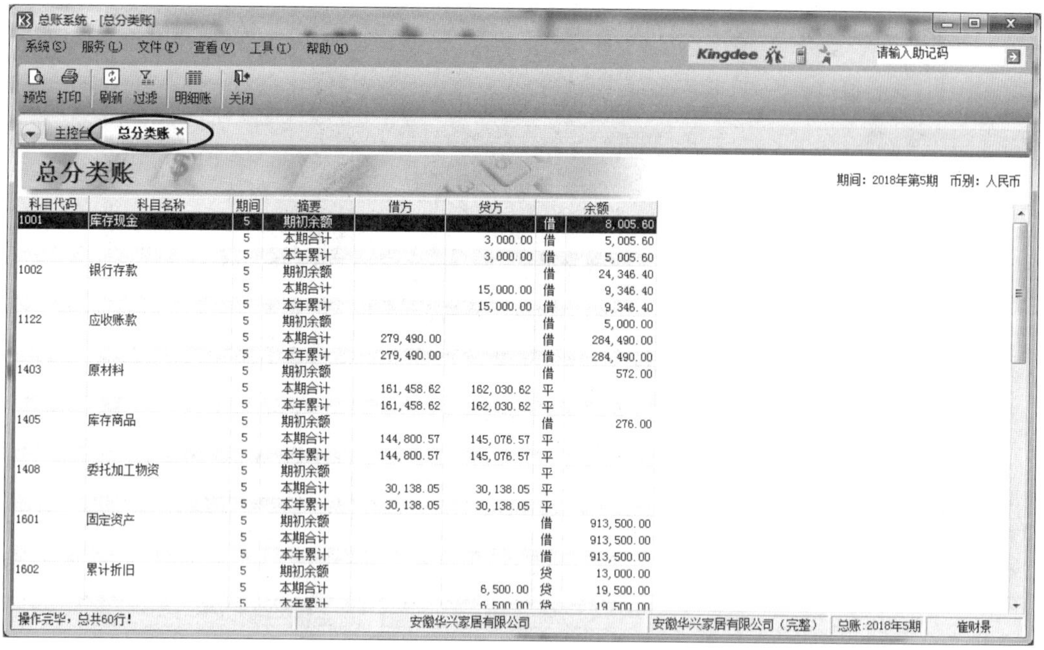

图 11-66

在总分类账查询某个科目的明细账的方法是:选中该科目记录,点击工具栏上的"明细账",结果如图 11-67 所示。

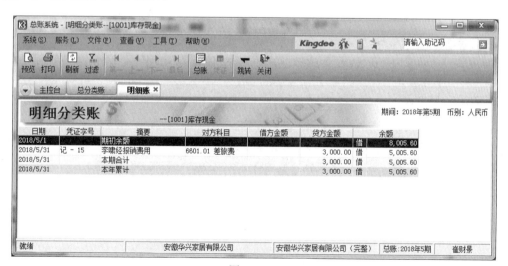

图 11-67

②明细分类账。

"明细分类账"是查询各科目下的明细账数据,查询明细分类账的步骤如下:

a. 以"崔财景"身份登录账套。双击"财务会计→总账→账簿→明细分类账",弹出

"过滤条件"窗口,在此科目级别设置为 1~3 级范围,选中"按明细科目列表显示",如图 11-68 所示。

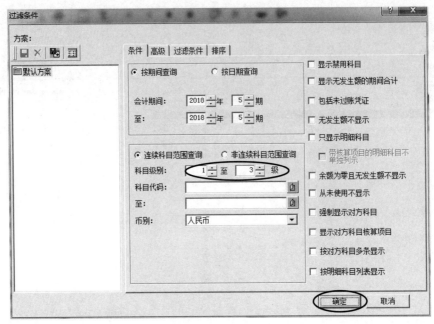

图 11-68

b. 点击"确定"按钮,进入"明细分类账"窗口,如图 11-69 所示。点击"第一""上一""下一""最后"按钮可查询不同科目的明细账,点击"总账"按钮可查看该科目的总账数据。

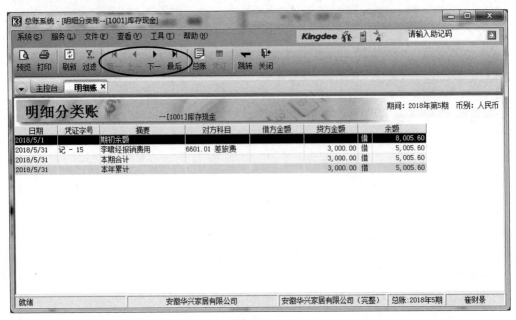

图 11-69

③多栏账。

企业根据需要设置多栏账,以"制造费用"为例,介绍多栏账的设置方法。

a. 以"崔财景"身份登录账套。双击"财务会计→总账→账簿→多栏账",弹出"多栏式明细分类账"窗口,设计"制造费用多栏账"。点击"设计"按钮,弹出"多栏式明细账定义",如图 11-70 所示。

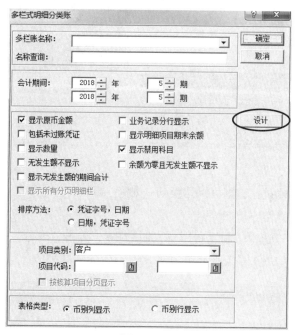

图 11-70

b. 在编辑窗口,点击"新增"按钮,如图 11-71 所示。

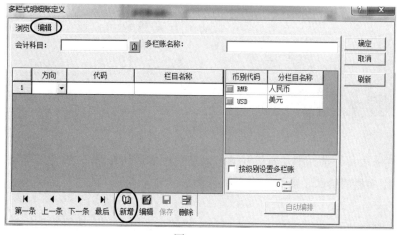

图 11-71

c. 在会计科目处按 F7 功能键获取"5101—制造费用"科目,再点击窗口右下角的"自动编排"按钮,系统会自动将该科目下的明细科目排列出来,如币别代码选"人民币",

多栏账名称保持默认值，点击"保存"按钮保存当前设置，如图11-72所示。

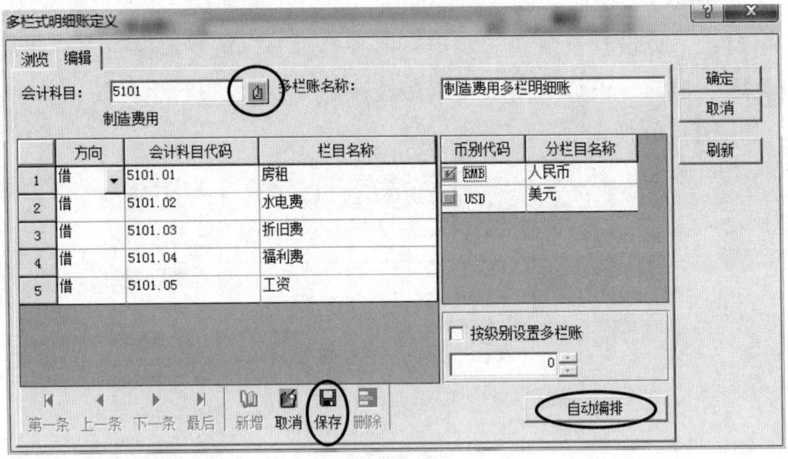

图 11-72

d. 若要修改多栏账设置，则可以切换到"浏览"窗口，选中多栏账后，再返回"编辑"窗口进行编辑和删除操作。

e. 在"浏览"窗口选中"制造费用多栏明细账"，点击"确定"按钮，返回"多栏式明细分类账"窗口，如图11-73所示。

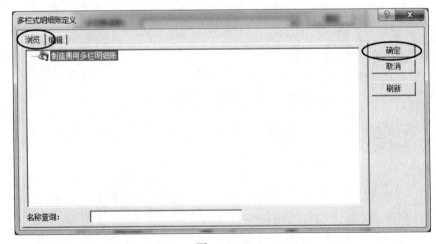

图 11-73

f. "多栏账名称"选择刚才所设计的"制造费用多栏明细账"，点击"确定"按钮，弹出"制造费用多栏明细账"窗口，多栏账名称选择刚才所设计的"制造费用多栏明细账"，如图11-74所示。

g. 点击"确定"按钮，弹出"制造费用多栏明细账"窗口，如图11-75所示。

h. 使用同样方法新增管理费用、销售费用等多栏账。

④科目余额表。

要查询所有会计科目的余额情况，可以通过打开"科目余额表"实现。

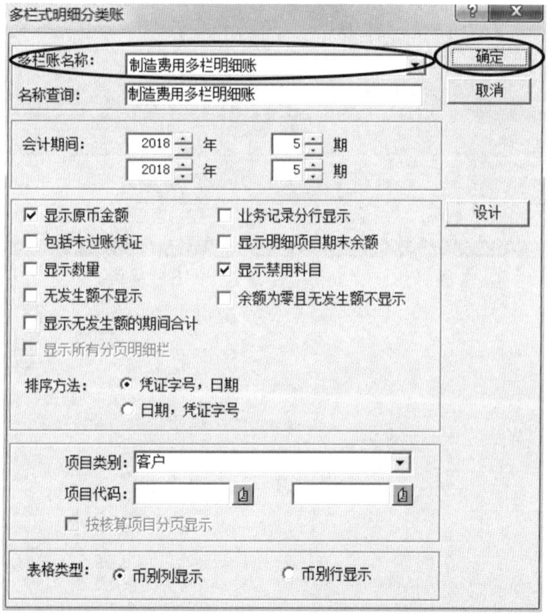

图 11-74

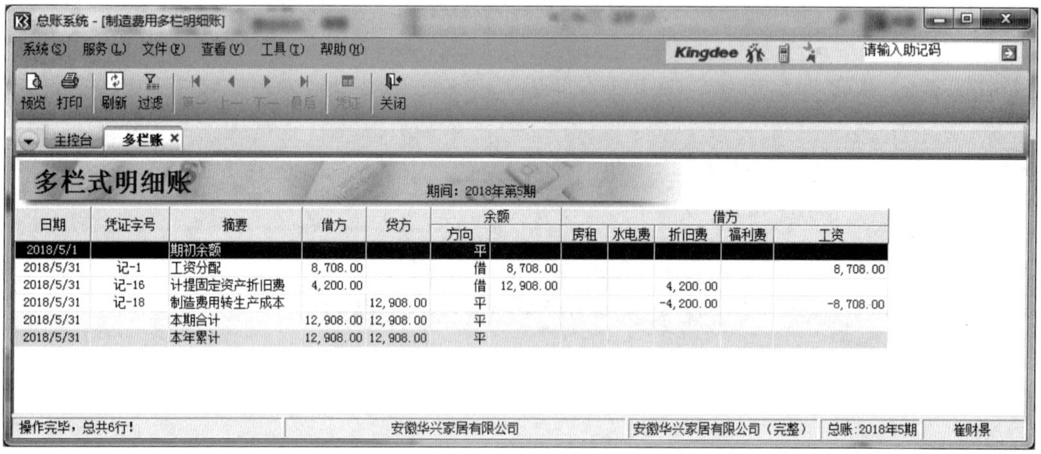

图 11-75

以"崔财景"的身份登录账套。双击"财务会计→总账→财务报表→科目余额表",系统弹出"过滤条件"窗口,在该窗口中可以设置查询条件,点击"高级"按钮可以进行更复杂的条件设置。此处保持默认条件,点击"确定"按钮,进入"科目余额表"窗口,如图 11-76 所示。

工具栏上的"明细账"按钮非常有用,通过该按钮可以查看该科目的明细账,再通过明细账窗口查看总账或凭证。具体如图 11-77 所示。

⑤试算平衡表。

试算平衡表用于查询账套中数据借贷方向是否平衡。可设置查询期间范围、查询级次、币别等选项。

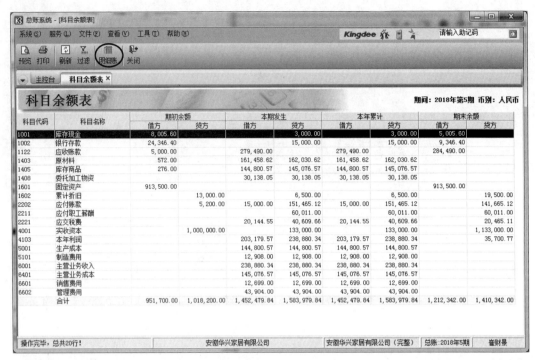

图 11-76

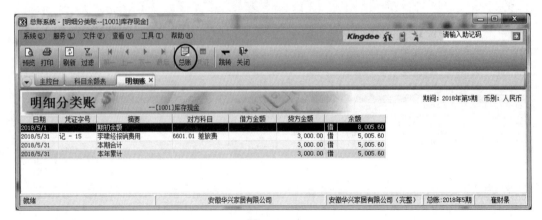

图 11-77

以"崔财景"的身份登录账套。双击"财务会计→总账→财务报表→试算平衡表",弹出"试算平衡表"窗口,保持默认过滤条件,点击"确定",如图 11-78 所示。

试算平衡表显示"试算不平衡",这是因为刚才的过滤条件"币别"处是"人民币",如图 11-79 所示。

点击工具栏"过滤",币别选择"综合本位币",此时显示"试算结果平衡",如图 11-80 所示。如果还是不平衡,就需要查找原因。

(2)报表处理

金蝶报表系统预设了部分行业的报表模板,如资产负债表、利润表和利润表等。用户可以利用公式向导更改取数公式，也可以通过页面设置更改输出格式。

图 11-78

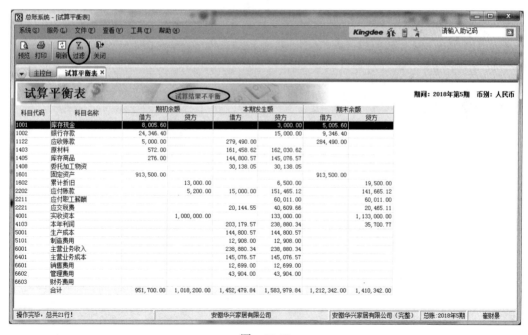

图 11-79

① 模板生成报表。

以"崔财景"的身份登录账套。双击"财务会计→报表→新会计准则→新会计准则资产负债表"，进入"报表系统"窗口后，点击菜单"视图→显示数据"，再点击菜单"数据→报表重算”，系统将自动计算，并显示数据结果。视图菜单下的“显示数据”和“显示公式”功能，是查看报表数据和报表公式的切换处，如图 11-81 所示。

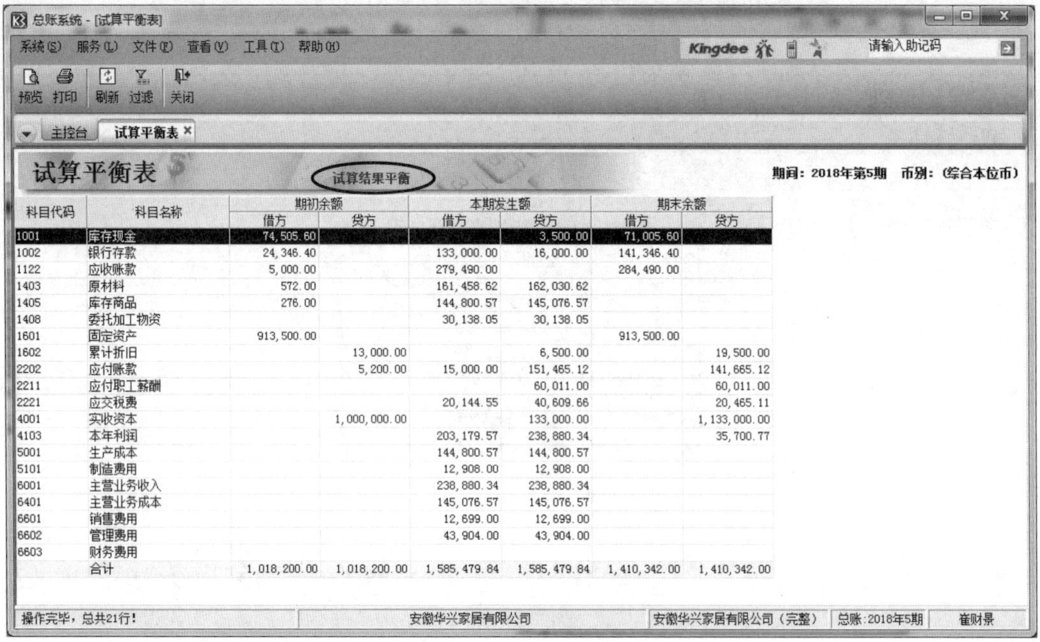


| 科目代码 | 科目名称 | 期初余额 借方 | 期初余额 贷方 | 本期发生额 借方 | 本期发生额 贷方 | 期末余额 借方 | 期末余额 贷方 |
|---|---|---|---|---|---|---|---|
| 1001 | 库存现金 | 74,505.60 | | | 3,500.00 | 71,005.60 | |
| 1002 | 银行存款 | 24,346.40 | | 133,000.00 | 16,000.00 | 141,346.40 | |
| 1122 | 应收账款 | 5,000.00 | | 279,490.00 | | 284,490.00 | |
| 1403 | 原材料 | 572.00 | | 161,458.62 | 162,030.62 | | |
| 1405 | 库存商品 | 276.00 | | 144,800.57 | 145,076.57 | | |
| 1408 | 委托加工物资 | | | 30,138.05 | 30,138.05 | | |
| 1601 | 固定资产 | 913,500.00 | | | | 913,500.00 | |
| 1602 | 累计折旧 | | 13,000.00 | | 6,500.00 | | 19,500.00 |
| 2202 | 应付账款 | | 5,200.00 | 15,000.00 | 151,465.12 | | 141,665.12 |
| 2211 | 应付职工薪酬 | | | | 60,011.00 | | 60,011.00 |
| 2221 | 应交税费 | | | 20,144.55 | 40,609.66 | | 20,465.11 |
| 4001 | 实收资本 | | 1,000,000.00 | | 133,000.00 | | 1,133,000.00 |
| 4103 | 本年利润 | | | 203,179.57 | 238,880.34 | | 35,700.77 |
| 5001 | 生产成本 | | | 144,800.57 | 144,800.57 | | |
| 5101 | 制造费用 | | | 12,908.00 | 12,908.00 | | |
| 6001 | 主营业务收入 | | | 238,880.34 | 238,880.34 | | |
| 6401 | 主营业务成本 | | | 145,076.57 | 145,076.57 | | |
| 6601 | 销售费用 | | | 12,699.00 | 12,699.00 | | |
| 6602 | 管理费用 | | | 43,904.00 | 43,904.00 | | |
| 6603 | 财务费用 | | | | | | |
| | 合计 | 1,018,200.00 | 1,018,200.00 | 1,585,479.84 | 1,585,479.84 | 1,410,342.00 | 1,410,342.00 |

图 11-80

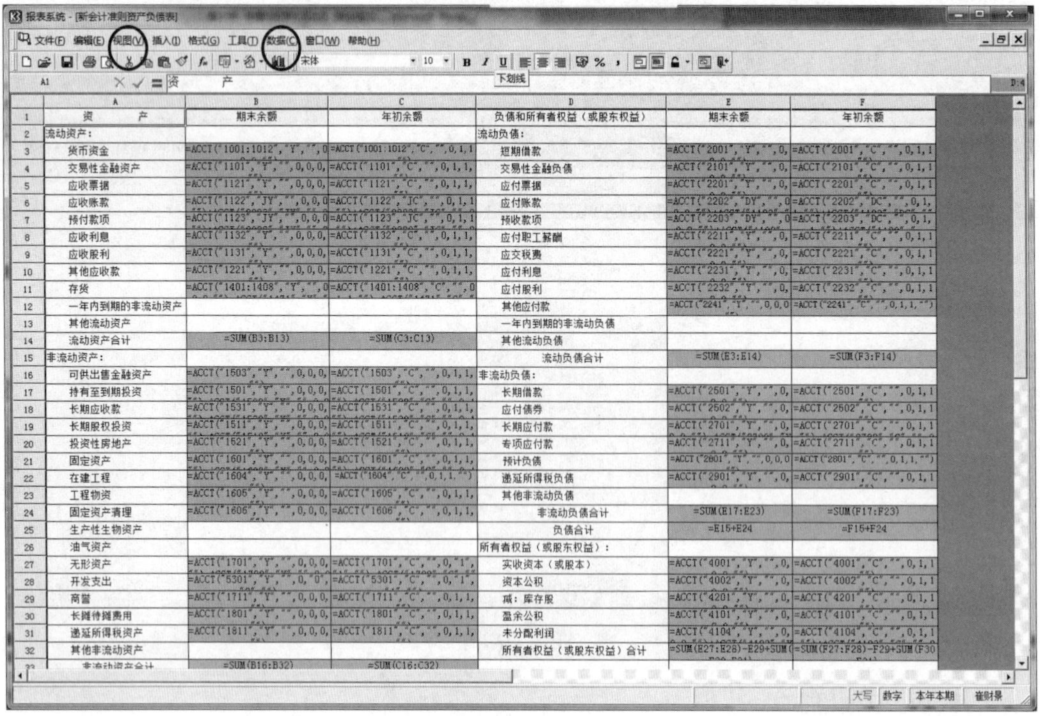


| | A | B | C | D | E | F |
|---|---|---|---|---|---|---|
| 1 | 资 产 | 期末余额 | 年初余额 | 负债和所有者权益（或股东权益） | 期末余额 | 年初余额 |
| 2 | 流动资产： | | | 流动负债： | | |
| 3 | 货币资金 | =ACCT("1001:1012","Y","",0 | =ACCT("1001:1012","C","",0,1,1 | 短期借款 | =ACCT("2001","Y","",0, | =ACCT("2001","C","",0,1,1 |
| 4 | 交易性金融资产 | =ACCT("1101","Y","",0,0,0, | =ACCT("1101","C","",0,1,1, | 交易性金融负债 | =ACCT("2101","Y","",0, | =ACCT("2101","C","",0,1,1 |
| 5 | 应收票据 | =ACCT("1121","Y","",0,0,0, | =ACCT("1121","C","",0,1,1, | 应付票据 | =ACCT("2201","Y","",0, | =ACCT("2201","C","",0,1,1 |
| 6 | 应收账款 | =ACCT("1122","JY","",0,0,0 | =ACCT("1122","JC","",0,1,1 | 应付账款 | =ACCT("2202","DY","",0 | =ACCT("2202","DC","",0,1, |
| 7 | 预付款项 | =ACCT("1123","JY","",0,0,0 | =ACCT("1123","JC","",0,1,1 | 预收款项 | =ACCT("2203","DY","",0 | =ACCT("2203","DC","",0,1, |
| 8 | 应收利息 | =ACCT("1132","Y","",0,0,0, | =ACCT("1132","C","",0,1,1, | 应付职工薪酬 | =ACCT("2211","Y","",0, | =ACCT("2211","C","",0,1,1 |
| 9 | 应收股利 | =ACCT("1131","Y","",0,0,0, | =ACCT("1131","C","",0,1,1, | 应交税费 | =ACCT("2221","Y","",0, | =ACCT("2221","C","",0,1,1 |
| 10 | 其他应收款 | =ACCT("1221","Y","",0,0,0, | =ACCT("1221","C","",0,1,1, | 应付利息 | =ACCT("2231","Y","",0, | =ACCT("2231","C","",0,1,1 |
| 11 | 存货 | =ACCT("1401:1408","Y","",0 | =ACCT("1401:1408","C","",0 | 应付股利 | =ACCT("2232","Y","",0, | =ACCT("2232","C","",0,1,1 |
| 12 | 一年内到期的非流动资产 | | | 其他应付款 | =ACCT("2241","Y","",0,0,0 | =ACCT("2241","C","",0,1,1,"") |
| 13 | 其他流动资产 | | | 一年内到期的非流动负债 | | |
| 14 | 流动资产合计 | =SUM(B3:B13) | =SUM(C3:C13) | 其他流动负债 | | |
| 15 | 非流动资产： | | | 流动负债合计 | =SUM(E3:E14) | =SUM(F3:F14) |
| 16 | 可供出售金融资产 | =ACCT("1503","Y","",0,0,0, | =ACCT("1503","C","",0,1,1, | 非流动负债： | | |
| 17 | 持有至到期投资 | =ACCT("1501","Y","",0,0,0, | =ACCT("1501","C","",0,1,1, | 长期借款 | =ACCT("2501","Y","",0, | =ACCT("2501","C","",0,1,1 |
| 18 | 长期应收款 | =ACCT("1531","Y","",0,0,0, | =ACCT("1531","C","",0,1,1, | 应付债券 | =ACCT("2502","Y","",0, | =ACCT("2502","C","",0,1,1 |
| 19 | 长期股权投资 | =ACCT("1511","Y","",0,0,0, | =ACCT("1511","C","",0,1,1, | 长期应付款 | =ACCT("2701","Y","",0, | =ACCT("2701","C","",0,1,1 |
| 20 | 投资性房地产 | =ACCT("1521","Y","",0,0,0, | =ACCT("1521","C","",0,1,1, | 专项应付款 | =ACCT("2711","Y","",0, | =ACCT("2711","C","",0,1,1 |
| 21 | 固定资产 | =ACCT("1601","Y","",0,0,0, | =ACCT("1601","C","",0,1,1, | 预计负债 | =ACCT("2801","Y","",0,0,0 | =ACCT("2801","C","",0,1,1,"") |
| 22 | 在建工程 | =ACCT("1604","Y","",0,0,0, | =ACCT("1604","C","",0,1,1,"") | 递延所得税负债 | =ACCT("2901","Y","",0, | =ACCT("2901","C","",0,1,1 |
| 23 | 工程物资 | =ACCT("1605","Y","",0,0,0, | =ACCT("1605","C","",0,1,1, | 其他非流动负债 | | |
| 24 | 固定资产清理 | =ACCT("1606","Y","",0,0,0, | =ACCT("1606","C","",0,1,1, | 非流动负债合计 | =SUM(E17:E23) | =SUM(F17:F23) |
| 25 | 生产性生物资产 | | | 负债合计 | =E15+E24 | =F15+F24 |
| 26 | 油气资产 | | | 所有者权益（或股东权益）： | | |
| 27 | 无形资产 | =ACCT("1701","Y","",0,0,0, | =ACCT("1701","C","",0,"1", | 实收资本（或股本） | =ACCT("4001","Y","",0, | =ACCT("4001","C","",0,1,1 |
| 28 | 开发支出 | =ACCT("5301","Y","",0,"0", | =ACCT("5301","C","",0,"1", | 资本公积 | =ACCT("4002","Y","",0, | =ACCT("4002","C","",0,1,1 |
| 29 | 商誉 | =ACCT("1711","Y","",0,0,0, | =ACCT("1711","C","",0,1,1, | 减：库存股 | =ACCT("4201","Y","",0, | =ACCT("4201","C","",0,1,1 |
| 30 | 长摊待摊费用 | =ACCT("1801","Y","",0,0,0, | =ACCT("1801","C","",0,1,1, | 盈余公积 | =ACCT("4101","Y","",0, | =ACCT("4101","C","",0,1,1 |
| 31 | 递延所得税资产 | =ACCT("1811","Y","",0,0,0, | =ACCT("1811","C","",0,1,1, | 未分配利润 | =ACCT("4104","Y","",0, | =ACCT("4104","C","",0,1,1 |
| 32 | 其他非流动资产 | | | 所有者权益（或股东权益）合计 | =SUM(E27:E28)-E29+SUM( | =SUM(F27:F28)-F29+SUM(F30 |
| 33 | 非流动资产合计 | =SUM(B16:B32) | =SUM(C16:C32) | | | |

图 11-81

经查报表资产与负债平衡，点击“保存”，如图 11-82 所示。

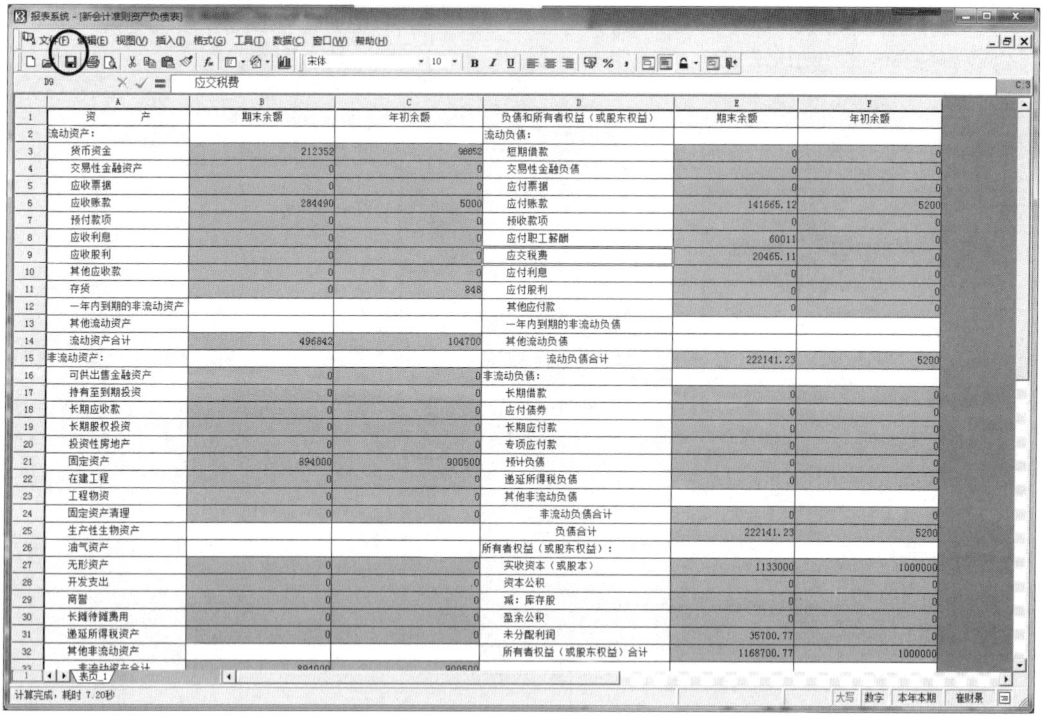

| | A | B | C | D | E | F |
|---|---|---|---|---|---|---|
| 1 | 资　　产 | 期末余额 | 年初余额 | 负债和所有者权益（或股东权益） | 期末余额 | 年初余额 |
| 2 | 流动资产： | | | 流动负债： | | |
| 3 | 货币资金 | 212352 | 98852 | 短期借款 | 0 | 0 |
| 4 | 交易性金融资产 | 0 | 0 | 交易性金融负债 | 0 | 0 |
| 5 | 应收票据 | 0 | 0 | 应付票据 | 0 | 0 |
| 6 | 应收账款 | 284490 | 5000 | 应付账款 | 141665.12 | 5200 |
| 7 | 预付款项 | 0 | 0 | 预收款项 | 0 | 0 |
| 8 | 应收利息 | 0 | 0 | 应付职工薪酬 | 60011 | 0 |
| 9 | 应收股利 | 0 | 0 | 应交税费 | 20465.11 | 0 |
| 10 | 其他应收款 | 0 | 0 | 应付利息 | 0 | 0 |
| 11 | 存货 | 0 | 848 | 应付股利 | 0 | 0 |
| 12 | 一年内到期的非流动资产 | | | 其他应付款 | 0 | 0 |
| 13 | 其他流动资产 | | | 一年内到期的非流动负债 | | |
| 14 | 流动资产合计 | 496842 | 104700 | 其他流动负债 | | |
| 15 | 非流动资产： | | | 流动负债合计 | 222141.23 | 5200 |
| 16 | 可供出售金融资产 | 0 | 0 | 非流动负债： | | |
| 17 | 持有至到期投资 | 0 | 0 | 长期借款 | 0 | 0 |
| 18 | 长期应收款 | 0 | 0 | 应付债券 | 0 | 0 |
| 19 | 长期股权投资 | 0 | 0 | 长期应付款 | 0 | 0 |
| 20 | 投资性房地产 | 0 | 0 | 专项应付款 | 0 | 0 |
| 21 | 固定资产 | 894000 | 900500 | 预计负债 | 0 | 0 |
| 22 | 在建工程 | 0 | 0 | 递延所得税负债 | 0 | 0 |
| 23 | 工程物资 | 0 | 0 | 其他非流动负债 | | |
| 24 | 固定资产清理 | 0 | 0 | 非流动负债合计 | 0 | 0 |
| 25 | 生产性生物资产 | | | 负债合计 | 222141.23 | 5200 |
| 26 | 油气资产 | | | 所有者权益（或股东权益）： | | |
| 27 | 无形资产 | 0 | 0 | 实收资本（或股本） | 1133000 | 1000000 |
| 28 | 开发支出 | 0 | 0 | 资本公积 | 0 | 0 |
| 29 | 商誉 | 0 | 0 | 减：库存股 | 0 | 0 |
| 30 | 长期待摊费用 | 0 | 0 | 盈余公积 | 0 | 0 |
| 31 | 递延所得税资产 | 0 | 0 | 未分配利润 | 35700.77 | 0 |
| 32 | 其他非流动资产 | | | 所有者权益（或股东权益）合计 | 1168700.77 | 1000000 |
| 33 | 非流动资产合计 | 894000 | 900500 | | | |

图　11-82

②自定义报表。

不同的企业、不同的人对报表的需求要是不一样的，即使是同一个企业、同一个人，对报表的需求也是多种多样的。金蝶系统提供了“自定义报表”功能。下面以“应付账款情况表”(如表 11-1 所示）为例介绍自定义报表的编制。

**表 11-1　应付账款情况表**

| 供应商名称 | 期初余额 | 本期增加额 | 本期减少额 | 本期余额 |
|---|---|---|---|---|
| | | | | |
| | | | | |
| | | | | |
| | | | | |
| | | | | |
| | | | | |
| | | | | |
| | | | | |

操作步骤如下：

a. 以“崔财景”身份登录账套。双击“财务会计→报表→新建报表→新建报表文件”，进入“报表系统”窗口。点击“工具→批量填充”，进入“批量填充”窗口，“科目”处点击选中“应付账款”，如图 11-83 所示。

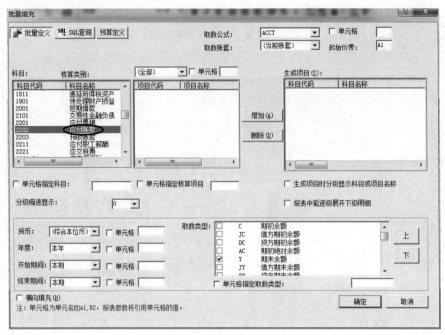

图 11-83

b."核算类别"处点击选择"供应商",会显示出相应的供应商项目,如图 11-84 所示。

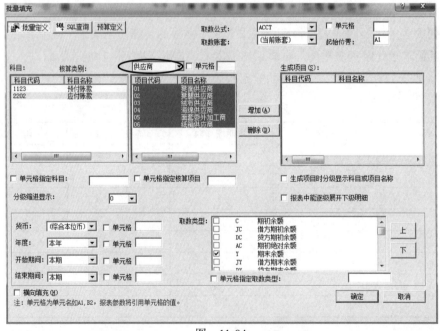

图 11-84

c. 全选所有的供应商项目,点击"增加"按钮添加到右边生成项目。"取数类型"处选择"贷方期初余额""借方发生额""贷方发生额""期末余额",点击"确定",返回报表自定义窗口,如图 11-85 所示。

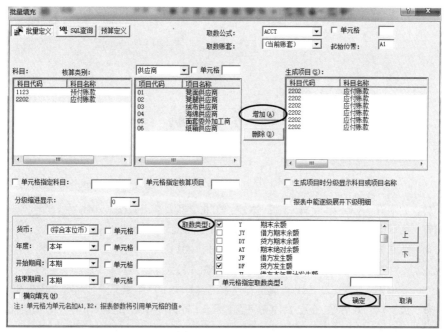

图 11-85

d. 点击"数据→报表重算",会显示出前面所定义的内容,可以选中前 3 列,右键删除,则所生成的报表和所需求的完全一致。具体如图 11-86 所示。

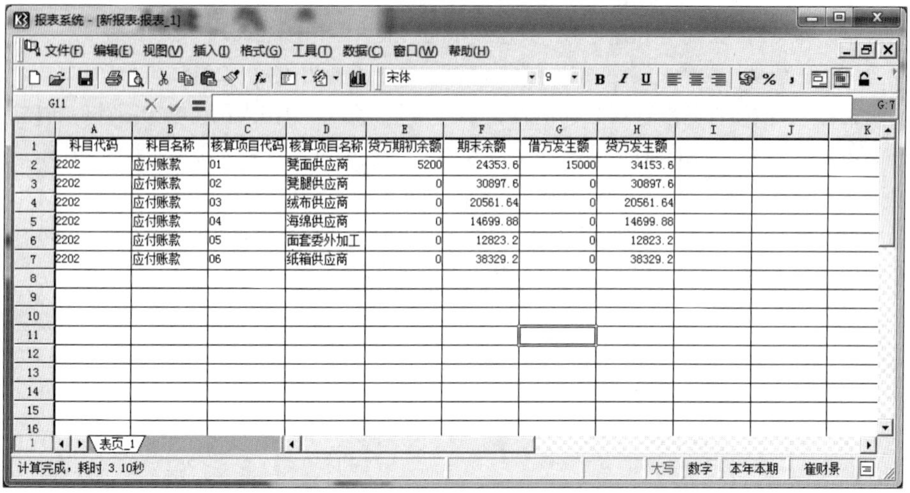

图 11-86

e. 同理,可以在"新建报表文件"中编制所需要的报表,并且可以保存、打印自定义报表。

(3)期末结账

本期账务处理完成后,需要进行期末结账。包括业务系统结账、应收款管理结账、应付款管理结账和总账结账,具体步骤参照实验 9 中的"期末结账",将账期调整到第 6 期。

# 参 考 文 献

[1] 陈国辉，迟旭升．基础会计 [M]．5 版．大连：东北财经大学出版社，2016．
[2] 程国卿，吉国立．企业资源规划（ERP）教程 [M]．北京：清华大学出版社，2013．
[3] 崔介何．物流学概论 [M]．北京：北京大学出版社，2017．
[4] 董克用．人力资源管理概论 [M]．4 版．北京：中国人民大学出版社，2015．
[5] 傅仕伟，李湘琳．金蝶 K/3 ERP 供应链管理系统实验教程 [M]．北京：清华大学出版社，2015．
[6] 黄传禄，梁美仪，刘伯忠．金蝶 ERP 财务管理从入门到精通 [M]．北京：电子工业出版社，2016．
[7] 金蝶软件（中国）有限公司，龚中华，何亮．金蝶 ERP-K/3 完全使用详解 [M]．北京：人民邮电出版社，2013．
[8] 李雯．ERP 原理与实施实训教程（金蝶 K/3 版）[M]．南京：江苏大学出版社，2016．
[9] 刘昕．薪酬管理 [M]．北京：中国人民大学出版社，2017．
[10] 刘永泽，陈立军．中级财务会计 [M]．5 版．大连：东北财经大学出版社，2016．
[11] 刘永泽，陈文铭．会计学 [M]．5 版．大连：东北财经大学出版社，2016．
[12] 罗鸿．ERP 原理·设计·实施 [M]．4 版．北京：电子工业出版社，2016．
[13] 马尔托奇奥．战略性薪酬管理 [M]．7 版．刘昕，译．北京：中国人民大学出版社，2015．
[14] 孙晶，赵颖．ERP 应用实训教程——金蝶 K/3 版 [M]．南京：东南大学出版社，2015．
[15] 万寿义，任月君．成本会计 [M]．4 版．大连：东北财经大学出版社，2016．
[16] 杨尊琦，林海．企业资源规划（ERP）原理与应用 [M]．北京：机械工业出版社，2006．
[17] 于富生，黎来芳，张敏．成本会计学 [M]．7 版．北京：中国人民大学出版社，2015．

# 后　　记

　　本书由安徽财经大学 ERP 实验教学中心主任王平教授担任主编，ERP 实验教学中心韩永飞、郭凤华、张薇薇担任副主编。ERP 实验教学中心李艺玮老师参与了本书的编写。王平负责设计本书的编写方案并承担本书全部组织工作，编写第 1 章和第 2 章理论部分内容和实验 1、2、3、9 的实验操作内容。韩永飞负责编写第 3 章～第 7 章理论部分内容和实验 4～8 的实验操作内容。郭凤华负责编写实验 10、11、12、14、15、16 的实验操作内容。张薇薇负责编写第 9 章理论部分内容和实验 13 的实验操作内容。李艺玮负责编写第 8、10、11 章的理论部分内容。最后由王平进行统稿和修改。

　　本书可以作为高等院校 ERP 综合实验课的教材，也可作为 ERP 理论教学配套实验用书。本书在教学过程中，使用了配套的考试软件和教学控制系统，可以帮助教师监控学生的学习情况，方便对学生进行考核。安徽财经大学 ERP 实验教学中心建立了官方微信公众号"安财 ERP 园地"，欢迎各位同行、学生和企业界朋友加入交流。

　　本书在编写过程中得到了安徽财经大学有关领导的关心与支持，得到了众多专家学者和企业家的帮助和建议，在此一并表示感谢。同时，我们在教材编写的过程中，参阅了大量的国内外资料，恕不能一一列出，谨向作者表示衷心感谢。限于教学编写团队的学识、水平和工作时间限制，书中难免存在一些错误和遗漏，敬请广大读者批评指正。

编者<br>2017 年 12 月

# 信息管理与信息系统

| 课程名称 | 书号 | 书名、作者及出版时间 | 版别 | 定价 |
|---|---|---|---|---|
| 管理信息系统 | 978-7-111-35145-0 | 管理信息系统（比德格里）（2011年） | 外版 | 49 |
| 管理信息系统 | 978-7-111-34151-2 | 管理信息系统（第11版）（劳顿）（2011年） | 外版 | 55 |
| 管理信息系统 | 978-7-111-47626-9 | 管理信息系统（第6版）（克伦克）（2014年） | 外版 | 69 |
| 管理信息系统 | 978-7-111-32865-0 | 信息时代的管理信息系统（第8版）（哈格）（2011 | 外版 | 59 |
| 管理信息系统 | 978-7-111-32282-5 | 信息时代的管理信息系统（英文版·第8版）（哈格）（2010年） | 外版 | 69 |
| 信息系统分析与设计 | 即将出版 | 管理信息系统课程设计（贺超）（2015年） | 本版 | 29 |
| 信息检索（多媒体） | 即将出版 | 信息检索与处理（王知津）（2015年） | 本版 | 39 |
| 数据库原理及应用 | 978-7-111-29203-6 | 网络数据库应用（李先）（2010年） | 本版 | 28 |
| 企业资源计划（ERP） | 即将出版 | 企业资源计划（ERP）原理与实践（第2版）（张涛）（2015年） | 本版 | 35 |
| 企业资源计划（ERP） | 978-7-111-29939-4 | 企业资源计划（ERP）原理与实践（精品课）（张涛）（2010年） | 本版 | 36 |
| 管理信息系统 | 978-7-111-23032-8 | 管理信息系统（精品课）（郑春瑛）（2008年） | 本版 | 28 |
| 管理信息系统 | 即将出版 | 管理信息系统（第2版）（王恒山）（2015年） | 本版 | 29 |
| 管理信息系统 | 978-7-111-42974-6 | 管理信息系统（李少颖）（2013年） | 本版 | 30 |
| 管理信息系统 | 978-7-111-35417-8 | 管理信息系统（庄玉良）（2011年） | 本版 | 39 |
| 管理信息系统 | 978-7-111-38400-7 | 管理信息系统：理论与实训（袁红清）（2012年） | 本版 | 35 |
| ERP沙盘模拟 | 978-7-111-45679-7 | 企业资源计划（ERP）沙盘模拟（王建仁）（2014年） | 本版 | 20 |

# 项目管理系列

| 课程名称 | 书号 | 书名、作者及出版时间 | 定价 |
|---|---|---|---|
| 项目验收与后评价 | 978-7-111-20893-8 | 项目验收与后评价（周鹏）（2007年） | 28 |
| 项目前期管理 | 978-7-111-23195-0 | 项目前期管理（邓富民）（2008年） | 28 |

# 高等院校电子商务专业规划教材系列

| 课程名称 | 书号 | 书名、作者及出版时间 | 定价 |
|---|---|---|---|
| 现代服务学导论 | 978-7-111-22976-6 | 现代服务学导论（"十一五"国家级规划教材）（李琪）（2008年） | 32 |
| 网络支付与结算 | 978-7-111-22890-5 | 网络支付（黄超）（2008年） | 30 |
| 网络支付与结算 | 978-7-111-30379-4 | 网上支付与电子银行（帅青红）（2010年） | 29 |
| 网络支付与结算 | 978-7-111-23331-2 | 网上支付与结算（张宽海）（2008年） | 30 |
| 网络营销 | 978-7-111-35888-6 | 网络营销（杨路明）（2011年） | 32 |
| 电子商务物流管理 | 即将出版 | 电子商务物流管理（第2版）（杨路明）（2013年） | 36 |
| 电子商务物流管理 | 978-7-111-22151-7 | 电子商务物流管理（杨路明）（2007年） | 35 |
| 电子商务法 | 978-7-111-32870-4 | 电子商务法（张继东）（2011年） | 32 |
| 电子商务安全管理 | 978-7-111-32556-7 | 电子商务安全与电子支付（第2版）（杨坚争）（2011年） | 28 |